LA MÉMOIRE DES MOTS
Ses unités, son organisation

 *PSYCHOLOGIE ET SCIENCES HUMAINES*

Agnesa Pillon

la mémoire des mots
ses unités, son organisation

MARDAGA

REMERCIEMENTS

Les commentaires et suggestions qu'ont apportés, à tout ou partie de ce texte, Pierre Feyereisen, Marie-Louise Moreau, Marie-Pierre de Partz et Xavier Seron m'ont permis de l'enrichir et d'en réduire le nombre de défauts. Je suis bien sûr seule responsable des erreurs et imperfections qui auront survécu à leur lecture.

© 1993, Pierre Mardaga, éditeur
Rue Saint-Vincent 12 - 4020 Liège
D. 1993-0024-15

Introduction

La psycholinguistique des années soixante a essentiellement été une psycholinguistique de la phrase. Que la phrase ait alors été choisie comme unité d'observation est sans aucun doute lié à l'influence profonde qu'ont exercée les travaux de Noam Chomsky sur la psycholinguistique de cette époque. Séduits par la reformulation chomskienne de ce qui constitue la grammaire d'une langue — un ensemble fini de règles nécessaires et suffisantes pour générer l'ensemble infini des phrases grammaticales d'une langue — de nombreux psycholinguistes se sont alors appliqués à tester la pertinence ou la réalité psychologique des règles proposées : ces règles correspondaient-elles effectivement aux opérations mentales mises en œuvre dans la production et la compréhension de la phrase ? Depuis, l'intérêt des psycholinguistes (comme celui des linguistes) s'est progressivement diversifié, pour prendre en considération des unités dont on pourrait dire qu'elles se situent en aval et en amont de la phrase — respectivement le discours (ou le texte) et l'unité lexicale (ou le mot).

De ces deux domaines de la psycholinguistique, la psycholinguistique du discours et la psycholinguistique du mot, c'est le second qui sera exploré dans cet ouvrage, puisqu'il cherchera à apporter des éléments de réponse à la question : quelle unité minimale, du mot ou du morphème, se trouve impliquée dans les opérations mentales d'encodage et de décodage des unités lexicales ? Nous préciserons plus loin la portée de cette question. Auparavant, nous voudrions expliciter le cadre théorique général dans lequel nous avons choisi de la situer.

Exprimé de la manière la plus générale, l'objet de la psycholinguistique du mot est de décrire les mécanismes psychologiques qui nous permettent de produire et d'interpréter les mots de notre langue. En première analyse, on pourrait douter de la pertinence écologique d'un tel objet d'étude et lui préférer, en regard de ce critère, une psycholinguistique du discours : dans les conditions habituelles de communication, ce ne sont, pas plus que des phrases isolées, des mots isolés que le sujet a à produire ou interpréter. Traiter des mots isolés est une activité qui ne se rencontre guère que dans les laboratoires de psychologie. Les expériences menées sur des mots « in vitro » ne constituent cependant pas la seule méthode d'investigation utilisée en psycholinguistique lexicale. Nombre de données qui se sont avérées déterminantes dans l'avancée du domaine ont été directement puisées dans les produits d'activités linguistiques habituelles, même si ce sont leurs aspects les plus accidentels qui ont retenu l'attention — nous voulons parler des lapsus, des situations où les sujets disent avoir « un mot sur le bout de la langue » et des situations de « manque du mot » chez l'individu sain ou aphasique.

Il reste que l'on peut s'interroger sur l'indépendance des mécanismes lexicaux par rapport aux mécanismes psychologiques sous-tendant l'intégration du mot dans la phrase et dans le discours. Dit autrement, on peut se demander s'il y a quelque fondement théorique à ce que la psycholinguistique du mot se constitue comme un domaine autonome. Peut-on espérer trouver une réponse satisfaisante à la question de savoir, par exemple, comment nous nous représentons le sens des mots, sans qu'il soit nécessaire de prendre en compte les effets produits par le contexte général (linguistique et extra-linguistique) dans lequel ces mots sont insérés ?

Cette question renvoie en réalité à une interrogation plus profonde, qui traverse toute la psycholinguistique (mais aussi la psychologie de manière générale). Elle fait actuellement l'objet de vives controverses entre les partisans d'une conception modulaire du traitement du langage et les tenants d'une conception interactive des mécanismes linguistiques. Le débat porte sur la manière dont les différentes sources d'information linguistique (phonologique, lexicale, syntaxique et sémantique) et extra-linguistique (pragmatique) sont intégrées lors de la production ou de la compréhension du langage. Selon la conception modulaire, l'activité linguistique suppose la mise en œuvre coordonnée de différents composants ou modules (un composant phonologique, un composant lexical, etc.) qui exécutent chacun un ensemble défini d'opérations de manière autonome. Ceci signifie que le composant syntaxique, par exemple, réalise ses «calculs» indépendamment des «calculs» opérés par le composant lexical, que le traitement syntaxique d'un énoncé s'élabore indépendamment de la signification individuelle des mots qui le composent. Les échanges entre les diverses informations linguistiques et extra-linguistiques ne prendraient place qu'aux «sorties» respectives des différents composants. Selon les partisans d'un fonctionnement interactif des processus linguistiques, au contraire, les informations en provenance des différents composants peuvent interagir plus ou moins librement à tout moment, et donc avant même que ne soient achevés les «calculs» propres aux divers composants. Ainsi, par exemple, lors de la compréhension d'un énoncé, les opérations *en cours* tant au niveau du composant phonologique de traitement qu'au niveau du composant syntaxique peuvent interférer sur la recherche des informations lexicales représentées dans le composant lexical.

Il est hors de notre propos de passer en revue l'ensemble des arguments théoriques et expérimentaux développés par les partisans de l'une et l'autre hypothèse. Il semble d'ailleurs qu'aucun de ces arguments, et plus particulièrement, qu'aucun fait expérimental, ne se soit révélé réellement décisif jusqu'ici — même si l'hypothèse interactive gagne de plus en plus la faveur des psychologues ces dernières années. Si des phénomènes d'interaction entre sources d'information linguistique ont été clairement démontrés (on a nettement établi, par exemple, l'existence d'effets du contexte phrastique sur l'analyse perceptive et sur l'interprétation des mots), il reste difficile d'en fournir une interprétation univoque, notamment quant au moment où ces processus d'interaction prendraient place (Segui et Beauvillain, 1988).

En ce qui nous concerne, notre hypothèse de travail, puisque aussi bien nous ne pouvons éviter de nous situer dans l'une ou l'autre perspective, sera celle de la modularité du système de traitement du langage. Jusqu'à plus ample informé, nous adhérons ainsi au postulat selon lequel le système linguistique se compose d'un certain nombre de sous-systèmes autonomes, dont le système lexical.

Nous utiliserons, pour référer à ce système lexical, la notion de *lexique mental* ou *lexique interne*, métaphore largement admise aujourd'hui comme hypothèse en psycholinguistique. Que recouvre précisément cette notion ?

On sait que, dans les langues naturelles, la relation entre la forme des mots et le sens qui leur est attaché est de nature arbitraire. L'usager d'une langue donnée, lorsqu'il a à extraire le sens d'un mot donné, ne peut donc s'appuyer sur ses seules caractéristiques formelles ; de même, s'il désire exprimer un contenu donné, les seules caractéristiques de ce contenu ne l'aideront nullement à retrouver la forme qui lui est associée. Communiquer à l'aide d'une langue naturelle ne peut donc se faire que par l'intermédiaire d'un système qui, d'une part, code la forme de chacun des mots utilisables dans cette langue, et d'autre part, spécifie le lien que chacune de ces formes entretient avec des significations données. Le *Petit Robert* ou le *Larousse* renferment un tel système de correspondances. L'usager d'une langue n'a évidemment pas recours à ce type de dictionnaire dans son utilisation habituelle de la langue. Le dictionnaire auquel il recourt en réalité est un système de correspondances intériorisé, mémorisé, c'est un *dictionnaire* ou *lexique mental*.

Le concept de lexique mental doit ainsi être compris comme le système organisé des connaissances que le sujet possède à propos des mots de sa langue. Système organisé, car tout comme un dictionnaire Larousse serait inutilisable si les mots y étaient inscrits au hasard, sans principe organisateur, les informations sur les dizaines de milliers de mots connus par le sujet seraient inaccessibles si elles n'étaient organisées selon quelque principe fonctionnel. Au nombre des connaissances dont le sujet dispose à propos des mots, on peut distinguer celles qui ont trait à leurs propriétés sémantiques, formelles (phonologiques et orthographiques), syntaxiques et morphologiques. La psycholinguistique lexicale a pour tâche de déterminer

(a) sous quelle(s) forme(s) ces connaissances lexicales sont représentées dans le lexique mental ;

(b) comment l'ensemble de ces connaissances est structuré : il s'agit de découvrir quel est ou, plus vraisemblablement, quels sont les principes organisateurs de cet ensemble ;

(c) quelles sont les procédures qui permettent d'accéder à ces informations lors de la production et de l'interprétation des mots ;

(d) si la forme et l'organisation des connaissances lexicales diffèrent en fonction des diverses modalités d'utilisation du langage (production vs interprétation de messages oraux vs écrits).

Ces domaines d'investigation sont généralement considérés comme indépendants du point de vue théorique. Dans la pratique, il arrive qu'il soit néanmoins difficile de les dissocier, dans la mesure où les hypothèses relatives à l'un d'entre eux imposent un certain nombre de contraintes sur les hypothèses formulées à propos des autres. Nous nous intéresserons ici à la dimension morphologique de la connaissance lexicale. On le verra, c'est dans ce domaine, plus que dans tout autre, que les hypothèses relatives à la forme des représentations lexicales et celles relatives à leur mode d'organisation et aux procédures à mettre en œuvre pour y accéder sont le plus étroitement inter-reliées.

La psycholinguistique n'est pas la seule discipline à inscrire à son programme la construction d'une théorie du lexique qui comporterait notamment une caractérisation de la manière dont y sont représentées les connaissances morphologiques. Elle partage ce projet avec la linguistique. Mais le rapport qui unit les deux disciplines ne s'arrête pas au partage d'un objet commun d'étude. Dans le domaine lexical, les modèles psycholinguistiques proposés constituent souvent des héritages, plus ou moins directs et plus ou moins explicites, de modèles linguistiques. Il est d'ailleurs symptomatique de constater que l'intérêt des psychologues pour l'étude de la représentation de la morphologie dans le lexique mental ne s'est significativement accru qu'à la suite d'un changement important intervenu dans la théorie linguistique chomskienne. Avant 1970, le composant lexical ne constituait dans la grammaire qu'une sorte d'annexe vague et imprécise du composant syntaxique. Chomsky (1970) revoit à ce moment profondément le rôle attribué au composant lexical, qui s'étend alors à tout ce qui n'est pas traitable de manière syntaxique — dont les procédures de dérivation morphologique et d'analyse de la structure interne des unités lexicales. C'est cette approche, dite «lexicaliste», qui se trouve sans doute à l'origine de la prise en compte de la dimension morphologique dans les travaux psycholinguistiques consacrés au lexique mental.

Cette «filiation» ne devrait toutefois pas obscurcir les spécificités des deux disciplines et, pour prévenir toute équivoque, peut-être n'est-il pas superflu de préciser notre position quant à l'intérêt que pourraient représenter les théories linguistiques pour l'élaboration des modèles psycholinguistiques.

On sait que les relations que sont supposées entretenir la psycholinguistique et la linguistique constituent un sujet de polémique pour les deux disciplines. L'évolution de ces relations est d'ailleurs marquée par des fluctuations constantes, allant de la subordination à l'autonomie totale. Notre attitude à l'égard des théories linguistiques relèvera plutôt d'une conception intermédiaire entre ces deux pôles. Ainsi, d'un côté, nous rejetons résolument l'idée selon laquelle le modèle grammatical de la compétence lexicale doit (ou même peut) servir d'hypothèse pour l'étude des représentations et des mécanismes psychologiques à l'œuvre dans la production et l'interprétation des unités lexicales. En adoptant cette position, nous ne faisons d'ailleurs que souscrire à la démarche la plus communément admise, à l'heure actuelle, en psycholinguistique. Mais d'un autre côté, nous pensons que les études linguistiques peuvent aider le psychologue à circonscrire le champ du plausible en matière d'hypothèses sur les mécanismes de traitement du langage. Si nous excluons que la tâche du psychologue consiste à tester la pertinence psychologique des modèles linguistiques, nous pensons néanmoins que les *procédures* de traitement du langage ne sauraient être indépendantes de la *structure* de la langue. Pour revenir au domaine d'études qui nous intéressera ici, le psycholinguiste ne peut donc ignorer les particularités morphologiques des unités lexicales relevant d'une langue donnée lorsqu'il formule ses hypothèses quant à la manière dont ces unités sont traitées par le sujet.

On comprendra donc pourquoi nous avons choisi de ne pas écarter a priori toute référence linguistique de notre exposé. Le lecteur ne doit toutefois s'attendre à y trouver, ni une revue complète des travaux et modèles linguistiques consacrés à la morphologie, ni même une synthèse des travaux les plus représentatifs, et moins encore une discussion quant aux mérites et faiblesses respectifs des uns et des autres. Il doit être clair, par ailleurs, que les limites ainsi fixées nous ont été dictées par des considérations d'ordre théorique, plus que pratique. Concrètement, nous n'aurons recours à des références linguistiques que dans la mesure où elles permettent (1) d'éclairer les motivations des hypothèses psychologiques qui s'en seraient inspirées et (2) de dégager les contraintes éventuelles que l'organisation morphologique de la langue impose aux théories du traitement des unités lexicales.

Le texte se subdivisera en deux parties :

– La première vise à situer dans leur contexte polémique les principales hypothèses formulées à propos de la représentation psychologique de la morphologie des mots. On y proposera une évaluation de la portée et de la cohérence des arguments théoriques, ou même intuitifs, développés en faveur ou à l'encontre de l'une ou l'autre de ces hypothèses en présence. Ces considérations théoriques nous conduiront à mieux cerner les termes dans lesquels les questions doivent être posées ainsi que les difficultés que soulève leur étude expérimentale.

– La deuxième partie sera, quant à elle, consacrée aux faits. On examinera de manière critique les données expérimentales relatives à l'influence de la structure interne des mots sur les procédures utilisées pour leur identification visuelle. Cette revue des faits s'organisera autour de l'hypothèse morphologique la plus «populaire», l'hypothèse de décomposition morphologique prélexicale.

PREMIÈRE PARTIE

OÙ ET COMMENT EST REPRÉSENTÉE LA MORPHOLOGIE DES MOTS DANS LA MÉMOIRE DES INDIVIDUS ?

Considérations théoriques

Chapitre I
Position du problème

En première approximation, le lexique mental peut être considéré comme une «liste» d'unités lexicales auxquelles seraient associées les informations indispensables à leur utilisation appropriée. Les informations relatives à chacune des unités de la liste seraient alors regroupées dans des «entrées lexicales» distinctes. On peut alors se demander quelles unités sont effectivement répertoriées sur cette «liste» et sous quelle forme. Plus particulièrement, tous les mots connus par l'usager sont-ils listés et sous quelle forme le sont-ils ?

Le linguiste, dans sa tentative de construire un modèle économique des connaissances linguistiques intériorisées par le sujet, est théoriquement réticent à l'idée d'un listage exhaustif de toutes les unités lexicales connues par le sujet. Il lui préfère une approche dans laquelle les régularités lexicales sont représentées par des règles et où seuls les éléments ne pouvant être établis par ces règles seraient listés :

«Regular variations are not matters for the lexicon, which should contain only idiosyncratic items...not predictable by a general rule» (Chomsky & Halle, 1968 : 12).

En vertu de ce principe, la liste minimale serait constituée par tous les morphèmes d'une langue, puisqu'il n'y a aucun moyen de prédire leur sens, leur catégorie syntaxique, etc. sur la seule base de leur forme (et vice versa). En revanche, on pourra exclure de la liste les mots complexes (polymorphémiques) dont les propriétés sont prédictibles au départ de celles de leurs constituants morphémiques. Ainsi, par exemple, il ne serait pas nécessaire de prévoir une entrée lexicale pour CHANTAIT, puisque la forme et le sens de CHANTAIT sont prédictibles au départ des propriétés de CHANT- et d'une règle de formation de l'imparfait pour la catégorie des verbes à laquelle appartient CHANT-. De même, envisager une entrée lexicale distincte pour LENTEMENT, SÉRIEUSEMENT, CLAIREMENT, etc. serait superflu, puisque les propriétés de ces adverbes seraient dérivables directement des propriétés des bases adjectivales (LENTE, SÉRIEUSE, CLAIRE, etc.) qui entrent dans leur composition et de la règle de formation appropriée.

Dans une langue comme le français en tout cas, il existe néanmoins de nombreux cas où les propriétés (sémantiques, formelles ou syntaxiques) des mots complexes ne peuvent être prédites au départ de règles générales. Les cas d'idiosyncrasies devront donc également être répertoriés sur la liste lexicale. L'application de ce principe soulève cependant de multiples problèmes, qui ont conduit à des solutions parfois fort divergentes. Nous reviendrons sur ce point en détail plus loin. Pour l'instant, nous nous contenterons de souligner que de nombreuses formations se situent entre l'idiosyncrasie totale et la régularité totale, au point que l'irrégularité partielle des formations pourrait bien constituer... la règle plus que l'exception. Or, de la manière dont vont être traités les cas d'irrégularité partielle, va dépendre l'économie générale de la description : l'économie liée au nombre restreint d'unités lexicales répertoriées pourrait se trouver déforcée par la lourdeur liée au nombre de règles nécessaires à la description des multiples sous-régularités.

Faut-il le dire, aucune description générale n'est actuellement disponible pour le français. Il est donc difficile de se faire une idée précise du nombre d'unités idiosyncrasiques que contiendrait le lexique français. On peut néanmoins signaler l'étude de Rey-Debove (1984), réalisée dans le cadre de l'élaboration du *Robert méthodique*, et qui fournit un ordre de grandeur des régularités morphologiques[1]. L'estimation porte sur les 34.290 mots du *Robert méthodique*. Dans cet ensemble, l'auteur a identifié

8 630 morphèmes ou unités non analysables (simples ou complexes) dont
– 1 730 morphèmes liés[2] et
– 6 900 morphèmes libres, qui ne sont pas tous analysants (c.-à-d. qui ne servent pas tous de base à la formation d'un mot dérivé ou composé)
et **27 390 mots polymorphémiques analysables**.

Ainsi, sur l'ensemble du lexique considéré ici, près de 80 % des mots sont des mots complexes analysables selon des règles générales, et qui ne devraient donc pas être répertoriés sur la liste lexicale ; celle-ci ne serait constituée que de 8 630 entrées, au lieu des 34 290 initiales : l'économie serait dans ce cas manifeste.

Mais ce qui est économique pour une description linguistique ne l'est pas nécessairement du point de vue du traitement du langage : à l'économie liée au nombre restreint d'entrées lexicales peut s'opposer une plus grande complexité computationnelle. Il est vrai qu'on ignore à ce jour lequel des deux principes invoqués — l'économie mémorielle ou l'économie computationnelle — régit l'organisation des systèmes cognitifs. Mais il reste que les faits dont doivent rendre compte linguistes et psycholinguistes sont de nature différente : peu importe pour le psychologue ce qui, d'un point de vue théorique, constituerait la liste minimale ; ce qui l'intéresse, c'est la liste qui est effectivement utilisée par le sujet. Intuitivement, l'idée selon laquelle le sujet devrait «calculer», chaque fois qu'il en aurait besoin, une forme complexe comme CHANTAIT, au départ de la forme de base CHANT- et de la règle appropriée pour la formation de l'imparfait, lui paraît peu plausible. Il est vrai que des procédures de (dé)composition sont vraisemblablement utilisées au cours de l'apprentissage du langage. Seul le recours à de telles procédures permet en effet d'expliquer l'occurrence, dans le langage enfantin, des formes surgénéralisées bien connues comme *ils ont *ouvri la porte*, mais aussi celle de formes, moins souvent signalées, telles que *devinement* («action de deviner»), *plaisanteur* (= plaisantin), *auvergnien, bretagnien, normandien* (Corbin, 1987 : 608-610). Ces exemples indiquent clairement que l'enfant est amené à découvrir des règles générales de formation de mots complexes, qu'il utilise alors pour la production de formes complexes qu'il n'a pas encore (suffisamment) rencontrées. Mais quel intérêt aurait-il, une fois la forme complexe acquise, à la reconstruire ou la déconstruire chaque fois, plutôt que d'utiliser directement le produit des (dé)constructions antérieures, qu'il aurait mémorisé ?

Toujours sur une base intuitive, le mot apparaît comme un candidat plus plausible que le morphème pour constituer l'unité lexicale mémorisée par le sujet. On sait que le mot a une réalité psychologique très forte pour la plupart des usagers. S'ils sont prêts à accepter sans hésitation l'idée qu'ils ont à combiner des mots entre eux pour former des phrases, ils se montreraient sans aucun doute fort réticents à l'idée que ces mots doivent eux-mêmes faire l'objet d'une combinaison d'unités plus petites avant d'être insérés dans la phrase. Les individus lettrés ont pourtant bien été en contact, au cours de leur scolarité, avec des notions telles que «racines», «préfixes» et «suffixes», mais, d'abord, ce n'est précisément le cas que pour des sujets lettrés et, ensuite, il est probable que ces notions relèvent davantage de connaissances de nature métalinguistique à propos de phénomènes par ailleurs perçus comme des faits historiques ou étymologiques.

Les affirmations de Rey-Debove (1984 : 7-8) nous paraissent exemplifier parfaitement cette conception introspective et subjective de ce qui constituerait l'unité minimale de (dé)codage :

> «La phrase est produite à partir de mots et non de morphèmes, et les mots ne sont pas produits; ils se présentent tout formés dans la mémoire des locuteurs (...). Lorsqu'un mot apparaît dans une phrase, c'est en général un emploi d'un bloc mémorisé, sans aucun choix à exercer après chaque morphème (...). Ceci vaut pour l'encodage comme pour le décodage. Un mot codé est employé en bloc et perçu, compris en bloc».

Une telle position présente néanmoins une faiblesse majeure. Si le sujet ne dispose dans sa mémoire que d'un répertoire de tous les mots connus, directement accessibles sous leur forme entière, comment expliquer alors qu'il peut manifestement faire preuve, au moins dans certaines circonstances, d'aptitudes qui ne peuvent être liées qu'à des connaissances de nature morphologique ? On songe ici d'un côté au fait que le sujet n'est pas totalement inconscient des relations morphologiques existant entre les mots, et d'un autre côté, qu'il lui arrive de produire et d'interpréter des unités étrangères à son répertoire, mais dotées d'une structure analysable en termes morphologiques.

En ce qui concerne le premier point, tout usager du français perçoit, plus ou moins nettement, que *intelligemment* entretient avec *intelligent* et *bêtement* une relation de nature différente de celle qu'entretiennent *intelligemment* et *bien* (ou *intelligent* et *bête*) d'une part, *intelligemment* et *tourment* d'autre part.

Smith et Sterling (1982) ont étudié dans quelle mesure les sujets étaient conscients de la structure morphémique de mots présentés sous forme écrite. Ils soumettent à 20 sujets, dans un ordre aléatoire, une liste de 218 mots, présentant à leur initiale les séquences *pre-*, *im-*, *be-*, qui sont potentiellement des séquences préfixales (la liste contient aussi des items commençant par *o-*, présentés à titre de distracteurs). Les propriétés morphémiques des items divergent en regard d'un ensemble de facteurs. On peut par exemple situer sur un continuum les items *pretend - presume - predicament* en fonction du caractère lexical du segment isolé après extraction de *pre-*. Quant aux items *preview - precaution - prescription - prehensile*, ils s'ordonnent selon la possibilité de leur assigner une interprétation sémantique sur la base du sens de chacun de leurs constituants. Les autres facteurs de différenciation sont la longueur du mot, la date de la première citation (allant du XIIIe au XXe siècle) fournie par le dictionnaire de référence et la relative altération de la forme orthographique ou phonologique des segments en combinaison. Les sujets ont à exprimer sur une échelle à 6 points le sentiment qu'ils ont du caractère préfixé ou non de chacun des mots présentés; ils doivent aussi souligner la séquence correspondant au préfixe dans les items qu'ils ont estimé préfixés. Les résultats indiquent que les propriétés des items ont fortement influencé l'évaluation par les sujets du statut préfixal de *pre-*, *im-* et *be-*. Les propriétés les plus déterminantes étaient, dans l'ordre décroissant, d'ordre sémantique, lexical et phonologique. En particulier, un item s'est révélé avoir d'autant plus de chances d'être perçu comme un mot préfixé si (1) la signification du mot était directement liée au sens du préfixe et de la racine; (2) la racine était un mot; et (3) si la combinaison préfixe + racine n'entraînait aucune altération phonologique de l'un ou l'autre constituant. Ces résultats indiquent donc clairement que les sujets sont capables dans une certaine mesure d'analyser des items lexicaux sur la base de critères morphologiques, c'est-à-dire en tenant compte *à la fois* de leurs propriétés formelles et sémantiques.

Pour ce qui est du deuxième point, on peut observer que des locuteurs produisent, de manière accidentelle et involontaire, des unités qui n'appartiennent assurément pas à leur répertoire lexical. Nous voulons parler de cette forme particulière de lapsus qui consistent à produire, non pas un mot, mais un non-mot, en lieu et place du mot attendu. Or, il arrive que ces non-mots soient analysables comme des combinaisons agrammaticales ou inattestées de morphèmes existants. Considérons par exemple l'énoncé *j'ai mangé une *lardée aux *frisons* produit en lieu et place de *j'ai mangé une frisée aux lardons*. L'occurrence des non-mots **lardée* et **frisons* peut sans doute s'expliquer par un mécanisme d'inversion, mais il faut remarquer que les unités qui sont impliquées dans cette inversion ne sont pas constituées par des mots mais bien par des morphèmes. Tous les cas de lapsus impliquant des unités morphémiques ne résultent d'ailleurs pas tous d'un «accident» d'ordre séquentiel. Ainsi, au cours d'une conversation, un de nos interlocuteurs nous a-t-il un jour affirmé que *la musique n'est jamais totalement *reproduisible*, là où nous nous attendions à entendre le mot *reproductible*. Une telle erreur résulte incontestablement d'une combinaison singulière d'unités morphémiques. Tout se passe comme si le sujet avait «calculé» la forme **reproduisible* sur la base des morphèmes *re-*, *produis-* et *-ible* et de règles de formation, dont la règle de formation d'adjectifs au départ d'une base verbale.

Dans l'exemple qui vient d'être signalé, notre interlocuteur a immédiatement corrigé son énoncé après l'occurrence de la forme **reproduisible*, ce qui nous permet de dire qu'il s'agissait là d'une production involontaire. Mais il arrive que des combinaisons singulières de morphèmes soient produites intentionnellement — soit à des fins ludiques, soit pour suppléer une unité temporairement inaccessible, soit encore parce qu'aux yeux du locuteur, cette combinaison est la plus appropriée pour exprimer son intention communicative. De tels phénomènes ne sont pas exceptionnels, même s'ils semblent circonscrits à certaines catégories de locuteurs (dont notamment la presse journalistique).

Quelques exemples. Un auditeur au téléphone dans une émission de France Inter, émission qui est sur le point d'être achevée, commence ainsi son intervention téléphonique : *en guise de préambule, ou plutôt de postambule...*. Une dame, occupée à tapoter sur son clavier d'ordinateur, se plaint à son interlocuteur du grand nombre d'erreurs de frappe qu'elle commet en s'exclamant « je suis dyslexique » — erreur de langage immédiatement relevée par son interlocuteur : *non, tu es plutôt dystapique !* Ou encore : à une personne se plaignant du surcroît de travail occasionné par un nouvel avancement, on réplique *vous devriez demander une dépromotion*. Un locuteur, désirant exprimer le fait que plusieurs termes sont utilisés pour désigner le phénomène qu'il décrivait, précise qu'*il existe en fait plusieurs...euh...nomations*. Enfin, une attitude hostile envers d'autres peuples a été qualifiée de *racisante* par une de nos interlocutrices[3].

Faut-il le souligner, ces phénomènes de création lexicale ne posent pas seulement la question des mécanismes de codage qui les sous-tendent. Ils renvoient aussi à la question des procédures de décodage de ces unités qui, bien qu'elles soient étrangères à son lexique, sont (plus ou moins bien) interprétées par l'interlocuteur. Ce point de vue, celui du décodage, est d'ailleurs le seul à être considéré comme pertinent par Rey-Debove (1984 : 10) :

> «(...) on a vu que le mot n'était pas produit à partir de morphèmes ; donc l'encodage est peu intéressant en morphologie. Le décodage, par contre, est en étroite relation avec la morphologie dans la mesure où le décodeur n'a pas l'initiative du message et doit le décrypter. On pense, à juste titre, que l'encodeur emploie des mots qu'il maîtrise (qu'ils soient codés ou inventés) ; mais le décodeur, qui n'a pas le choix des armes, rencontre des mots qui n'appartiennent pas à son idiolecte. Si un mot a plusieurs morphèmes, il va évidemment essayer de le réduire par l'analyse. C'est pourquoi je considère qu'une théorie de la morphologie doit essentiellement se fonder sur le décodage des phrases et non sur leur production».

Sans souscrire entièrement à cette argumentation, il faut admettre que, paradoxalement, les faits de création lexicale pourraient bien s'avérer plus contraignants pour une théorie psychologique du lexique mental lorsqu'elle envisage le point de vue de l'auditeur-lecteur plutôt que celui du locuteur. Nous voulons dire que ces faits ne constituent peut-être pas des données d'égale pertinence, au moins du point de vue quantitatif, selon que l'on désire élaborer une théorie du codage ou du décodage des unités lexicales.

C'est qu'il s'agit de distinguer le plan de la langue de celui de l'individu. Au plan de la langue, il est vrai, comme le souligne Quemada (1971 : 137), que

> «La créativité lexicale représente parmi les forces qui sous-tendent la dynamique du français actuel, un phénomène exceptionnellement important du point de vue quantitatif autant que qualitatif. Nul ne peut l'ignorer ou la minimiser».

Mais, au plan de l'individu, qui est le seul plan qui intéresse véritablement le psycholinguiste, on doit bien admettre que la fréquence avec laquelle il construit un mot nouveau est négligeable. Dans une théorie psychologique du codage des unités lexicales, il peut donc y avoir quelque légitimité à considérer la création de mots nouveaux comme un épiphénomène. Il n'en va pas de même si on se place du point de vue de l'auditeur-lecteur : la fréquence avec laquelle il est appelé à interpréter des mots qu'il n'a jamais rencontrés auparavant soulève des questions que les modèles du décodage ne peuvent éluder.

Cette asymétrie est notamment liée aux modes de communication utilisés dans nos sociétés, où la lecture, dont celle de la presse écrite, et l'écoute de la presse audiovisuelle, confrontent l'usager à de très nombreux idiolectes. Pour l'anecdote, nous avons personnellement relevé dans la presse plusieurs centaines de mots qui nous étaient inconnus, dont la plupart étaient polymorphémiques, et ce, pour une période de quelques mois seulement — et il est certain que nous n'avons pas nous-même produit intentionnellement, pendant la même période, autant de combinaisons morphémiques nouvelles ! Or, certains seulement parmi ces mots pouvaient sans aucune difficulté être tenus pour des «mots nouveaux», des néologismes, ne fût-ce que parce qu'ils étaient déterminés par l'actualité (citons, à titre exemplatif, la série morphologique des *gorbimania, gorbatchevisme, gorbatchevien*). Quant aux autres, nous ne disposons d'aucun moyen fiable qui nous permettrait de statuer sur leur nouveauté, du moins au plan de la langue[4]. Mais le problème, encore une fois, n'est pas là : le caractère néologique ou non d'un item lexical n'est une donnée pertinente que du point de vue du linguiste s'intéressant au changement linguistique. La raison pour laquelle un sujet doit déconstruire des mots bien plus fréquemment qu'il n'a à en construire se situe en dehors du phénomène de néologie ; elle est à trouver dans les variations idiolectales. Pour un individu, le « mot inconnu » et le « mot nouveau » se trouvent confondus, et c'est donc là une distinction qui ne présente pas beaucoup d'intérêt pour le psycholinguiste.

Avant de terminer sur ce point, nous voudrions revenir sur le caractère occasionnel que revêt la création lexicale lorsqu'on l'envisage du point de vue de l'individu parlant. Cette affirmation devrait en effet être nuancée. La fréquence avec laquelle on observe un phénomène dépend de la définition que l'on en donne et des critères d'identification utilisés.

On peut observer qu'il est des mots nouveaux qui suscitent plus que d'autres le sentiment de néologie. Supposons par exemple qu'au cours d'une conversation, le locuteur A défende l'idée qu'il serait bien de *déghettoïser* la ville de Paris, créant ainsi, à ce moment, une unité nouvelle — en tout cas de son point de vue et de celui de son interlocuteur, ci-après dénommé locuteur B. Supposons ensuite que ce locuteur B, dans la suite de l'échange sur le même sujet, produise des énoncés tels que *Mais comment déghettoïserais-tu le quartier chinois ?*, *La déghettoïsation pose des problèmes financiers*, *Qui acceptera d'être le déghettoïseur ?*, *Paris est-il vraiment déghettoïsable ?*, etc. Le locuteur B produirait ainsi quatre formes qui ne se trouvaient certainement pas répertoriées auparavant dans son lexique, et qu'il aurait donc « créées » pour la circonstance. Pourtant, le sentiment de néologie sera plus aigu pour *déghettoïser* que pour les autres formes. Ce que nous désirons souligner par cet exemple, c'est la possibilité qu'en réalité on ne prenne en considération que les types « aigus » de création, lorsqu'on tient les phénomènes de créativité lexicale pour des faits occasionnels. Il est d'ailleurs probable que les formations relevées comme néologiques par les lexicographes soient également surtout de cette nature.

Or précisément, le comportement du locuteur B revêt un caractère bien moins occasionnel que celui du locuteur A. D'une manière plus générale, tous les verbes « nouveaux » intégrés dans notre répertoire lexical pourront être produits, à un moment ou à un autre, dans une forme conjuguée que nous n'avions jamais ni produite ni rencontrée auparavant. De même aussi pour toutes les formes qui peuvent en être dérivées, même si cette possibilité est moins fréquemment exploitée. La question est donc de savoir s'il est possible (ou même utile) d'objectiver par des critères linguistiques stricts la distinction intuitive que l'on est tenté d'opérer entre une forme nouvelle comme *déghettoïser* et toutes les formes nouvelles qui lui sont potentiellement apparentées. Il faut également s'interroger sur la valeur d'une telle distinction au plan psychologique. On peut envisager par exemple l'hypothèse que si les formes fléchies de *déghet-*

toïser et, dans une moindre mesure, les formes qui en sont dérivées, sont perçues comme des créations moins originales, c'est que des mécanismes plus ou moins «routinisés» sont à l'origine de l'une ou l'autre création (cf. Chapitre II, p. 29).

Quoi qu'il en soit de l'étendue et de la portée relative des comportements de création de mots nouveaux ou de décryptage de mots inconnus, le point important à maintenir est qu'ils ne peuvent être expliqués dans le cadre d'un lexique mental envisagé comme une liste, et seulement une liste des mots connus par le sujet. En outre, il est certain que ces comportements s'appuient sur *un certain type* de régularité linguistique : le locuteur ne joue pas aux dés et le lecteur/auditeur ne joue pas aux devinettes. Il s'agira donc de déterminer la nature exacte de ces «règles». Ceci vaut aussi bien sûr pour les intuitions morphologiques dont font preuve les sujets : ces intuitions ne peuvent s'appuyer que sur la perception de régularités morpholexicales.

En définitive, par ces observations, le champ des questions à résoudre dans une caractérisation du lexique mental se trouve quelque peu élargi et complexifié. Il ne s'agit plus seulement de spécifier la manière dont sont représentés et utilisés les mots connus par le sujet : il faut aussi préciser quelles représentations et/ou quels mécanismes psychologiques sous-tendent ses intuitions morphologiques et ses capacités créatives et comment s'articulent ces trois dimensions de la compétence lexicale.

La conception (dé)compositionnelle du lexique mental est assurément la plus apte à en fournir une théorisation simple et économique. Dans une telle conception, l'organisation même du répertoire lexical repose sur des principes morphologiques : chacune des unités lexicales mémorisées par le sujet serait représentée sous une forme morphémique de base (qu'il restera à définir), au départ de laquelle il (dé)construirait toutes les formes morphologiquement reliées par la mise en œuvre de la (des) règle(s) appropriée(s) de formation de mots. Les intuitions d'apparentement morphologique refléteraient ainsi le partage de la même entrée lexicale (la forme de base) par toutes les formes morphologiquement apparentées. Phénomènes de création lexicale et intuition morphologique seraient ainsi des produits directs de connaissances explicitement représentées dans le lexique mental sous la forme de règles de formation de mots.

On se trouve donc confronté à un dilemme. D'un côté, les connaissances morphologiques dont les sujets font preuve dans leurs créations ou interprétations lexicales ne peuvent en aucune manière être expliquées dans le cadre d'un lexique mental envisagé comme un simple répertoire de tous les mots connus par le sujet. D'un autre côté, par l'organisation du lexique mental qu'elle suggère, l'hypothèse selon laquelle les mots complexes devraient faire l'objet d'une (dé)construction au départ d'un ensemble de règles aurait l'avantage de rendre compte de manière directe de ces connaissances — mais cette hypothèse paraît peu justifiée au plan intuitif et théorique.

Comment sortir de ce dilemme ?

Le moyen le plus habituel de sortir d'un dilemme est de chercher à aménager l'une ou l'autre position extrême en une position de compromis. C'est effectivement là la démarche (souvent implicite) sous-jacente à la plupart des hypothèses formulées dans le champ des études tentant d'intégrer la dimension morphologique dans une caractérisation du lexique mental. Ces hypothèses seront présentées dans le détail au Chapitre III.

Il faut savoir néanmoins que des arguments ont été avancés pour justifier le maintien d'une version «radicale» de l'hypothèse du listage exhaustif («tous et rien que les mots connus du sujet»), en dépit de son incapacité à rendre compte du savoir morphologique des locuteurs. Ce sont ces arguments qui seront examinés de manière contradictoire au Chapitre II. Nous aurons par là-même l'occasion de cerner de plus près les données du dilemme qui se trouve à l'origine des aménagements apportés aux versions «fortes» de l'hypothèse exhaustive et de l'hypothèse (dé)compositionnelle.

NOTES

[1] Les critères de description, tels qu'ils sont explicités par l'auteur, nous paraissent relativement restrictifs, c'est-à-dire que le nombre de mots considérés comme analysables selon des règles générales correspond sans doute à un minimum. En effet, pour qu'une unité récurrente soit considérée comme un morphème, l'auteur impose deux conditions : l'identité de sens, mais aussi de forme, ce qui revient à rejeter la notion d'allomorphie. Par ailleurs, ce que l'auteur compte comme un morphème libre est très souvent un mot complexe inanalysable selon ses procédures (par exemple, *cybernétique* ou *ostracisme* sont décrits comme des mots formés d'une seule unité inanalysable).

[2] On dit d'un morphème qu'il est lié lorsqu'il ne peut fonctionner dans des phrases à l'état autonome. C'est le cas de certains morphèmes lexicaux (par exemple, *lud-*, servant de base à *ludique, ludisme, ludothèque*, ou *-spirer* dans *inspirer, expirer*) et de tous les morphèmes affixaux, flexionnels ou dérivationnels (à l'exception de certaines formes prépositionnelles ou adverbiales, assimilées parfois à des préfixes, telles que *mal* dans *malchance* ou *contre* dans *contresens*). Par opposition, un morphème libre constitue une unité autonome au plan syntaxique, autrement dit, un mot.

[3] Sauf indication contraire, tous les exemples de lapsus et de créations lexicales citées dans ce travail sont extraits de notre propre corpus.

[4] Voir par exemple les discussions de Gilbert (1973) et Corbin (1987) sur la difficulté de définition du néologisme et la non-fiabilité tant des intuitions néologiques des usagers que des renseignements fournis par les dictionnaires à ce sujet.

Chapitre II
L'hypothèse du listage exhaustif dans sa version radicale : les arguments et leurs limites

Les intuitions morphologiques dont les locuteurs font preuve, ainsi que leur capacité à créer et interpréter des mots nouveaux, s'appuient sans aucun doute sur l'existence de *régularités* morpholexicales. Une théorie du lexique mental se devrait donc de modéliser la manière dont sont représentées ces régularités dans la mémoire lexicale du sujet.

Un lexique mental envisagé comme une liste — et seulement une liste — des mots connus par le sujet, ne saurait saisir cette information. Il se trouve pourtant des auteurs qui désirent maintenir une telle conception du lexique. Les arguments avancés sont, essentiellement, de deux ordres. D'abord, on invoque le caractère imprédictible de la créativité lexicale pour soutenir qu'elle ne repose pas, en réalité, sur des compétences *linguistiques* et qu'en conséquence, une théorie du lexique (mental) n'a pas à en rendre compte. Ensuite, on avance l'argument plus général, dont nous n'avons évoqué jusqu'ici que la forme intuitive, selon lequel l'hypothèse proposée comme alternative — l'hypothèse (dé)compositionnelle — ne pourrait de toute façon être retenue, car elle implique des opérations « infaisables » au plan psychologique.

Nous voudrions montrer dans ce chapitre que ces arguments, dans la forme qui leur a été donnée à ce jour en tout cas, n'ont qu'une portée limitée. Ce n'est pas — il faut le souligner clairement d'entrée de jeu — la pertinence des questions qu'ils soulèvent qui peut être mise en cause.

Les difficultés qu'ils désignent sont bien réelles, mais les solutions qui en ont été proposées reposent à notre sens sur une simplification excessive des données du problème.

A. LE SAVOIR MORPHOLOGIQUE NE RELÈVE PAS DE LA COMPÉTENCE LINGUISTIQUE

1. L'argument

Les partisans du maintien d'une version «forte» de l'hypothèse du listage exhaustif soutiennent que les faits invoqués à l'encontre de cette hypothèse doivent être tenus pour étrangers à l'objet de la théorie. Plus précisément, ils soulèvent la question de savoir

(a) si un modèle du traitement du langage doit nécessairement s'inspirer, dans sa formulation, des intuitions des locuteurs à propos de leur langue, intuitions dont on ignore le statut;

(b) si les phénomènes de créativité lexicale manifestent une régularité suffisante pour faire l'objet d'une formalisation (psycho)linguistique.

a) Les intuitions morphologiques des locuteurs ont une origine incertaine

Il n'est peut-être pas inutile de signaler que l'utilisation des intuitions des usagers comme donnée empirique contraignant la formulation d'hypothèses est sans doute héritée de la tradition linguistique chomskienne. Le recours aux intuitions des locuteurs natifs compte en effet parmi les postulats méthodologiques fondamentaux des travaux élaborés au sein de l'école chomskienne. Ainsi, pour revenir au domaine qui nous occupe ici, puisque les locuteurs ont l'intuition qu'une forme simple telle que *jeune* entretient une relation particulière avec des formes complexes telles que *jeunesse* et *rajeunir*, la caractérisation du lexique se devra de formaliser les relations qu'entretiennent ces formes entre elles.

Pour Richardson (1977), on est en droit de douter de la pertinence linguistique des intuitions morphologiques dont on crédite habituellement les locuteurs. Richardson est en effet amené à constater que les descriptions linguistiques prévoyant des mécanismes de dérivation lexicale pour rendre compte des intuitions d'apparentement morphologique n'ont aucun fondement psychologique : les travaux expérimentaux qu'il analyse indiquent, tous, que le caractère dérivé ou non d'une forme n'a aucune influence sur les performances des sujets confrontés à des tâches de lecture. Il en vient alors à s'interroger sur les fondements de la méthodologie linguistique :

> «(...) the intuitions which inspired the discussion are not important intuitions; that is, they are not intuitions which reflect a phenomenon which is to be explained by linguistic theory (...). This immediately requires one to enrich linguistic methodology, so as to have some criterion of which intuitions deserve linguistic treatment and which do not» (Richardson, 1977 : 334).

Spencer (1988) soulève une question analogue à propos des règles de redondance[1], dont l'objet est précisément de rendre compte des intuitions morphologiques des usagers :

> «A question which could be raised at this point is whether it is appropriate to regard such knowledge (the knowledge that a native speaker has of the regularities which hold between lexical entries) as part of the grammatical competence of the speaker or whether it should be thought of as extralinguistic knowledge (...) much like a speaker's knowledge of etymology» (Spencer, 1988 : 621).

Les intuitions morphologiques des usagers pourraient ainsi trouver leur origine dans un savoir méta-lexical qui ne refléterait en rien leur compétence lexicale. Dans un tel contexte, l'hypothèse du listage exhaustif ne nécessiterait aucun aménagement, puisque les faits qu'on lui reproche de ne pouvoir expliquer seraient alors tenus pour relever du système cognitif général, et non du système linguistique.

b) La créativité lexicale relève d'une aptitude extra-linguistique

Les compétences mises en œuvre dans la création lexicale relèveraient elles aussi, selon Hudson (1984) et Butterworth (1983), de compétences extra-linguistiques.

Ainsi, pour Hudson (1984), la grammaire d'une langue n'a pas à décrire de règles de formation de mots capables de prédire, ou contraindre, la production de nouveaux items lexicaux. Les phénomènes de créativité lexicale relèveraient d'aptitudes cognitives générales :

> «We may assume that humans have (varying degrees of) creative intelligence which allows them to find non-standard solutions to problems outside language; and it is unreasonable to suppose that this ability is switched off when the problems are linguistic ones. So we can take it that at least some cases of linguistic innovation are to be explained as the product of this general intelligence applied to language, and until we have evidence to the contrary, there is no reason to think that any cases of linguistic innovation require a different explanation» (Hudson, 1984 : 73).

Outre cet argument théorique, Hudson développe des raisons linguistiques pour ne pas traiter des phénomènes de créativité lexicale dans un modèle de la compétence linguistique. Le point central de l'argumentation pourrait se résumer ainsi : Si ces phénomènes n'ont pas à être prévus dans la grammaire d'une langue, c'est qu'ils sont essentiellement imprédictibles.

D'abord, souligne Hudson, il est certain qu'au moins un type d'innovation, l'emprunt, ne peut être régi par des règles (il serait tout à fait inhabituel de disposer, dans une langue donnée, d'une règle qui indiquerait comment emprunter des items à d'autres langues). Ensuite, bon nombre de cas d'innovation ne ressortissent à aucun pattern général de formation. L'auteur cite ainsi l'exemple du substantif *with*, créé par le sociologue Goffman sur la base de la préposition *with*, pour signifier «un groupe de personnes reconnaissant le fait qu'elles sont socialement ensemble et interagissent l'une avec l'autre». Or, il n'existe en anglais aucune autre paire nom/préposition présentant ce type de relation. Goffman n'appliquait donc aucune règle générale et, en outre, sa création n'a pas conduit non plus à la généralisation du pattern par d'autres usagers. Enfin, Hudson fait remarquer que même lorsqu'il existe un pattern clair à exploiter, il ne l'est pas nécessairement par les usagers. La plupart des études linguistiques consacrées aux règles de formation de mots ont résolu ce problème en considérant qu'on avait affaire alors à des «règles non productives». Pourtant, ajoute Hudson, même un pattern apparemment non productif peut servir de base à des innovations sporadiques: ainsi, le suffixe *-let* qui a produit les formes *piglet* et *booklet* dans le passé a été utilisé récemment dans les mots *notelet* et *starlet*. Si on considère la règle de formation en cause dans ces créations comme non productive, c'est donc qu'un autre processus a conduit à *notelet* et *starlet*, et ce processus pourra être utilisé dans d'autres cas aussi; si on considère au contraire que la règle de formation en cause est une règle productive, il faut alors se demander pourquoi elle n'est pas plus fréquemment utilisée.

Butterworth (1983) défend une position analogue à propos de la créativité lexicale. Les arguments présentés sont ici fondés sur une revue des travaux expérimentaux, tant psycholinguistiques que neurolinguistiques, consacrés au format des représentations lexicales. De cette revue, il conclut que

> «The idea that only base forms are listed, with inflexional or derivational compounds being computed on line by rule, is not well-supported in any of the modalities. We are therefore left with the weaker alternative that all forms — base and compound — have their own LR [lexical representation]» (Butterworth, 1983 : 289).

Quant aux capacités créatives des sujets, elles relèvent selon lui de procédures supplétives (*fall-back procedures*), qui seraient mises en œuvre chaque fois que l'usager se trouverait confronté à un mot nouveau ou à la nécessité de créer un mot nouveau, notamment lorsque la forme mémorisée se révèle temporairement inaccessible. Il envisage alors la possibilité que ces procédures soient représentées sous la forme de méta-règles

> «which say something rather general, like "if you want to construct a new word, have a look for a word that's similar, and try a construction which looks like it"» (Butterworth, 1983 : 290).

En outre, les procédures supplétives n'opéreraient pas nécessairement au départ de méta-règles déjà mémorisées. Dans certaines circonstances, le locuteur pourrait procéder à une induction rapide sur des portions déterminées du lexique mental de manière à élaborer une méta-règle adaptée à la situation. La forme que prendra le mot construit va dépendre alors de la portion du lexique envisagée, c'est-à-dire de l'ensemble particulier de mots existants que le locuteur a choisi de prendre comme modèle de formation.

Selon Butterworth, une telle proposition présente l'avantage d'expliquer la variabilité des créations néologiques, telle qu'on a pu l'observer dans des situations expérimentales. Il rapporte plus précisément une étude de Cutler (1981), dans laquelle il était demandé aux sujets de construire, par exemple, un nom abstrait sur la base de *jejune*. Dans cette situation, les sujets fournissent tantôt la réponse *jejunity*, tantôt la réponse *jejuneness*.

2. Les limites de l'argument

Comme on le voit, l'imprédictibilité des formations nouvelles est invoquée tant par Hudson (1984), comme un argument central, que par Butterworth (1983), comme une indication additionnelle, à l'appui d'une origine extra- ou métalinguistique des aptitudes sous-tendant la créativité lexicale.

Si l'on en juge par les exemples cités par l'un et l'autre, l'imprédictibilité dont il est question dans les deux démonstrations ne recouvre cependant pas des phénomènes de nature identique.

Dans l'exemple cité par Butterworth (1983), qui est celui de la nominalisation sur base adjectivale par *-ity* et *-ness*, on a affaire à deux mécanismes en compétition. Il existe sans doute des différences de disponibilité ainsi que des contraintes spécifiques pesant sur la sélection de tel affixe particulier en fonction d'une base donnée[2]. Mais il reste que, pour certaines bases au moins, ces deux mécanismes sont parfaitement concurrents, en ce sens qu'ils peuvent tous deux s'appliquer potentiellement à la base. Autrement dit, la formation nouvelle qui en résulterait, qu'elle soit suffixée en -*ity* ou en -*ness*, serait de toute façon interprétable par référence à des propriétés sémantiques et formelles générales. Que plusieurs formes soient possibles pour une dérivation donnée, n'implique donc pas qu'elles soient imprédictibles, d'un point de vue linguistique : on peut en effet prédire que la dérivation prendra une des deux formes. En ce sens, l'existence de mécanismes concurrents relève tout simplement d'une variation inhérente au système, comme il en existe dans les autres domaines linguistiques (phonologie et syntaxe).

Quant aux créations citées par Hudson (1984) — le cas de *with* utilisé substantivement et les nouveaux dérivés en -*let* — elles se distinguent de celles dérivées en -*ity* ou -*ness* en ce qu'elles ne s'appuient pas sur un modèle général. En ce sens, elles sont donc bien imprédictibles.

Le problème, cependant, est qu'il est probable qu'on ne puisse seulement observer d'un côté des formations néologiques parfaitement prédictibles, et de l'autre, des formations tout à fait imprédictibles : entre ces deux extrêmes, se situe tout un ensemble de créations *relativement* prédictibles. Nous l'avons dit, le locuteur qui crée un mot nouveau ne joue pas aux dés, il ne combine pas des éléments formatifs de manière aléatoire. En fait, il est rarissime qu'un néologisme ne puisse être rapporté à un modèle existant, à un schéma ou un pattern de construction existant. Ce qui distingue les formations néologiques, c'est alors l'étendue du schéma utilisé, c'est-à-dire le nombre d'items auxquels il se rapporte. Le schéma peut ainsi être relativement général — et refléter par exemple la conjugaison commune à la plupart des verbes en -*er* — ou unique, lorsqu'il ne concerne qu'un seul item du répertoire : la formation de *déghettoïsera* sur la base de *déghettoïser* emprunte un schéma général, tandis que *racisant* ou *écoloclastes* sont formés sur des schémas singuliers. Entre ces deux pôles, on pourra sans doute trouver des cas illustrant toute la gamme des intermédiaires possibles :

la *multinationalisation* des entreprises
désaturer le sujet d'émotions fortes
des films ont été *préretenus*
on va faire un *prévote*
des films *primables*
un processus de *désescalade*
la *quinquagénitude*
une femme *révolvérisée*
un magasin vendant des *grecqueries*
une information *fictionnalisée*
des enfants *philatélivores*
une torpeur *consommatoire*

il n'*aphrodise* plus
décruter du personnel
un journaliste *faits-diversier*

L'argumentation de Hudson (1984) consiste à poser que

(1) il existe des cas où la création, ne s'appuyant pas sur un modèle général, ne peut faire l'objet d'une explication linguistique, et que

(2) il n'y a aucune raison de penser que chaque cas d'innovation doive faire l'objet d'un traitement spécifique.

De notre point de vue, la question reste toutefois entièrement ouverte. Certes, il n'est pas sûr que les faits observés puissent faire l'objet d'un tri, linguistiquement et psychologiquement motivé, sur la base duquel il serait alors fondé d'en proposer des caractérisations fonctionnellement distinctes. Mais, en tout état de cause, il nous paraît abusivement simplifié de rejeter tous les comportements de créativité lexicale dans le domaine métalinguistique ou métacognitif, du fait que certains d'entre eux seulement ne se fondent pas sur un schéma général de construction.

La complexité des faits ne nécessite-t-elle pas plutôt qu'on s'interroge sur les relations — complexes — qui unissent le système lexical au système cognitif général ? Il se pourrait ainsi que le continuum dans le degré de généralité des schémas de création néologique révèle en réalité la part prise, dans chaque cas, par des mécanismes opérant dans les deux systèmes. La production, comme l'interprétation, d'une forme telle que *multinationalisation* pourrait ainsi être sous-tendue par des mécanismes «routinisés» (automatiques et inconscients), peu coûteux du point de vue attentionnel, se situant dans le système linguistique. Les formes réputées moins prédictibles, comme le seraient *grecqueries* ou *faits-diversier*, seraient elles produites par des mécanismes cognitifs supérieurs, relativement conscients et volontaires, plus coûteux au plan attentionnel.

Nous verrons plus loin que Aitchison (1987), de même que Stemberger (1985b), ont formulé des propositions qui vont dans ce sens. La première défend l'idée que si la création et l'interprétation de mots nouveaux s'appuient largement sur des procédures stratégiques, celles-ci n'en seraient pas moins conditionnées par les informations morphologiques représentées dans un sous-système lexical (cf. Chapitre III; pp. 60 sv.). Le second insiste, quant à lui, sur la distinction qu'il s'agit d'établir entre les mécanismes de création fondés sur l'«analogie consciente» et ceux fondés sur l'«analogie inconsciente» (cf. Chapitre III; p. 77).

Un traitement parallèle pourrait être appliqué aux connaissances métamorphologiques. Les intuitions d'apparentement morphologique peuvent effectivement résulter de généralisations *conscientes* opérées sur un ensemble donné d'items lexicaux. Mais on ne peut écarter a priori l'hypothèse que certaines d'entre elles au moins seraient des manifestations *directes* d'une compétence morphologique, c'est-à-dire de généralisations inconscientes représentées, sous une forme ou une autre, dans le système lexical.

B. L'INFAISABILITÉ PSYCHOLOGIQUE D'UNE HYPOTHÈSE (DÉ)COMPOSITIONNELLE

Ce que nous désignons par « hypothèse (dé)compositionnelle » renvoie à l'idée que les mots complexes ne seraient pas représentés dans le lexique mental sous une entrée indépendante, autonome. Pour être produits ou interprétés, ils devraient faire l'objet d'un « calcul » qui (dés)associerait, sur la base de règles de formation, les morphèmes qui entrent dans leur composition. Les mots complexes seraient ainsi, en d'autres termes, représentés sous un *format décomposé*, dans le sens où l'information qui leur est attachée se trouverait représentée de manière dissociée sous les entrées correspondant à chacun de leurs morphèmes et à la règle de combinaison appropriée. Le mot CHANTAIT, par exemple, ne serait associé à aucune entrée propre dans le lexique. Lorsque cette forme doit être produite, l'information sémantique devrait guider, *en deux opérations distinctes*, la sélection de CHANT- et celle de la règle d'adjonction de -AIT.

Nous avons vu que cette conception du lexique trouvait son origine dans l'exigence d'économie imposée aux descriptions de la grammaire d'une langue : générer les mots complexes au départ de règles générales de formation lexicale permet en effet de limiter la redondance des informations dans le lexique. Mais au plan psycholinguistique, elle suscite de très sérieuses réserves. Des réserves d'ordre théorique d'abord, qui portent sur l'accroissement de la complexité computationnelle liée à un système lexical qui aurait à calculer, pour les rendre accessibles, les représentations associées aux unités complexes. Des réserves d'ordre pratique ensuite : la procédure (dé)compositionnelle est jugée impraticable pour la récupération ou l'interprétation des formes dérivées en tout cas. Les arguments invoqués concernent principalement l'imprédictibilité sémantique et formelle des formations dérivées, ainsi que l'absence de productivité automatique des mécanismes de dérivation.

Ces réserves, qui concernent en fin de compte la faisabilité psychologique de l'hypothèse (dé)compositionnelle, ont conduit certains auteurs à proposer des modèles limitant l'intervention des mécanismes compositionnels à certaines classes de mots complexes seulement (cf. Chapitre III, § B.). D'autres cependant voient dans les difficultés que soulève l'hypothèse des raisons suffisantes pour en justifier le rejet pur et simple, au profit de l'hypothèse du listage exhaustif.

1. L'accroissement du coût computationnel

a) L'argument

Nous l'avons déjà signalé, l'idée selon laquelle le locuteur devrait calculer, chaque fois qu'il en aurait besoin, une forme complexe comme CHANTAIT, au départ de la base CHANT- et de la règle appropriée pour la formation du passé, paraît peu plausible intuitivement. Stemberger (1985b) tente de donner un fondement théorique à cette attitude, en étendant au traitement du langage le modèle cognitif élaboré par Norman et Shallice (1980) pour rendre compte de la production des activités quotidiennes (s'habiller, conduire une voiture, etc.).

La production de ces activités s'appuie sur des unités cognitives appelées *schémas*. C'est par le biais de processus attentionnels que le schéma correspondant à une activité déterminée est sélectionné et qu'en débute l'exécution. Chaque schéma est néanmoins doté d'une structure interne. Dès lors qu'il commence à être exécuté, il active des unités de niveaux inférieurs qui, elles, ne nécessitent aucune attention manifeste pour être traitées, elles le sont de manière automatique. Chacun de ces schémas est à son tour composé d'autres schémas de niveau inférieur ne requérant pas d'intervention attentionnelle, et ainsi de suite jusqu'aux unités minimales d'activité musculaire.

Les schémas de niveaux supérieurs ne se constituent que progressivement à la faveur d'un apprentissage; c'est par le biais de l'apprentissage que les multiples actions requises dans une activité donnée sont progressivement subsumées sous des schémas supérieurs, un processus communément baptisé *automatisation*. Dans un premier temps, les schémas supérieurs ne seront que peu automatisés, requérant encore de l'attention; avec l'expérience, ils deviendront de plus en plus efficients, de plus en plus automatisés, jusqu'à ne plus exiger qu'une attention minimale au début de leur exécution.

Ce processus d'automatisation répond à une exigence. Les processus attentionnels ayant des ressources limitées, toute séquence d'action complexe non automatisée peut entraîner un dépassement de ces capacités, qui débouchera sur des performances erronées. En d'autres termes, l'automatisation est une condition nécessaire à l'efficience de l'exécution d'une activité complexe[3].

Stemberger (1985b) considère que la production du langage est une activité extrêmement complexe qui sollicite énormément les capacités attentionnelles du locuteur. On peut donc supposer, selon lui, que le locuteur va s'employer à faire tout ce qui est en son pouvoir pour simplifier la tâche, pour réduire la quantité d'attention nécessaire à son exécution, notamment en automatisant ce qui peut l'être :

> «Whenever two independently selected units can be subsumed into a higher unit and selected as a single unit, the task is simplified and less attention is required. We thus assume that speakers will automatize wherever possible, not only because they seem to do so in all areas of performance involving cognitive activities, but also because it is in the speaker's best interests in the accurate and rapid performance of speech» (Stemberger, 1985b : 122).

L'exigence d'économie de la description en linguistique, qui déboucherait par exemple sur la proposition de ne pas répertorier CHANTAIT dans le lexique, étant donné que cette forme peut être récupérée au départ de CHANT- et d'une règle, cette exigence donc est incompatible avec les restrictions imposées par l'organisation des activités cognitives. Si les mécanismes de production étaient isomorphes d'une telle description, leur exécution impliquerait qu'un contrôle attentionnel soit exercé séparément pour la sélection de deux unités — la forme de base et la règle, avec, pour conséquence, une diminution de l'efficience. Or, souligne Stemberger, les activités linguistiques sont généralement exécutées très correctement, ce qui suggère que les sujets ne doivent pas accorder leur attention à chacun des aspects distincts de l'activité linguistique qu'ils ont au contraire automatisés en subsumant, par exemple, un mot fréquent et les règles qui y sont associées en un schéma de niveau supérieur. Sa conclusion est tranchée :

> «Linguistic view is untenable; the lexicon must contain entries for many units larger than the morpheme» (Stemberger, 1985b : 123).

Toute combinaison d'unités fréquemment utilisée par le locuteur sera ainsi automatisée, et toute combinaison rare ne le sera au mieux que pauvrement. Des unités à l'origine indépendantes pourront se voir regroupées sous une unité supérieure, pour autant qu'elles fassent souvent l'objet d'une association. Unités syntagmatiques ou propositionnelles n'auront que peu tendance à être automatisées (du fait de leur faible fréquence). Bien que des syntagmes très fréquents puissent s'automatiser, l'automatisation s'observera le plus souvent au niveau du mot et des unités sublexicales.

b) Les limites de l'argument

En bref, le principe cognitif défendu par Stemberger, revient à postuler que plus grande est la fréquence avec laquelle des unités se trouvent en co-occurrence, et plus leur combinaison aura tendance à être représentée, dans le système linguistique, par une unité automatisée de niveau supérieur. Cette unité automatisée prendrait la forme d'une entrée lexicale indépendante *incluant* les unités précédentes. Seule la sélection de l'entrée lexicale ainsi constituée consommerait de l'attention, les unités de niveau inférieur étant sélectionnées sans attention directe.

Si ce principe, en soi, paraît parfaitement tenable, le concept d'automatisation, tel qu'il est utilisé par Stemberger, est insuffisamment précisé. Plus particulièrement, l'idée selon laquelle la sélection indépendante de deux unités exigerait davantage d'attention que la sélection d'une unité plus globale devrait en tout cas être davantage étayée. Si l'on peut admettre, avec Stemberger, que la production du langage est une activité qui «consomme» des ressources attentionnelles, encore reste-t-il à déterminer, parmi l'ensemble des mécanismes impliqués dans cette activité, quels sont ceux qui sollicitent effectivement ces ressources. Pour nous, il ne fait pas de doute que ces ressources sont particulièrement sollicitées pour des opérations d'encodage non spécifiquement linguistiques : les processus inférentiels conduisant à une représentation des intentions sémiotiques (le niveau de représentation du message, selon Garrett), ainsi que les mécanismes destinés à contrôler l'adéquation entre ces intentions et l'output linguistique subséquent. Que la procédure de sélection des unités lexicales requiert, elle aussi, l'intervention de l'attention est une question plus délicate. Stemberger (1985b : 121) la règle peut-être un peu vite en affirmant :

> «Deliberate attention to language production is perhaps most apparent in the task of finding the appropriate word to express what you want to say».

Une plus grande complexité computationnelle (liée en l'occurrence à la sélection indépendante de deux unités plutôt qu'une) n'engendre pas nécessairement, de notre point de vue, un accroissement de la charge *attentionnelle*. La justification théorique de l'intuition d'un accroissement du coût computationnel dans les conditions d'un lexique décomposé ne peut donc se fonder sur ce critère. A notre connaissance, aucune autre construction théorique n'a été élaborée à ce jour qui permettrait de dépasser l'aspect éminemment intuitif de la critique adressée à l'hypothèse (dé)compositionnelle.

En outre, en avançant l'idée qu'une procédure (dé)compositionnelle «compliquerait» le traitement des mots complexes, on néglige le fait essentiel que le lexique mental doit représenter les propriétés linguistiques d'un très grand nombre d'unités, sans doute plusieurs dizaines de milliers. Certes, on considère généralement que la capacité de stockage du cerveau est extrêmement vaste. Mais le problème ne se situe pas là. En très peu de temps (quelques millisecondes), le système lexical est capable de sélectionner l'unité appropriée parmi les dizaines de milliers d'unités en présence. Il est clair qu'une procédure (dé)compositionnelle serait de nature à restreindre considérablement le nombre de candidats potentiels, et donc à faciliter les procédures d'encodage et de décodage des unités. Qu'une hypothèse (dé)compositionnelle heurte notre intuition que le mot, et non le morphème, constitue l'unité qui est directement récupérée en mémoire n'a finalement que peu d'intérêt. Les procédures computationnelles que nous utilisons effectivement ne sont pas nécessairement compatibles avec ce que nous percevons de l'organisation de notre langue par notre expérience linguistique. Pour citer un exemple dans le domaine phonologique, Segui (1989) rapporte que divers travaux (Cutler, Mehler, Norris et Segui, 1983, 1986) ont montré que des sujets français segmentent la chaîne de parole en termes syllabiques au cours des procédures précoces de traitement du langage parlé. Nous ne sommes assurément pas conscients de ce que la syllabe ait un tel rôle dans les processus de reconnaissance des mots. Par ailleurs, des sujets illettrés ont manifesté des performances analogues, ce qui indiquerait que la segmentation syllabique n'est pas liée à la connaissance *explicite* de certaines propriétés phonétiques, connaissance que les sujets auraient acquise avec celle d'un système d'écriture.

2. L'imprédictibilité sémantique des formations dérivées

a) L'argument

Pour Butterworth (1983), une hypothèse (dé)compositionnelle ne serait plausible qu'à la condition que le sens des mots complexes puisse être entièrement inféré au départ du sens de leurs constituants. Cette condition est satisfaite en ce qui concerne les mots complexes fléchis : même si la formation du mot fléchi présente parfois des irrégularités formelles, les relations sémantiques entre les différentes formes d'un paradigme flexionnel sont TOUJOURS entièrement prédictibles (la relation sémantique entre *aller* et *ira* est la même qu'entre *manger* et *mangera*). Il en irait tout autrement pour les mots dérivés.

Par exemple, signale-t-il, si le suffixe *-ion*, appliqué à des verbes, forme un nom dont le sens est le plus souvent prédictible, le suffixe *-ive*, appliqué aux mêmes bases, aboutit à des résultats différents selon les cas.

On observe ainsi une relation sémantique identique dans les paires *digest/digestion* et *prohibit/prohibition* («V»/«Action de V»), mais le produit sémantique de la dérivation est différent dans *digestive* («favorisant la digestion»; «relatif à la digestion») et *prohibitive* («destiné à prohiber»; *«relatif à la prohibition»). L'interprétation du suffixe *-er* est imprédictible, car il renvoie parfois à l'agent de l'action (*walk/walker*), parfois à l'instrument de l'action (*cook/cooker*), et parfois à l'agent et à l'instrument (*clean/cleaner*).

Butterworth (1983 : 266) finit par conclure, à la suite de ces observations :

«(...) derivational compounds where major category is changed by the derivational process, in general have unpredictable semantics and thus constitute a major problem for a model of LR [Lexical Representation] which rejects the FLH [Full Listing Hypothesis]».

Henderson (1985 : 41) défend une position analogue :

«derivational (...) processes in English form words whose meaning very frequently cannot be understood in terms of rules of semantic composition applied to the constituent morphemes».

Il relève ainsi que même le préfixe négatif *un-*, qui semble pourtant modifier des adjectifs et des verbes de manière prédictible (*clear/unclear, dress/undress*), apparaît néanmoins dans des formations dont l'interprétation est ambiguë : dans *undoable*, *un-* peut qualifier le verbe ou le suffixe *-able*, ce qui conduit à deux interprétations concurrentes («able to be undone» ou «not able to be done»). Certaines formes négatives seraient dérivées de bases inexistantes (*unkempt, uncouth*), d'autres auraient un sens métaphorique (*unbridled lust*). Enfin, même quand le sens de *un-* est clairement négatif, la négation elle-même peut prendre diverses formes sémantiques :

«an *unarmed* man may never have been *armed* but an *unfrocked* priest has undoubtedly been *de-frock-ed*. An *unearthed* object has, at least metaphorically, been dug up, as if from the earth, whereas an *unearthly* object has never been part of the *earth*» (Henderson, 1985 : 38).

De même, le suffixe *-ion*, dont on pourrait penser qu'il modifie le plus souvent les formations de manière sémantiquement prédictible, se caractérise par des fluctuations imprédictibles : dans la paire *discuss/discussion*, le suffixe *-ion* permet d'exprimer la relation «Résultat de V», dans *congregate/congregation*, c'est la relation «Agents qui V» qui est actualisée, et dans la paire *copulate/copulation*, la dérivation exprime la relation «Action de V»; *profession* n'est pas du tout relié sémantiquement (en synchronie) à *profess* et la base verbale de *fission* et de *mission* n'existent même pas. Les trois relations sémantiques «Résultat de V»,

«Agents qui V» et «Action de V» exprimées par la dérivation en *-ion* se retrouvent aussi dans les formations dérivées en *-ment* : *argue/argument* vs *govern/government* vs *establish/establisment*.

Enfin, le suffixe agentif *-er*, qui à première vue suivrait une règle simple de composition sémantique, servirait néanmoins à exprimer une variété considérable de relations :

> «A *hatter* is one who makes *hats*. A *geographer* almost falls within this compositional rule. A *villager*, on the other hand, belongs to a *village*. By extension, although there exists no base noun, a *foreigner* is one who belong to foreign parts» (Henderson, 1985 : 39).

Bref, pour Henderson, l'information sémantique associée à une unité complexe est, pour une large part, spécifique de cette unité. Il conclut donc :

> «(...) it is unrealistic to suppose that rules of semantic composition could enable us to dispense with lexical entries for most derivational formations».

b) Les limites de l'argument

Il est hors de doute que le sens attesté d'*un certain nombre* de mots complexes présente un écart par rapport à leur sens prédictible. Deux ordres de faits doivent cependant être soulignés ici :

(1) Constater une idiosyncrasie sémantique dans la formation d'un mot complexe ne prend son sens que par référence aux principes d'analyse morphologique adoptés. Or, les principes d'analyse sous-tendant les constats établis par Henderson (1985) conduisent à *surestimer* l'ampleur des phénomènes idiosyncratiques dans le lexique des mots dérivés.

(2) Aligner simplement une succession d'exemples d'idiosyncrasies sémantiques — ce dont se contentent Butterworth (1983) et Henderson (1985) — ne saurait suffire pour convaincre de l'infaisabilité psychologique d'une hypothèse (dé)compositionnelle : on aurait besoin, pour évaluer la faisabilité de cette hypothèse, de données plus précises quant à l'étendue *réelle* des phénomènes idiosyncratiques et des phénomènes réguliers.

(1) L'analyse morphémique appliquée

(a) Des mots dérivés sans base ?

Henderson souligne le caractère idiosyncratique des dérivés *unkempt* et *uncouth* ou *fission* et *mission*, dans lesquels il est impossible d'identifier le sens porté par le constituant de base. *Profession* est aussi signalé comme dérivé idiosyncratique, parce que *profession* n'est absolument pas relié sémantiquement à *profess*.

Ces observations sont discutables. Elles sont (implicitement) sous-tendues par une approche qui dissocie forme et sens dans l'analyse de la structure morphémique des mots apparemment complexes[4]. Cette approche conduit ainsi inévitablement à observer une quantité considérable d'unités dont le sens est idiosyncratique par rapport aux «morphèmes» qui les constituent.

Par «mot dérivé», nous comprenons tout mot qui serait analysable en deux constituants morphémiques au moins, dont l'un relève d'une catégorie lexicale majeure (N, ADJ, ADV, V) et l'autre d'une catégorie affixale (préfixe ou suffixe) — étant entendu que nous voyons dans le morphème une unité significative minimale, un élément matériel indivisible servant de support à une signification (Hockett, 1958). Il ne suffit pas, en conséquence, qu'un mot soit doté d'une structure, c'est-à-dire qu'il renferme des éléments formels récurrents, pour qu'il soit identifié comme un mot dérivé : tout segment isolé dans un mot doit être *interprétable* pour être identifié comme un morphème et donc, corollairement, un segment dépourvu de sens n'est pas un morphème (Corbin, 1987).

De ce point de vue, les cas d'idiosyncrasie signalés par Henderson et dont il est question ici n'ont aucune valeur démonstrative : s'il est impossible d'identifier le sens porté par un supposé constituant de base, c'est donc que le mot en question n'est pas un mot dérivé; si par ailleurs la base supposée d'un mot dérivé (*profess-* dans *profession*) n'a pas la même valeur sémantique que l'unité à laquelle on peut la relier formellement (*profess*), c'est donc que ce mot «dérivé» n'est précisément pas *dérivé* de cette unité (*profess-* et *profess* sont ainsi deux morphèmes distincts homophones).

Ainsi, *unkempt* ou *uncouth*, *fission* ou *mission* ne constituent en aucune manière des mots dérivés, puisqu'on ne peut tout simplement pas déterminer de quelle base ils seraient dérivés. Que les premiers renferment un sens négatif, et les seconds un sens «action de» n'autorise pas à voir dans les segments *un-* ou *-ion* des segments affixaux : les résidus de l'analyse de *un-* comme un préfixe négatif et de *-ion* comme un suffixe d'action seraient ininterprétables. *Unkempt* et *uncouth* devraient tout au plus être traités comme des *mots complexes non construits* (Corbin, 1987)[5], comme le seraient, en français, *déglingué* et *dépravé*. Le cas de *fission* ou de *mission* est plus délicat. S'il est clair qu'il ne s'agit pas de mots dérivés, il est difficile de déterminer dans quelle mesure le sens de *-ion* se trouve impliqué dans l'interprétation des mots dans lesquels il est inséré. Quant à *profession*, s'il n'est pas relié sémantiquement à *profess*, alors on devra voir dans le segment *profess-* apparaissant dans le mot *profession* une forme homophonique du morphème *profess*, qui n'est pas elle-même un morphème puisqu'elle n'entre dans aucune autre combinaison ; *profession* n'est pas un mot dérivé, pas plus que ne le sont, en français, *mention* (qu'on ne pourrait relier sémantiquement à *mentir*) ou *collation* (qui n'est pas sémantiquement relié à *coller*). En fait, considérer *profession* comme un dérivé de *profess*, revient à considérer que *billet* est dérivé de *bille*, *cerveau* de *cerf*, *asperger* de *asperge*, *exploiter* d'*exploit*, etc.[6]

(b) Des mots dérivés de quelle base ?

L'analyse sémantique que propose Henderson (1985) des formations préfixées par *un-* semble ressortir de la procédure, éminemment intuitive, suivante : (1) on attribue un sens, une valeur, à une base et à un affixe ; (2) on «additionne» le sens de chacun de ces constituants ; (3) on compare le sens ainsi calculé au sens du mot dérivé ; (4) on conclut que le sens du mot dérivé n'est pas fonction du sens de ses constituants si on estime intuitivement que le sens calculé est éloigné du sens attesté du mot dérivé. Cette procédure débouche, dans le cas de la forme préfixale *un-*, sur un constat de polysémie (la même forme *un-* n'a pas le même sens dans *unarmed/unearthly* et dans *unfrocked/unearthed*), et donc sur l'observation que le sens des formes dérivées à l'aide de ce préfixe est tout à fait imprédictible.

Le point de départ de cette procédure est, de notre point de vue, incorrect : on ne peut attribuer un sens, une valeur intrinsèque, à une forme affixale. La valeur d'une forme affixale donnée ne peut en effet être évaluée qu'en regard du mécanisme dérivationnel (de la règle) dans lequel elle s'insère. Or, un mécanisme dérivationnel se définit notamment par le type de rapport catégoriel (entre la base et le mot dérivé) qu'il met en jeu (Corbin, 1987). Par exemple, en français, on peut distinguer un mécanisme qui adjoint la forme suffixale *-age* à des bases *verbales*, pour construire des substantifs ayant le sens «Action de V» (*dressage, pilotage, lavage*, etc.), et un mécanisme qui adjoint la forme *-age* à des bases *nominales* pour construire des substantifs dotés du sens «Ensemble de N» (*feuillage, plumage, branchage*, etc.). Il serait donc inadéquat de considérer qu'on aurait affaire à un seul suffixe *-age* qui, doté de deux sens distincts, rendrait ambiguë l'interprétation des mots qu'il sert à construire : l'interprétation de *dressage* ou de *feuillage* est entièrement prévisible au départ de leur règle de construction et du sens de leur racine.

De la même manière, si au lieu de considérer le sens *du* préfixe anglais *un-*, on examine les mécanismes dérivationnels dans lesquels cette forme est impliquée, on aboutit à la constatation que le sens des mots dérivés *unarmed, unfrocked, unearthed* et *unearthly* est en réalité prédictible au départ du mécanisme dérivationnel qui les construit. Deux mécanismes distincts sont en jeu. Dans le premier, la forme préfixale *un-* construit des adjectifs sur des bases adjectivales (*unaware*, «inconscient»; *uncertain*, «incertain»; *unavailable*, «non disponible»; *unearthly*, «non terrestre»; etc.), ou participiales (*unasked*, «non demandé»; *unhoped*, «inespéré»; *unclosed*, «non terminé»; *unarmed*, «non armé») en leur conférant *régulièrement* le sens «Non ADJ». Dans le second, la forme *un-* sert à former des verbes sur une base nominale en leur associant le sens «Ôter, enlever (de) N»[7] (*unarm*, «désarmer»; *unsex*, «désexualiser»; *uncap*, «décapsuler»; *unfrock*, «défroquer»; *unearth*, «déterrer»)[8]. Ces verbes, une fois formés, peuvent être produits à la forme participiale et utilisés dans un sens adjectival (*unfrocked, unearthed*). Leur structure morphologique ne se superpose pas pour autant à celle des adjectifs — éventuellement issus de participes passés — auxquels a été adjoint un préfixe (*unarmed, unearthly*). La structure morphémique des uns et des autres est en effet issue de deux règles différentes de formation, mettant en jeu deux rapports catégoriels distincts (ADJ $\rightarrow$ ADJ et N $\rightarrow$ V) et attribuant chacune un sens déterminé aux mots qu'elles construisent. Ces règles, et la structure qu'elles génèrent, pourraient être formalisées comme suit :

– *Règle 1*
  Rapport catégoriel : ADJ $\rightarrow$ ADJ
  Opération sémantique : ADJ = «Non ADJ»
  Opération morphologique : *un-*
  Exemples :
  [un$_{af}$ [(arm)$_V$ (ed)$_{af}$]$_{ADJ}$]$_{ADJ}$
  [un$_{af}$ [(earth)$_N$ (ly)$_{af}$]$_{ADJ}$]$_{ADJ}$

– *Règle 2*
  Rapport catégoriel : N $\rightarrow$ V
  Opération sémantique : V = «ôter (de) N»
  Opération morphologique : *un-*
  Exemples :
  [[(un)$_{af}$ (frock)$_N$]$_V$ ed$_{af}$]$_{V\ pp}$
  [[(un)$_{af}$ (earth)$_N$]$_V$ ed$_{af}$]$_{V\ pp}$

(2) L'étendue des phénomènes idiosyncratiques

Nous venons de voir en quoi le choix de l'un ou l'autre principe d'analyse morphologique était susceptible de conduire à une évaluation différente de l'ampleur des faits idiosyncratiques dans le lexique des mots dérivés. Mais, en tout état de cause, l'évaluation sur laquelle se fondent Butterworth (1983) et Henderson (1985) pour rejeter l'hypothèse (dé)compositionnelle est, à l'évidence, trop imprécise[9]. Certes, l'idée qu'irrégularités et exceptions seraient la loi dans le domaine de la morphologie dérivationnelle se retrouve dans bien d'autres descriptions des phénomènes dérivationnels[10]. Mais l'existence d'un relatif consensus à ce propos ne dispense pas qu'on s'interroge sur l'*étendue réelle* des faits signalés.

Or, d'une part, seuls quelques mécanismes dérivationnels sont abordés (essentiellement, la préfixation en *un-*, la suffixation agentive en *-er* et la nominalisation en *-tion* et *-ment*). Si même on devait exclure une procédure (dé)compositionnelle pour la sélection des formes relevant de ces mécanismes, elle pourrait néanmoins s'appliquer lorsque d'autres mécanismes sont concernés. D'autre part, il n'est pas sûr qu'une procédure (dé)compositionnelle s'avérerait « infaisable » pour les mécanismes discutés : aux idiosyncrasies épinglées peuvent en effet être opposées un ensemble de formations dans lesquelles la relation sémantique entre la forme de base et la forme dérivée présente une grande systématique (cf. § (1) (b) ci-dessus).

En d'autres termes, l'existence d'exceptions ne constitue pas, en soi, un problème pour l'hypothèse (dé)compositionnelle : il n'y a aucune raison de rejeter l'idée que les items parfaitement réguliers doivent être générés par règles, étant entendu que les items idiosyncratiques doivent être récupérés en bloc. La question centrale est plutôt de savoir s'il y aurait quelque avantage à la mise en place d'un dispositif (dé)compositionnel dont l'application serait restreinte à un sous-ensemble, peut-être fort réduit, d'items. Aussi devrait-on disposer, pour évaluer plus sérieusement la pertinence théorique d'une hypothèse (dé)compositionnelle, d'une description *complète* de *chacun* des mécanismes de formation dérivée. Ceci permettrait de juger de l'étendue d'application de chacun, d'évaluer, en d'autres termes, leur « rendement » relatif. On peut raisonnablement supposer en effet qu'un item lexical sera d'autant plus susceptible d'être représenté de manière (dé)compositionnelle qu'il sera formé sur un mécanisme morphologique « rentable » (c'est-à-dire applicable à un grand nombre d'items). Bien sûr, en posant la question de la faisabilité de l'hypothèse (dé)compositionnelle en ces termes, on pourra être amené à y apporter une réponse différenciée en fonction du mécanisme envisagé — réponse qui ne saurait être exprimée, de surcroît, qu'en termes probabilistes. Quoi qu'il en soit, en l'absence d'informations plus précises quant à la distribution des formations idiosyncratiques dans le lexique des mots dérivés, il nous paraît prématuré de rejeter *a priori* l'idée que certains mots complexes au moins puissent être représentés sous une forme décomposée dans le lexique mental.

c) Imprédictibilité sémantique et régularité morphologique

Il peut être utile d'examiner plus précisément la nature des idiosyncrasies sémantiques présentes dans les formations dérivées. Si l'on en croit l'analyse développée par Corbin (1976, 1984, 1987) sur la morphologie dérivationnelle du français, derrière les «caprices» (pour reprendre le terme de Henderson) de la dérivation, se cachent parfois des régularités dont un modèle de la compétence lexicale des locuteurs doit rendre compte.

La place manque ici pour expliciter, et les choix théoriques soustendant l'analyse, et les divers types d'«irrégularités de façade» qu'il permet de décrire. Nous nous contenterons de signaler quelques pistes susceptibles d'approfondir l'analyse des idiosyncrasies sémantiques apparaissant dans le lexique des mots dérivés. Nous choisirons, pour ce faire, des exemples qui, dans le domaine de la morphologie française, *pourraient* constituer des cas équivalents à ceux rapportés par Butterworth (1983) et Henderson (1985)[11].

Il est ainsi des formations dérivées imprédictibles au plan sémantique, mais dans lesquelles l'écart observable entre le sens attesté et le sens prédictible est néanmoins *reproductible* sur tous les mots dérivés construits par la même règle. Dans ces conditions, l'écart entre sens attesté et sens prédictible ne peut donc être traité comme une exception à la règle. La part d'imprédictibilité sémantique de la forme dérivée résulte alors

(1) de la réalisation conventionnelle d'un choix offert par la règle, ou

(2) de l'actualisation d'une variable non spécifiée par la règle.

(1) Soit par exemple les noms d'action construits sur des bases verbales et qui renvoient (selon la définition qui en est donnée dans *Le Petit Robert 1977*) tantôt au sens «Action de V» (*abolition, abrègement, étiquetage*), tantôt au sens «Produit ou Résultat de V» (*rémunération, amoncellement, alliage*), tantôt aux deux (*évangélisation, lacement, ponçage*). En réalité, les deux sens sont toujours possibles pour les noms dérivés selon ces schémas[12]. On doit donc considérer que les deux sens sont conférés par l'opération sémantique associée à la règle de formation. La non-attestation éventuelle de l'un ou l'autre sens relève donc d'une restriction *conventionnelle* (qui doit bien entendu être mémorisée telle

quelle par le locuteur) et non d'une irrégularité proprement *morphologique* (Corbin, 1987 : 371-372).

Le même traitement peut être appliqué aux substantifs construits sur une base verbale à l'aide du suffixe *-eur*, qui parfois sont associés au sens «Agent qui V» (*dessinateur*), parfois à «Instrument servant à V» (*congélateur*), et parfois aux deux (*agitateur*). L'opération sémantique associée à la règle de formation de ces mots leur attribue en réalité le sens «Agent [+ ou - Humain] qui V», même si l'un des deux sens seulement est parfois attesté. Rien n'interdirait en effet de désigner par *dessinateur* un instrument utilisé pour dessiner, ou par *congélateur* un préposé à la congélation dans une entreprise[13] (Corbin, 1987 : 391). Il est probable que l'on puisse traiter de la même manière les formations construites sur le schéma «V + -er» en anglais (*walk/walker, cook/cooker, clean/cleaner*) et citées par Butterworth (1983) comme des cas idiosyncratiques.

(2) Le suffixe français *-ier*, qui sert à construire des noms sur des bases nominales pourrait fournir un parallèle au cas anglais de la série *hatter, geographer, villager,* etc. (et à propos de laquelle Henderson (1985) fait observer que le suffixe *-er* sert à exprimer des relations sémantiques diverses). En français, un sous-ensemble des noms construits en *-ier* est constitué par des noms [+ Humain] pour lesquels la relation sémantique qui les unit au nom de base ne peut être exprimée que par une paraphrase différente chaque fois : un *batelier* **conduit** un bateau, un *crémier* **vend** de la crème, un *écolier* **fréquente** une école, un *fermier* **exploite** une ferme, un *prisonnier* **est enfermé dans** une prison, etc. Il n'est pas possible de trouver une régularité dans la relation exprimée par «conduire», «vendre», «fréquenter», etc. La relation sémantique exprimée par la dérivation est donc assez lâche («personne dont la profession ou l'état habituel est lié de façon caractéristique à X»). Tous les mots de ce type ne sont pas pour autant idiosyncratiques : leur formation n'est en rien une exception par rapport à une règle. L'idiosyncrasie apparente est liée en réalité au fait que l'opération sémantique associée à la règle de construction laisse «vide» la relation entre la base et le mot construit : l'opération sémantique en question est de nature parasyntaxique, pas lexicale[14]. Cette opération attribue au mot construit la fonction thématique d'agent humain d'un verbe dont le choix spécifique s'opère parmi tous ceux qui servent à désigner les relations pouvant affecter l'objet que désigne la base et l'agent humain lié de façon caractéristique à cet objet. Les noms en *-ier* ne sont donc pas irréguliers, ils se conforment tous au sens prédictible défini ci-dessus[15] — même si ce sens linguistiquement

prédictible ne rend compte que partiellement de la connaissance qu'a le sujet de ce à quoi ils réfèrent (Corbin, 1987 : 270-272).

Ces exemples suggèrent que des mots dérivés dont le sens attesté n'est pas entièrement *prédictible* peuvent néanmoins être formés sur un schéma morphologique *régulier* : l'imprédictibilité sémantique ne serait pas liée à une exception par rapport à une règle, mais bien plutôt au contenu de la règle elle-même.

L'hypothèse (dé)compositionnelle reste bien entendu impraticable pour ces mots au sens *partiellement* prédictible. Par la seule application de la règle de (dé)construction appropriée, un locuteur ne peut savoir que *cleaner* désigne en anglais un objet servant à nettoyer et non une personne préposée au nettoyage. Un locuteur qui n'aurait jamais rencontré auparavant le mot *dessinateur* et le mot *congélateur* n'a pas d'autres moyens, pour savoir que le premier désigne, par convention, un instrument utilisé pour dessiner et le second un préposé à la congélation, que de mémoriser *pour chacun de ces mots dérivés* cet aspect non prédictible du sens attesté, conventionnel. Mais envisager un dispositif lexical qui représente les régularités morpholexicales au-delà des écarts qui peuvent se manifester entre sens régulier et sens attesté ne relèverait pas d'une élaboration superflue. On peut faire l'hypothèse en effet que ces régularités font effectivement partie du savoir lexical des locuteurs — même si elles ne peuvent rendre compte de *tout* leur savoir lexical. Ainsi, un locuteur qui rencontrerait pour la première fois le mot (à notre connaissance, non attesté) °*poubellier*, ne ferait-il pas l'hypothèse qu'il signifie «personne dont la profession ou l'état habituel sont liés de façon caractéristique aux poubelles», en sachant par ailleurs qu'il peut s'agir d'une personne qui ramasse, vend, fouille ou recycle, etc. les poubelles ? Et ceci n'indiquerait-il pas précisément que ce locuteur a bien intériorisé la règle générale de formation des noms d'agent en *-ier* ? Il lui resterait bien sûr à situer plus précisément la réalité désignée (en s'aidant du contexte, par exemple), et à mémoriser tel quel l'aspect non prédictible du sens éventuellement fixé par l'usage («qui recycle», par exemple).

3. L'imprédictibilité formelle des mots dérivés

Moins souvent signalée, la situation sur le plan formel est pourtant parallèle à celle qui a été exposée au niveau sémantique : la forme d'un mot dérivé n'est pas toujours prédictible à partir de son sens. D'une part, il existe souvent plusieurs affixes possibles pour exprimer le même sens. Par exemple, le sens «Action de V» correspond à la suffixation à une base verbale des suffixes *-age* (*nettoyage*), *-ment* (*changement*), *-tion* (*déviation*), *-ure* (*coiffure*), *-ade* (*rigolade*), *-erie* (*braderie*), etc. D'autre part, on observe de nombreux cas d'allomorphie dans le lexique des mots dérivés, affectant tantôt la base (*coupable*/***culpabilité***), tantôt l'affixe (***dérider/désunir***; *conversation*/*inversion*).

Dans un tel contexte, une hypothèse (dé)compositionnelle ne serait tenable qu'à la condition que le choix de l'affixe approprié d'un côté, que les modifications formelles à appliquer aux bases ou aux affixes d'un autre côté, soient sous-tendus par des règles générales, ou, tout au moins, par des sous-régularités prédictibles. La question se pose donc, ici aussi, de savoir si ces phénomènes sont de nature idiosyncratique, c'est-à-dire fondamentalement imprédictibles, ou bien s'ils sont au moins partiellement, sinon totalement, prédictibles.

Malheureusement, dans ce domaine aussi, l'état d'avancée des études morphologiques est tel qu'il est difficile de se faire une idée précise, et de l'étendue de ces phénomènes, et de leur nature (régulière, sous-régulière ou idiosyncratique). Nous nous bornerons ici à illustrer la problématique et à en esquisser les conséquences pour un modèle du lexique mental.

a) *La concurrence des affixes*

En français, pour construire des noms sur des bases verbales en leur attribuant le sens «Action de V», on peut leur adjoindre notamment les suffixes *-ment*, *-tion* et *-age*. La manière dont ces suffixes se distribuent dans les mots dérivés attestés suggère que leur sélection est *en partie* gouvernée par des contraintes contextuelles[16] :

– Les bases verbales en *-ionn(er)* sont obligatoirement suffixées par *-ment* (*fonctionn(er)/fonctionnement*, *stationn(er)/stationnement*, *rationner/rationnement*, etc.).

– Les bases *suffixées* en *-is(er)* s'adjoignent régulièrement le suffixe *-ation* (*légalis(er)/légalisation*, *localis(er)/localisation*; *sonoris(er)/sonorisation*, etc.), alors que les bases *terminées* (mais non suffixées) par *-is(er)* ne manifestent aucune tendance préférentielle (*préconis(er)/préconisation*, *balis(er)/balisage*, *épuis(er)/épuisement*).

Si l'on examine, pour considérer un autre exemple, la distribution des noms construits sur des bases adjectivales (avec le sens «Caractère ADJ»), on peut observer également des régularités dans la sélection des suffixes concurrents que sont *-ité*, *-itude*, *-esse*, *-eur*, *-ise* :

- *-ité* s'attache toujours aux bases suffixées par *-able* (*variable/variabilité*), *-aire* (*populaire/popularité*), *-al* (*brutal/brutalité*), *-el* (*individuel/individualité*) et *-ique* (*lubrique/lubricité*).
- *-itude* et *-esse* ne s'adjoignent qu'à des bases non suffixées (*apte/aptitude, poli/politesse*).
- *-ise* ne peut s'attacher aussi qu'à des bases non suffixées (*traître/traîtrise*), sauf s'il s'agit d'une base suffixée par *-ard* (*vantard/vantardise*); tous les mots terminés par *-ard* (suffixés ou non) se nominalisent d'ailleurs par *-ise* (*roublard/roublardise, bâtard/bâtardise, couard/couardise*, etc.).

Ainsi que ces deux exemples le suggèrent, la question de la prédictibilité de la forme suffixale apparaissant dans les mots dérivés ne devrait probablement pas être traitée en termes de tout ou rien. Les formes suffixales sont, dans certains cas, entièrement prédictibles : les bases verbales suffixées en *-is(er)* se nominalisent en *-ation*, les bases adjectivales suffixées se nominalisent en *-ité*, etc. Mais dans d'autres cas, plusieurs suffixes sont possibles, sans qu'on puisse apparemment dégager une contrainte contextuelle (phonologique ou sémantique) qui détermine le choix de l'un ou l'autre : les bases adjectivales non suffixées peuvent être nominalisées par *-itude, -esse* ou *-ise*; la seule contrainte apparente concernerait les adjectifs terminés par *-ard* (suffixe ou non suffixe) qui prennent toujours *-ise*. Pour chacun des cas où la forme suffixale n'est pas prévisible, il est clair que le lexique devra représenter, dans l'entrée de la base concernée, l'information (idiosyncratique) concernant le suffixe qui doit lui être adjoint (notons que cette information pourra éventuellement être représentée sous la forme d'une règle mineure). Mais ceci n'exclut pas qu'un dispositif (dé)compositionnel puisse être appliqué dans les autres cas.

b) L'allomorphie

Les données (lacunaires) dont on dispose pour le français sembleraient plaider en faveur de la nature éminemment imprédictible de l'allomorphie, ce qui n'empêche pas cependant qu'elle puisse faire l'objet d'une description en termes de sous-régularités.

Mais il faut commencer par noter que les théories linguistiques divergent quant au statut qu'elles confèrent à l'allomorphie dans la description des phénomènes dérivationnels. Ainsi, certains morphologues (Rey-Debove, 1984; Schwartze, 1970) considèrent qu'une opération dérivationnelle ne peut s'accompagner de variation formelle. Tout mot complexe qui présenterait une variation formelle non strictement prédictible à partir de la forme de la base et de celle de l'affixe ne devrait pas alors être considéré comme un mot dérivé. Rey-Debove (1984 : 13-14) par exemple justifie cette option de la manière suivante :

> «La détermination du morphème lexical passe par **l'identité de forme et de sens** des parties communes à plusieurs mots. Pour la forme, j'écarte la notion d'allomorphe, car il n'y a dans le lexique décrit, ni histoire de la langue ni trace de distributions complémentaires».

Cela revient à réduire toutes les alternances allomorphiques à des phénomènes supplétifs. *Clar-* présent dans *clarté* ne sera pas considéré comme une forme allomorphique de *clair*, mais comme une forme supplétive, entretenant avec *clair* une relation sémantique uniquement (*clar-* sera traité comme un synonyme de *clair*). En conséquence, *clarté* ne sera pas analysé comme un dérivé de *clair*, pas plus que ne le serait *cécité* par rapport à *aveugle* ou *carcéral* par rapport à *prison*. Seule par exemple la relation entre *morose* et *morosité* sera considérée comme dérivationnelle.

Le psycholinguiste qui ferait sienne cette définition restrictive de l'opération dérivationnelle et du mot dérivé considérera chacune des variantes formelles d'une entité sémantique comme autant d'entrées lexicales distinctes. Dans cette perspective, une conception (dé)compositionnelle du lexique mental n'aurait pas à répondre à l'objection liée au problème de l'allomorphie — puisque celle-ci n'existerait tout simplement pas. Son intérêt théorique risquerait néanmoins de se trouver réduit, s'il s'avérait que l'exclusion du phénomène allomorphique conduit de fait à une diminution sensible de l'étendue d'application des processus dérivationnels.

Corbin (1987) soutient en revanche que la grammaire d'une langue se doit de rendre compte des alternances allomorphiques apparaissant *régulièrement* dans certains contextes. Mais, de plus, elle ne peut négliger qu'à côté de ces alternances entièrement prédictibles, il en existe d'autres qui, tout en n'étant pas automatiques, sont néanmoins récurrentes et descriptibles comme des sous-régularités. Corbin propose donc de distinguer l'allomorphie de la supplétion. Toute alternance formelle *reproductible* sera considérée comme une alternance allomorphique, et deux occurrences seulement de la même alternance suffisent pour la considérer comme reproductible. Conformément à ces critères, les mots *clarté*, *liberté* ou *vocal* seront retenus comme dérivés allomorphiques respectivement de *clair*, *libre* et *voix*, parce que l'alternance qu'ils présentent est reproductible dans au moins une autre paire du lexique (cf. *pair/parité*; *ministre/ministériel*; *bois/bocage*). Les formes *clar-*, *liber-* et *voc-* seront dérivées, par une règle mineure, des entrées *clair*, *libre* et *voix*. Mais *paganisme*, *virginité* ou *natation* seront analysés comme construits sur des bases supplétives de *païen*, *vierge* et *nag(er)*, correspondant respectivement à °*pagan(e)*, °*virgin(e)* et °*nat(er)*, car ces formes construites présentent un rapport formel non reproductible avec les mots dont ils paraissent sémantiquement dérivés. Les formes supplétives seront traitées comme des entrées lexicales indépendantes et synonymes de *païen*, *vierge* et *nager*.

L'analyse développée par Corbin sur des portions importantes du lexique français conduit cependant à la constatation que la plupart des allomorphies, qu'elles concernent la base ou l'affixe, n'apparaissent pas de manière automatique dans des contextes donnés : elles ne touchent que certains morphèmes dans certains contextes. Par exemple, la base *libre* subit une allomorphie dans le contexte morphologique *-té* (*libre/liberté*), mais pas dans le contexte morphologique *-ment* (*libre/librement*); en outre, la base *pauvre*, dans le contexte *-té* ne subit pas d'altération allomorphique (*pauvre/pauvreté*). Ni le contexte morphologique, ni le contexte phonologique ne suffisent à déclencher une allomorphie. On ne peut par conséquent rendre compte des «régularités» allomorphiques que par des règles mineures, c'est-à-dire par des règles qui ne s'appliquent qu'à des radicaux porteurs d'un trait «diacritique» autorisant leur application.

En outre, les données chiffrées auxquelles aboutit son analyse des alternances allomorphiques (816 bases sont touchées par une allomorphie reproductible, pour 175 types d'alternances) révèlent un rendement très faible des règles mineures, chacune ne s'appliquant en moyenne que 4 ou 5 fois sur l'ensemble du lexique, les plus «rentables» atteignant une quarantaine d'occurrences (Corbin, 1987 : 284). La question se pose donc réellement de savoir où se situerait le bénéfice d'un tel dispositif, au plan psycholinguistique s'entend. D'un côté, traiter les variantes formelles d'un radical donné comme des formes allomorphiques plutôt que supplétives permet de réduire le nombre d'entrées lexicales de base et de saisir la connaissance que peut avoir un locuteur de la relation existant entre, par exemple, *clair* et *clarté*. Mais, d'un autre côté, ces avantages ne seraient obtenus qu'au prix d'une augmentation de la charge mémorielle associée à l'information additionnelle que devrait contenir chacune des entrées touchées par l'allomorphie (le trait «diacritique») et, surtout, à l'information associée à chacune des règles mineures.

4. L'applicabilité non automatique des mécanismes dérivationnels

a) L'argument

L'argument d'imprédictibilité de la relation formelle et sémantique entre la base et la forme qui en est dérivée n'est pas le seul qui ait été opposé à une conception (dé)compositionnelle du lexique. On avance également que certaines formes de base sont idiosyncratiques quant aux mécanismes dérivationnels qui peuvent leur être appliqués. On oppose par exemple le paradigme *induce/induction/inducement* au paradigme *produce/production/*producement* (Butterworth, 1983) pour signaler, d'une manière plus générale, l'absence d'applicabilité automatique des processus dérivationnels. Si seules certaines formations possibles sont actualisées, attestées, on s'interroge alors sur la question de savoir comment le lexique pourrait représenter l'information que certains items, et pas d'autres, peuvent servir de base à une dérivation donnée, comment il pourrait, autrement dit, rendre compte de la distinction entre mots existants et non existants :

> «How it becomes evident that a particular derived formation exists ? This latter problem, how a generative system might filter out nonexistent forms like **halation*, **retribute* and **fiss* has exercised linguistic model builders a great deal (...) but no satisfactory solution has been proposed» (Henderson, 1985 : 31).

Si l'applicabilité non automatique des processus dérivationnels est tenue pour un argument majeur en défaveur d'une conception (dé)compositionnelle du lexique, c'est que le problème est posé dans les termes suivants : si des règles dérivationnelles ne peuvent être appliquées à certaines bases, au risque de produire des mots non existants, alors il faut envisager que le système lexical renferme un dispositif spécialement conçu pour l'élimination des mots non existants. Or, quelle pourrait être la nature d'un tel dispositif ? Une première solution envisageable serait que les entrées lexicales correspondant aux bases contiennent cette information additionnelle, idiosyncratique, selon laquelle elles peuvent ou non servir de base à telle ou telle autre dérivation. Une solution alternative serait que tout dérivé, une fois construit et préalablement à son insertion dans l'énoncé, soit rejeté s'il ne figure pas dans l'inventaire des mots existants mémorisés par le sujet[17]. La première solution affaiblirait les avantages présumés d'un lexique décomposé, puisqu'elle nécessite la mémorisation d'informations supplémentaires. Quant à la seconde, elle les affaiblirait plus nettement encore, puisqu'elle impliquerait que tous les mots complexes soient de toute façon mémorisés sous leur forme entière. Bref, dans les deux cas, on aboutirait à cette situation paradoxale où la charge mémorielle qu'exigerait un lexique décomposé serait peut-être comparable, sinon supérieure, à la charge qu'exigerait un lexique exhaustif.

b) Les limites de l'argument

Sans vouloir nier l'importance du problème soulevé par les lacunes dérivationnelles pour une hypothèse (dé)compositionnelle, nous pensons néanmoins qu'il devrait être reposé en fonction des considérations suivantes.

En préalable, il faut souligner que la distinction entre mots existants et mots non existants, pourtant centrale dans cette discussion, ne recouvre qu'une réalité nébuleuse tant pour le lexicologue (ou le linguiste), que pour le sujet parlant. Dans l'hypothèse où le lexique mental serait constitué par un inventaire exhaustif, cet inventaire ne constituerait de toute façon qu'une infime partie de l'ensemble des mots «existants», il ne contiendrait au plus que les mots connus du sujet. Si même on se place au plan social, et non plus individuel ou, pour adopter une autre terminologie, si on considère la compétence lexicale d'un locuteur idéal, on n'en arriverait pas moins à constater l'impossibilité de définir exhaustivement le contenu du lexique de la langue — tout simplement parce qu'aucun corpus, aussi étendu soit-il, ne peut rendre compte de la réalité lexicale. Le lexique d'une langue est, typiquement, un ensemble flou, qu'aucun linguiste ne peut prétendre décrire *in extenso*. Ce n'est pas tant l'étendue de l'objet qui rend cette tâche impossible, que l'incertitude quant au statut linguistique des unités rares (pour autant qu'elles aient été notées). Le lexique d'une langue est, de surcroît, un ensemble mouvant : chaque jour, le lexique change[18].

La «non-existence» de certaines formations dérivées ne constitue une difficulté pour l'hypothèse (dé)compositionnelle que dans la mesure où l'on suppose que le locuteur «sait» qu'un mot dérivé existe ou non : ce «savoir» dont on croit doués les sujets devrait donc bien être représenté dans le lexique mental. Mais il s'agit, en l'occurrence, d'un savoir bien peu délimité. Le sujet parlant est sans doute capable de faire le tri entre les mots qu'il connaît (qu'il se souvient avoir déjà rencontrés ou produits) et les autres. Mais sur quelle base pourrait-il ensuite, parmi les mots qu'il ne connaît pas, distinguer ceux qui «existent» de ceux qui n'«existent» pas ? Cette distinction ne peut en réalité reposer que sur des conjectures[19]... ou sur l'information fournie dans les dictionnaires dont il dispose dans sa bibliothèque (et dont les avis peuvent ne pas converger). Dans un tel contexte, il paraît difficile d'inscrire l'information qu'un mot dérivé n'«existe» pas au nombre des connaissances lexicales intériorisées par les locuteurs.

En tout état de cause, traiter comme une propriété idiosyncratique le fait que la dérivation ne «peut» s'appliquer à certaines bases (au risque de produire un mot «inexistant») relève d'une confusion entre norme *linguistique* (qui détermine ce qui constitue un mot possible) et norme d'*usage* (qui ne renvoie peut-être qu'au lexique légitimé par les lexicographes). Considérez ces exemples de «lacunes» dérivationnelles en français (les items marqués «°» ne sont pas attestés dans le *Petit Robert 1978*) :

faire	faisable	infaisable	faisabilité	°infaisabilité
violer	°violable	inviolable	°violabilité	inviolabilité
croire	croyable	incroyable	°croyabilité	°incroyabilité
réaliser	réalisable	irréalisable	°réalisabilité	°irréalisabilité

En réalité, la non-attestation de °*infaisabilité* ou de °*violabilité* n'est pas linguistiquement (morphologiquement) explicable : ils constituent tous deux des mots possibles, conformes aux principes qui régissent la formation des mots en français. Si leur non-attestation n'a pas de justification linguistique, il n'y a aucune raison d'imaginer de représenter, par exemple, dans l'entrée lexicale de *faire*, l'information selon laquelle les règles de construction d'une structure du type [in-] + [(V) + (-able)] + [-ité] ne *peuvent* pas lui être appliquées.

Soit, pour considérer des cas plus proches de celui cité par Butterworth (*produce/ production/*producement*), les paradigmes dérivationnels suivants :

grouper	groupage	groupement
assembler	assemblage	°assemblement
rassembler	°rassemblage	rassemblement

Dans ces cas aussi, on ne peut trouver aucune contrainte linguistique susceptible d'expliquer la non-attestation de °*assemblement* et °*rassemblage* : *rassemblement* et °*assemblement* d'un côté, *assemblage* et °*rassemblage* de l'autre, ont la même forme verbale de base, la même configuration phonologique terminale, et il est possible de leur attribuer un sens conforme à la règle de nominalisation en *-age* et *-ment*. L'affixation en *-age* ou en *-ment* relève de deux mécanismes concurrents, et on doit considérer comme un fait accidentel le fait que l'un et pas l'autre ait opéré. Notons qu'on ne peut non plus attribuer la non-existence des deux formes à un principe de blocage, qui voudrait qu'une seule forme soit construite au départ de deux affixes concurrents. La preuve en est qu'il existe quantité de doublets dans le lexique (comme par exemple, celui formé par *groupage/groupement*, ou encore *gonflage/gonflement, lavage/lavement, décollage/décollement, déroulage/déroulement, façonnage/façonnement, étayage/étayement*, etc.)[20].

Il reste qu'un locuteur produira sans doute plus probablement *rassemblement* que °*rassemblage*, *faisabilité* que °*réalisabilité*, dès lors qu'il aurait déjà rencontré le premier et non le second terme de ces paires.

C'est un fait, toutes les possibilités morphologiques ne sont pas exploitées par les locuteurs, et il faut donc s'interroger sur la nature du phénomène qui *tend* à inhiber l'application d'un mécanisme dérivationnel à une base donnée. Si nous parlons ici en termes de *tendance*, c'est que, rappelons-le, cette inhibition n'est pas obligatoire, elle n'est pas linguistiquement fondée ni prévisible : °*rassemblage* est un mot possible en français, et rien n'autorise à penser qu'il n'a été (ou ne sera) jamais produit. Pour rendre compte du caractère *relatif* de l'inhibition en cause, il faut songer au fait que le locuteur, pour exprimer ses intentions significatives, a toujours le choix entre plusieurs formulations (*rassembler tous ces livres dans la bibliothèque m'a pris beaucoup de temps, le rassemblement des livres dans la bibliothèque..., le* °*rassemblage des livres...*). On peut supposer par ailleurs que le locuteur active simultanément ces formulations à un stade donné du processus d'encodage, et que celle qui se voit finalement sélectionnée correspond

– soit à celle qui est la plus aisément accessible, c'est-à-dire typiquement mais non obligatoirement, celle qui aura été le plus fréquemment encodée — ce qui élimine automatiquement les formes qui ne l'auraient jamais été jusque-là;

– soit à celle que le contexte favorise (ce peut être le contexte strictement linguistique, comme *le dépoussiérage et le* °*rassemblage des livres dans la bibliothèque...*) — ce qui pourrait rendre compte de l'émergence d'une forme «nouvelle».

Ces mécanismes inconscients peuvent d'ailleurs co-exister avec des mécanismes conscients d'inhibition ou de facilitation. La communauté linguistique (francophone en tout cas) exprime en effet une attitude générale de méfiance à l'égard des mots (objectivement ou intuitivement) nouveaux (qui ne sont considérés comme «français» qu'à la condition d'être attestés dans un dictionnaire) et impose par là-même un frein à la créativité lexicale. Un locuteur qui prendrait conscience qu'il n'a jamais rencontré le mot qu'il était sur le point de produire, pourrait en quelque sorte «décider» de s'autocensurer ou non, selon la «liberté» qu'il pense pouvoir prendre vis-à-vis de cette norme[21].

Bref, le système morphologique français est riche en possibilités, qui soit ne sont pas (encore) réalisées, soit sont réalisées mais ne sont pas retenues par les lexicographes[22]. On peut supposer que ces possibilités sont connues des locuteurs (cf. leur aptitude à (dé)construire des mots inconnus). Dans cette hypothèse, il serait inadéquat de décrire leur compétence lexicale en la restreignant aux mots «existants», ou même aux mots connus. Le sujet qui n'aurait jamais rencontré ni *faisabilité*, ni

°*réalisabilité*, n'accorderait-il pas aux deux mots le même statut, celui de deux mots possibles en français ? Et ne rejetterait-il pas, sur les mêmes bases, des formes telles que **faisité* ou **réalisationité* ?

C. POUR UNE REPRÉSENTATION LEXICALE DU SAVOIR MORPHOLOGIQUE

L'examen contradictoire des arguments invoqués à l'encontre d'une hypothèse (dé)compositionnelle aura fait apparaître qu'au cœur du débat se situe en réalité cette question fondamentale : de quels faits une théorie du lexique mental doit-elle rendre compte et quels faits doivent être considérés comme étrangers à cette théorie, parce qu'étrangers au savoir *lexical* des locuteurs ? C'est en réalité de la réponse à cette question que dépend la pertinence théorique de l'une ou l'autre position.

A notre sens, deux des arguments principaux invoqués pour la défense d'une version radicale de l'hypothèse du listage exhaustif («tous et rien que les mots connus du sujet»), à savoir l'imprédictibilité des créations néologiques et l'imprédictibilité sémantique des formations dérivées, reposent sur une hiérarchisation discutable des faits. Ainsi, tenir les comportements lexicaux créatifs pour les manifestations d'un savoir *non* lexical relève d'un amalgame qui confond, dans une même explication, des observations qui devraient plutôt faire l'objet de caractérisations distinctes : il est en effet des créations lexicales qui sont imprévisibles, qui sont formées sur des schémas idiosyncratiques, mais il en est aussi qui utilisent des schémas généraux de construction et qui sont en cela *linguistiquement* prévisibles. Par ailleurs, qu'il y ait dans le lexique des mots complexes attestés des idiosyncrasies de tous ordres est incontestable. Mais ne l'est pas moins le fait qu'au-delà des exceptions, se dégagent aussi des régularités, applicables à des portions plus ou moins étendues du lexique.

Bref, notre position théorique dans le débat dont nous venons d'exposer les termes pourrait se résumer en deux points :

1) Il y a du régulier dans la structure des mots complexes.

2) On ne dispose d'aucun élément théorique décisif pour rejeter l'hypothèse que ces régularités morpholexicales sont intériorisées par les sujets. Mais on dispose, en revanche, d'au moins un élément qui lui serait favorable : les sujets sont capables de produire et d'interpréter des mots complexes *réguliers* qu'ils n'ont jamais rencontrés auparavant. Une théo-

rie du lexique mental qui ne rendrait pas compte de cette aptitude serait par conséquent incomplète.

Il va sans dire que l'existence de régularités morpholexicales ne constitue pas, en soi, un argument *en faveur* d'une hypothèse (dé)compositionnelle — elle la rend seulement *plausible* pour un certain nombre de formes. Il se peut, d'une part, que ces régularités soient codées dans une structure représentationnelle autre que celle suggérée par un lexique décomposé; et d'autre part, qu'elles ne soient pas en réalité directement impliquées dans les procédures *habituelles* du traitement du langage. L'observation selon laquelle les individus font manifestement usage de connaissances morphologiques dans certaines circonstances — lorsqu'ils créent et interprètent des mots qui leur sont inconnus — ne peut en effet être tenue pour un indice incontestable de ce que le système lexical encode et/ou exploite des informations relatives à la structure des mots connus : les procédures utilisées pour la création et l'interprétation de mots nouveaux peuvent être indépendantes de celles utilisées pour la production et l'interprétation des mots complexes qui ne le sont pas.

On ne doit pas sous-estimer néanmoins les avantages potentiels que présenterait une organisation morphologique des entrées du lexique des mots connus. En premier lieu, les propriétés morphémiques des mots pourraient servir de principe organisateur efficace pour la représentation (et la récupération) des informations liées aux dizaines de milliers de mots connus du sujet. En second lieu, ces propriétés pourraient jouer un rôle important dans la construction de la compétence lexicale. L'intériorisation, sous une forme ou une autre, des régularités, mais aussi des sous-régularités morpholexicales, ne présenterait pas seulement l'intérêt de permettre l'interprétation d'unités inconnues. Elle serait aussi de nature à réduire le « coût » que pourrait représenter l'apprentissage de ces formes et leur intégration au système lexical du sujet. Cet avantage n'est pas anodin, car, on le sait, même chez l'adulte, le répertoire lexical s'enrichit continuellement d'unités nouvelles. On peut supposer que la mémorisation d'une unité est d'autant moins coûteuse que sa forme et sa signification peuvent être rapportées à celles d'unités déjà mémorisées. Ainsi, l'intégration dans le répertoire lexical d'une unité jusqu'alors inconnue, par exemple *réfutable*, pourrait être facilitée par sa mise en relation avec les unités connues que seraient *réfuter*, d'une part, *décelable*, *effaçable*, *adaptable*, etc., d'autre part. Or, la relation ne peut s'établir qu'à la condition que ces formes complexes soient « analysées » dans la mémoire du sujet, et qu'une généralisation puisse ainsi en être déduite (V + *-able* → Adj = « Susceptible d'être V »). Lorsqu'elle ne peut être rapportée à un schéma aussi général que dans le cas ci-dessus, l'apprentissage d'une unité nouvelle peut éventuellement s'appuyer sur une sous-régularité. Par exemple, l'unité *répression* constitue d'une certaine manière une exception par rapport à la règle générale (la forme générale du suffixe de nominalisation étant *-ation*), mais il s'agit en l'occurrence d'une exception généralisable à un sous-ensemble d'items, tous formés du segment *-primer* (*comprimer/compression, déprimer/ dépression, exprimer/ expression*, etc.). L'intériorisation préalable de cette sous-régularité permettra de lier le sens de *répression* à celui de *réprimer*, et sa forme à celle de *compression, dépression*, etc. D'une certaine manière, le sujet aurait donc ainsi moins d'informations nouvelles à mémoriser[23].

Il reste bien entendu à définir sous quelle forme sont représentées ces régularités et sous-régularités morpholexicales, et comment elles sont exploitées par le système lexical pour le stockage et la récupération des informations lexicales. Les propositions faites dans ce sens ne manquent pas, ainsi que nous allons le voir au chapitre qui suit.

NOTES

[1] La notion de *règles de redondance*, appliquée à la description du lexique, a été développée par Chomsky (1970). Le lexique est décrit comme une liste d'entrées spécifiant l'ensemble des traits (phonologiques, syntaxiques et sémantiques) non prédictibles associés à l'item ; à cette liste sont associées des règles de redondance qui ajoutent et spécifient les traits partout où une règle générale peut les prédire. Ces règles permettent ainsi d'exprimer ce qu'il y a de général dans la relation entre deux mots morphologiquement reliés.
[2] Cette concurrence a fait couler beaucoup d'encre, mais il n'y a pas d'accord unanime entre les linguistes sur la manière de la traiter. Il semble cependant qu'il y ait une réticence générale à considérer les deux mécanismes sur le même plan : on cherche à mettre en évidence que l'un est plus ou moins productif que l'autre (avec des divergences sur ce point), ou que le domaine d'applicabilité diffère pour l'un et l'autre (voir par exemple Anshen et Aronoff, 1981; Aronoff, 1976; Romaine, 1983; voir aussi l'analyse de Aitchison (1987), que nous exposons au Chapitre III, p. 62).
[3] D'après l'exposé qu'en fait Stemberger (1985b).
[4] En toute vraisemblance, la description présentée par Henderson repose sur un corps de critères définitionnels issus de la tradition linguistique américaine qui voit plus souvent dans le morphème une unité essentiellement *structurale* (une unité minimale de l'analyse grammaticale).

⁵ Corbin (1987) introduit entre les mots complexes construits (*maisonnette*) et les mots non complexes non construits (*omelette*) une catégorie intermédiaire, celle des mots complexes non construits. Elle désigne par là des mots dont l'interprétation sémantique est *partiellement* superposable à la structure interne. Ainsi, le sens de *carpette* est superposable à la structure formelle éventuelle *carp-ette*, de telle sorte que l'on attribue à *-ette* le sens « petit » et à *carp-* le sens « tapis ». Toutefois, *carp-* n'apparaît avec ce sens dans aucun autre mot construit, et ne peut donc être identifié comme un morphème. Notons que des segments non morphémiques peuvent apparaître, dans des mots complexes, en position basique comme dans **carpette** (et aussi **amul**ette, pré**cé**der, **exprim**er) ou en position affixale : ro**yaume**, ca**bosser**, con**férer**.
⁶ Exemples empruntés à Corbin (1987).
⁷ La sélection du sens « Ôter N » ou « Ôter *de* N » paraît prédictible au départ des spécifications sémantiques attachées à N ; « Ôter de N » pourrait être sélectionné lorsque N renferme le trait [+Contenant].
⁸ Nous avons établi cette description sur la base d'informations fournies par le *Webster's Ninth New Collegiate Dictionnary* (1985). Signalons qu'elle n'est pas exhaustive : la forme *un-* sert à construire des mots complexes au départ d'autres mécanismes dérivationnels.
⁹ Ainsi que Henderson (1985) l'admet lui-même. Après avoir fait observer que « (...) even the most predictable affixations are characterised by a considerable amount of capriciousness », il ajoute en note : « In quantitative terms this statement is, of course, hopelessly vague. (...) I have paraded as many examples as I thought the editor would allow » (Henderson, 1985 : 38).
¹⁰ Voir par exemple, parmi les ouvrages généraux consacrés à la morphologie du français : Chiss, Filliolet et Maingueneau, 1978 ; Pinchon, 1986.
¹¹ Nous n'entendons bien évidemment pas généraliser à la morphologie anglaise les observations que nous ferons à propos de la morphologie française. Seule une analyse approfondie des mots dérivés anglais (qui n'entre bien sûr pas dans le propos de ce travail) pourrait établir l'équivalence éventuelle des phénomènes observés.
¹² C'est là ce que suggère une phrase telle que par exemple *cet étiquetage a 15 ans, il faut le remplacer*, qui implique le sens complémentaire non attesté de *étiquetage* (« Produit de V »), ou une phrase telle que *l'alliage du fer et du carbone produit de l'acier*, qui actualise le sens de « Action de V » pour *alliage* (Corbin, 1987 : 372). La dérivation en *-tion* et en *-ment* se comporte de la même manière.
¹³ Dans certains cas, ce sont les propriétés thématiques de la base verbale qui sélectionnent préférentiellement un sens plutôt que l'autre. *Chanteur* aura préférentiellement le sens « Agent [+ Humain] », car le verbe *chanter* n'implique pas généralement l'usage d'un instrument, au contraire de *concasser*, qui permettra de sélectionner préférentiellement le sens « Agent [- Humain] ».
¹⁴ Corbin (1987 : 263-265) définit trois types d'opérations sémantiques, plus ou moins complémentaires selon les cas, qui peuvent être associées à une règle de construction de mots :
1° *Une opération catégorielle* : l'opération sémantique est associée à un changement catégoriel, qui induit lui-même un certain type de rapport sémantique. Construire un adjectif sur une base nominale, c'est faire occuper à un nom le rôle syntaxico-sémantique d'un adjectif : la paraphrase « relatif à », qui correspond aux adjectifs en *-el, -al* et *-aire* construits sur une base nominale, ne fait qu'actualiser le changement de catégorie syntaxique.
2° *Une opération parasyntaxique* : Les relations sémantiques sont telles qu'une des catégories en jeu joue un rôle syntaxique par rapport à l'autre. Le nom occupe par exemple une des fonctions thématiques attachées à la base : la fonction thématique d'agent (*chanter/chanteur*), d'instrument (*arroser/arrosoir*), d'objet (*sentir/sensation*), de lieu (*dor-*

mir/dortoir), de temps (*fleurir/fleuraison*), etc.

3° *Une opération lexicale* : dans cette opération, l'affixe équivaut sémantiquement à une catégorie lexicale majeure. Ainsi en va-t-il de la suffixation en *-ette* qui attribue le sens «diminutif» à un nom (*-ette* équivaut à *petit*), ou en *-erie* s'appliquant à un nom de «lieu d'activité».

[15] Le sens prédictible d'un mot dérivé est le sens qu'un locuteur peut attribuer à ce mot par la seule connaissance qu'il a de la règle et de la base.

[16] D'après les relevés effectués par Corbin (1987) sur le corpus de Juilland (1965).

[17] Les modèles linguistiques du lexique ont envisagé d'autres dispositifs pour rendre compte des «trous» dérivationnels, mais, fondamentalement, ils reviennent tous à l'une des deux solutions ci-dessus (voir Corbin, 1987, pour une revue).

[18] Dans le même ordre d'idées, on doit éviter l'écueil qui consiste à assimiler les mots existants aux mots attestés, et les mots attestés aux mots répertoriés dans un dictionnaire de langue : aucun dictionnaire ne prétend à l'exhaustivité, et ce qui est attesté dans l'un, ne l'est pas nécessairement dans un autre.

[19] Corbin (1987) s'est livré à une petite enquête auprès de 34 universitaires, auxquels elle a présenté 40 verbes préfixés en *dé-* dans un contexte phrastique. Parmi ces verbes, la moitié seulement était attestée dans un ou plusieurs dictionnaires, mais tous étaient des mots possibles. A chaque verbe attesté, était pairé un verbe non attesté proche sémantiquement et de même formation; par exemple : *En moins de huit jours, Marie a débronzé* vs *...Marie a °débruni; la mode, cette année, déféminise les femmes* vs *... °démasculinise les hommes; Marie a décidé de décirer le buffet pour le vernir* vs *... de °déteinter sa table...*). Corbin demande à ses sujets de signaler, pour chaque verbe, s'ils pensent qu'il figure dans au moins un quelconque des dictionnaires français contemporains. Les résultats ont indiqué qu'aucun verbe n'a recueilli l'unanimité, que le verbe soit attesté ou non. En plus, les sujets ne fournissent pas davantage de bonnes réponses pour les verbes attestés; en gros, on note 50 % de bonnes réponses aux verbes attestés, et 50 % aux verbes non attestés. Bref, cette petite enquête suggère que, parmi les mots bien formés, les locuteurs sont incapables de discerner ceux qui «existent» et ceux qui «n'existent» pas.

[20] Que dans certains de ces doublets, les mots se soient vus spécialisés dans leur emploi est une autre question, qu'on ne traitera pas ici. On fera seulement remarquer qu'ils expriment tous, dans au moins un de leur emploi, le sens «Action de V» (cf. aussi p. 41).

[21] Les possibilités morphologiques de la langue sont diversement utilisées par les locuteurs, en fonction notamment de leur statut culturel : «Pris dans une dialectique du conformisme et de la distinction, les locuteurs sont d'autant plus conformistes (...) qu'ils cherchent à assimiler la langue légitime et à donner des preuves qu'ils la possèdent, et d'autant moins conformistes et plus désireux, souvent inconsciemment, de se "distinguer" qu'ils possèdent la langue légitime et désirent marquer leur distance vis-à-vis des premiers. C'est ainsi que le corps social autorise les néologismes à certains types de locuteurs, qui en retour, dans un mouvement d'auto-légitimation, se les autorisent.» (Corbin, 1987 : 67-70). «Ces locuteurs privilégiés, qui s'autorisent et à qui on autorise les néologismes, se recrutent par exemple parmi les littérateurs (...), les comiques (...), les enfants (...), les étrangers, qui bénéficient d'une présomption d'ignorance, les linguistes (...) et les scientifiques en général.» (Corbin, 1984 : 247-248).

[22] Et ce, pour des raisons qui tiennent tant aux «hasards» de la constitution des corpus qu'aux critères de sélection adoptés, dont certains sont strictement d'ordre éditorial.

[23] Nous envisageons ici le cas où les mots dérivés seraient inconnus et leur forme de base connue. On peut bien entendu envisager la situation inverse, sans que cela change fondamentalement les choses : *rentable* et *réprimer* pourraient être acquis plus aisément dès lors que *rentabilité* et *répression* auraient déjà été appris.

Chapitre III
La représentation des informations morphologiques : quelques modèles de compromis

Nous avons vu quelle était la puissance et la faiblesse respectives des versions extrêmes de l'hypothèse du listage exhaustif et de l'hypothèse (dé)compositionnelle. Les versions plus nuancées de l'une et de l'autre hypothèse visent précisément à en corriger les faiblesses. Les versions «faibles» de l'hypothèse du listage exhaustif tentent ainsi de représenter les régularités morpholexicales tout en maintenant, sous une forme ou une autre, l'idée d'un listage exhaustif de toutes les formes connues du sujet. Quant aux versions «faibles» de l'hypothèse (dé)compositionnelle, elles consistent à restreindre l'application des procédures (dé)compositionnelles à certaines catégories de mots complexes seulement. Ce faisant, les tenants de l'une ou l'autre hypothèse ne cherchent plus à rendre compte de manière unitaire de toutes les facettes de la compétence lexicale, pour lesquelles des mécanismes de nature différente pourront être postulés. En outre, des solutions distinctes seront parfois proposées selon que l'on envisage le point de vue du locuteur ou de l'auditeur, du scripteur ou du lecteur, et selon que l'on traite des mécanismes de flexion, de dérivation ou de composition.

Nous allons, dans ce qui suit, exposer quelques-uns des aménagements ainsi proposés aux deux positions extrêmes. Le lecteur pourra ainsi apprécier la diversité des hypothèses formulées dans le champ des études consacrées à la représentation psychologique de la morphologie. A ce stade, notre propos ne sera pas d'évaluer ces diverses propositions à l'aune des données expérimentales dont on dispose à ce jour, mais plutôt d'en indiquer la portée et la valeur théorique.

A. RÉGULARITÉS MORPHOLEXICALES ET LISTAGE EXHAUSTIF

Nous avons exposé au chapitre précédent les arguments avancés pour justifier le maintien de l'hypothèse d'un listage exhaustif dans sa version « forte », en dépit de son incapacité à rendre compte des intuitions morphologiques des sujets et de leur aptitude à (dé)construire des mots inconnus. Nous allons voir ici que cette hypothèse n'est pourtant pas, en soi, incompatible avec celle d'une représentation lexicale du savoir sous-tendant ces aptitudes. Plusieurs solutions ont en effet été envisagées en vue de concilier une conception exhaustive du lexique avec la représentation des régularités morphologiques.

Ces versions aménagées maintiennent toutes que chacune des formes connues du sujet, donc y compris les formes complexes, se trouve codée dans le lexique mental par une unité qui lui est propre, mais elles postulent aussi que les régularités morphologiques sont représentées, d'une manière ou d'une autre, dans le système lexical. Ce qui différencie entre elles les propositions formulées dans ce contexte, c'est d'une part, le degré d'explicitation avec lequel ces régularités sont représentées et, d'autre part, le rôle qu'elles jouent dans les procédures *habituelles* de reconnaissance ou de récupération des mots complexes.

1. Les régularités morpholexicales codées comme des informations « subsidiaires »

a) Des règles de redondance reliant des entrées pleinement spécifiées

Le modèle linguistique de Jackendoff (1975) est sans doute celui qui représente les régularités morpholexicales de la manière la plus explicite. En effet, ce modèle rend compte de ces régularités par un dispositif dont le rôle est de préciser formellement les relations d'apparentement morphologique existant entre les mots. Jackendoff propose que le composant lexical comporte une liste d'entrées lexicales complètement spécifiées (bases et mots complexes), mais reliées entre elles par des règles de redondance morphologiques qui rendent compte des régularités formelles et structurelles. L'ensemble des informations associées à chacun des mots connus par le sujet serait ainsi représenté dans une entrée lexicale du type

$$\begin{bmatrix} \text{/représentation phonologique/} \\ \text{traits syntaxiques} \\ \text{REPRÉSENTATION SÉMANTIQUE} \end{bmatrix}$$

S'agissant par exemple de la paire *decide/decision*, le lexique comporterait deux entrées distinctes, c'est-à-dire une entrée complètement spécifiée regroupant les spécifications de *decide* :

$$\begin{bmatrix} \text{/decid/} \\ + V \\ + [NP_1 \text{———————} on\ NP_2] \\ NP_1\ \text{DECIDE ON}\ NP_2 \end{bmatrix}$$

et une entrée, indépendante, associée à *decision*, qui prendrait la forme :

$$\begin{bmatrix} \text{/decid + ion/} \\ + N \\ + [NP_1\text{'s} \text{———————} on\ NP_2] \\ \text{ABSTRACT RESULT OF ACT OF} \\ NP_1\text{'S DECIDING}\ NP_2 \end{bmatrix}$$

Pour rendre compte de l'apparentement morphologique des deux unités, on introduirait par ailleurs dans le lexique une règle de redondance lexicale telle que

$$\begin{bmatrix} x \\ \text{/y + ion/} \\ + N \\ + [NP_1\text{'s} \text{———————} (P)\ NP_2] \\ \text{ABSTRACT RESULT OF ACT OF} \\ NP_1\text{'S Z-ING}\ NP_2 \end{bmatrix} \leftrightarrow \begin{bmatrix} w \\ \text{/y/} \\ + V \\ + [NP_1 \text{———————} (P)\ NP_2] \\ NP_1\ Z\ NP_2 \end{bmatrix}$$

dans laquelle «↔» exprime la relation symétrique «est lexicalement reliée à». La règle de redondance lexicale aurait donc pour objet de spécifier qu'une entrée lexicale x, possédant telle et telle propriété, peut être reliée à l'entrée lexicale w dotée de telle et telle propriété (Jackendoff, 1975 : 641-642).

Selon l'auteur, l'apprentissage de ces règles de redondance se ferait sur la base des généralisations observées parmi les items lexicaux déjà connus. Une fois apprises, elles simplifieraient par ailleurs l'apprentissage de nouveaux items, en réduisant la part d'information nouvelle à acquérir. En outre, ces mêmes règles pourraient être utilisées pour la création et l'interprétation de mots nouveaux.

Le trait essentiel qui caractérise un tel modèle réside en ce que les régularités morphologiques y sont traitées comme des informations lexicales *subsidiaires* par rapport à celles que renferme la liste des entrées lexicales. Cette liste spécifie en effet l'ensemble des propriétés nécessaires et suffisantes pour la production et l'interprétation des mots. Les informations liées aux régularités morpholexicales ne sont toutefois pas totalement indépendantes de cette liste principale : elles ne se constituent que sur la base des informations contenues dans la liste et, en retour, elles contribuent à en enrichir le nombre d'unités.

b) *La structure morphémique des mots représentée dans une annexe lexicale*

C'est une conception du lexique analogue à celle de Jackendoff qu'exprime Aitchison dans une version psycholinguistique.

Après examen d'une abondante littérature (à la fois linguistique, psycholinguistique et neurolinguistique), Aitchison (1987) est amenée à défendre que, si les sujets mémorisent «en bloc» tous les mots complexes (à l'exception peut-être des formes verbales fléchies rarement utilisées qui devraient, elles, être calculées), ils en mémorisent également la structure morphémique. Celle-ci ne constituerait toutefois, selon l'auteur, qu'une information accessoire, utilisée seulement dans certaines circonstances (lorsque, par exemple, le sujet doit interpréter un mot particulièrement long, ou dont le sens lui est difficilement accessible, ou bien encore lorsqu'il désire former un mot nouveau). C'est la raison pour laquelle Aitchison propose un modèle lexical dans lequel l'information sur la composition morphémique des mots serait représentée dans une sorte d'annexe (*back-up store*) au lexique principal, annexe que le sujet se constituerait progressivement au fur et à mesure de son expérience linguistique. Dans le cours de ses activités linguistiques, le sujet serait ainsi amené à percevoir les liens morpholexicaux qu'entretiennent les mots entre eux. Dès lors qu'une structure commune à plusieurs mots serait ainsi reconnue, tous les mots complexes partageant cette structure feraient l'objet d'une analyse et d'une segmentation ; le produit de cette analyse serait alors représenté dans le *back-up store*, sous la forme d'unités lexicales morphologiquement décomposées.

Par ailleurs, l'interface entre les représentations décomposées du *back-up store* et les représentations unitaires du lexique principal est formalisée, dans le modèle, par un réseau de relations intermédiaires, où les représentations décomposées de tous les mots complexes sont reliées aux représentations unitaires de toutes les unités présentant une construction similaire.

Enfin, comme le proposait Jackendoff (1975), Aitchison prévoit que l'information morphémique représentée dans l'annexe lexicale est continuellement utilisée pour désassembler des représentations qui n'auraient pas encore fait l'objet d'une analyse, ce qui a pour conséquence d'accroître progressivement la densité et la force des liens établis entre les unités. Ainsi, le lexique mental, selon Aitchison, ne serait pas tel un dictionnaire renfermant un nombre fixe d'informations associées à chaque item, mais un système actif dans lequel de nouveaux liens — et donc des informations nouvelles — s'établissent continuellement entre les unités mémorisées.

Un exemple. Le mot *fragilité* serait répertorié sous la forme FRAGILITÉ dans le lexique principal. A la forme FRAGILITÉ serait alors attaché un ensemble d'informations subsidiaires spécifiant comment elle peut être segmentée (FRAGIL-ITÉ) et comment s'organisent les liens qui l'unissent aux mots du lexique principal qui partagent la même structure (SOLIDITÉ, RIGIDITÉ, HUMIDITÉ, etc.). Aitchison formaliserait la représentation de ces régularités morpholexicales comme indiqué à la Figure 1.

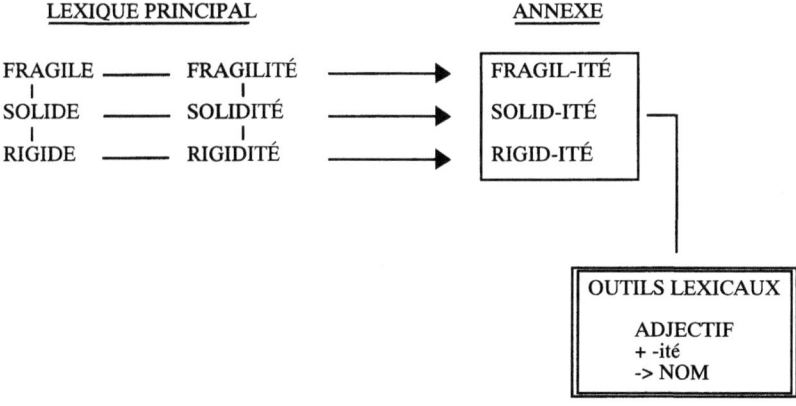

Fig. 1 — *Représentation du paradigme de FRAGILITÉ selon Aitchison (1987).*

L'auteur prévoit également que les informations structurelles stockées dans l'annexe peuvent être généralisées sous la forme de procédures de construction de mots, mémorisées dans un module complémentaire (*the lexical tool-kit*). Ces procédures pourraient être directement utilisées pour la création et l'interprétation de mots nouveaux, ainsi que pour l'analyse de mots complexes non encore désassemblés.

Aitchison (1987) s'interroge aussi sur la nature exacte de ces procédures de création/interprétation. Dans cette perspective, elle analyse les contraintes imposées aux principaux modes de formation de mots nouveaux en anglais, à savoir la composition, la conversion syntaxique, l'affixation et la réanalyse (qui serait à l'origine, par exemple, de la création de *flopnik* au départ de *sputnik*). Sa conclusion est qu'il n'existerait en réalité que très peu de contraintes absolues régissant les formations nouvelles. Les créateurs de mots se conforment pourtant bien à des principes généraux de formation ; si ce n'était pas le cas, l'interprétation des mots nouveaux se révélerait d'ailleurs impossible. Il semble néanmoins que ces principes ne relèvent que pour une part seulement de contraintes de nature linguistique.

Ainsi, Aitchison tente de dégager par exemple à quelles lois se conformeraient les locuteurs lorsqu'ils forment des mots nouveaux par nominalisation sur base adjectivale. On constaterait, en premier lieu, que les locuteurs utilisent tantôt le suffixe *-ity*, tantôt le suffixe *-ness* et qu'en second lieu, ils n'attacheraient ces suffixes qu'à des mots entiers, appartenant à la classe ouverte, ou à des syntagmes. Ces observations indiqueraient qu'il existe donc bien des contraintes fortes qui pèsent sur les mécanismes de formation lexicale par nominalisation sur base adjectivale, et ce sont ces contraintes qui se trouveraient représentées dans le *lexical tool-kit* sous la forme de procédures. Celles-ci ne suffiraient cependant pas, à elles seules, à définir tous les facteurs intervenant dans la création d'une forme nouvelle. En effet, les locuteurs ont à faire un choix entre les deux suffixes concurrents, et les facteurs qui sous-tendent ce choix se révéleraient, à l'analyse, d'ordre préférentiel, plutôt qu'obligatoire : on observerait des tendances générales dans le choix de l'un ou l'autre mécanisme, mais il ne s'agirait précisément que de tendances, et non pas de lois, puisqu'on observe une importante variabilité interindividuelle dans le choix d'une forme ou de l'autre.

Ainsi, la fréquence d'occurrence des mots en *-ness*, plus élevée que celle des mots en *-ity*, apparaît comme un facteur déterminant la préférence pour l'utilisation de *-ness*. Mais ce facteur n'est apparemment pas le seul à être pris en considération. Si l'adjectif servant de base à la formation se termine par *-al*, *-ible* ou *-ile*, les locuteurs ont en effet tendance à utiliser le suffixe *-ity*, qui se trouve être le suffixe le plus habituel dans les mots attestés dont la base adjectivale a une terminaison analogue (comme dans *nationality, possibility, fragility*). Par ailleurs, les locuteurs manifesteraient une tendance à utiliser le suffixe qui produirait la formation la plus «transparente», c'est-à-dire la plus aisément analysable du point de vue de sa structure formelle et sémantique. Ils tenteraient ainsi, dans leurs créations, de préserver la forme phonologique et le schéma d'accentuation de la base et, en outre, ils auraient une préférence marquée pour un suffixe dont la signification est univoque (Cutler, 1981).

L'existence de ces facteurs préférentiels, qui peuvent dans certains cas se trouver en concurrence, indique, pour Aitchison, que les procédures de création (et d'interprétation) des mots nouveaux ne fonctionnent pas de manière entièrement automatique, mais requièrent un calcul actif, dans le chef du créateur mais aussi de la part de celui qui l'écoute, calcul dans lequel les divers facteurs impliqués doivent être évalués et soupesés. Ceci signifie que les procédures représentées dans le *lexical tool-kit* ne peuvent opérer sans l'intervention de procédures décisionnelles actives. Si les facteurs impliqués dans la prise de décision convergent, on observera des choix similaires pour tous les sujets; à l'inverse, si les facteurs impliqués se trouvent en compétition, les réponses seront marquées par une importante variabilité interindividuelle. Signalons également que pour Aitchison, le recours à des procédures extralinguistiques peut s'avérer essentiel dans l'interprétation de certains néologismes, et plus particulièrement dans les cas de création par composition, où les contraintes absolues sont moins nombreuses encore que pour l'affixation. L'interprétation exacte dépendrait alors surtout du contexte, de l'intelligence et de la bonne volonté coopérative du récepteur, qui aurait à comparer et combiner activement les informations linguistiques dont il dispose avec l'ensemble des informations qu'il doit extraire du contexte.

En résumé, pour Aitchison (1987), la création et l'interprétation de mots nouveaux s'appuient largement sur des procédures stratégiques (c'est-à-dire non automatiques, conscientes). Celles-ci seraient cependant en partie conditionnées, guidées, par des informations morphologiques représentées dans un module auxiliaire du lexique mental. C'est là, essentiellement, la nuance qui distingue la théorisation de la créativité morphologique proposée par Aitchison de celles de Hudson (1984) ou de Butterworth (1983) pour qui, comme nous l'avons vu au chapitre précédent, la créativité lexicale opère essentiellement au départ d'informations d'origine extralinguistique. La ligne de partage entre les deux théorisations n'est cependant peut-être pas suffisamment démarquée pour permettre de les distinguer empiriquement. Toutes deux prédisent en effet que la structure morphologique des mots n'aura aucune influence sur la manière dont les individus produisent ou interprètent habituellement les unités lexicales. Si Aitchison (1987), contrairement à Hudson (1984) ou Butterworth (1983), intègre les informations sur la structure morphologique des mots dans le système lexical, ces informations n'y ont cependant qu'une fonction fort limitée et n'ont en tout cas aucune incidence sur les mécanismes sous-tendant l'utilisation habituelle du langage. Les spécifications structurelles reliées aux représentations lexicales en format unitaire ne seraient impliquées dans le traitement du langage «qu'en cas de besoin». La question qui se pose est donc de savoir si ce «besoin», ainsi que les procédures qui seraient enclenchées pour y répondre, sont entièrement prédictibles. S'ils ne l'étaient pas, on voit mal comment le modèle pourrait se prêter à une vérification empirique et dépasser le stade de ce qui peut apparaître comme une explication purement *ad hoc* de l'aptitude créatrice lexicale.

2. Des informations morphologiques directement impliquées dans les processus de reconnaissance visuelle des mots complexes

Si, dans les modèles de Jackendoff (1975) et de Aitchison (1987), les régularités morphologiques ne jouent le rôle que d'informations lexicales «subsidiaires», il est d'autres propositions dans lesquelles les propriétés morphologiques des unités lexicales influencent *automatiquement* les mécanismes de traitement des mots. La structure morphémique des mots se trouve alors directement représentée dans les procédures habituelles d'accès lexical, ou bien encore elle sert de principe organisateur de l'inventaire lexical. Ces deux approches — la première insistant sur des aspects procéduraux, la seconde sur des aspects organisationnels — ne sont du reste séparables que sur le plan théorique : à toute hypothèse procédurale correspond nécessairement une vision particulière de l'organisation lexicale et, réciproquement, toute hypothèse organisationnelle s'accompagne inévitablement de sa contrepartie procédurale.

a) *Une procédure de reconnaissance guidée par l'information morphologique*

Le modèle procédural développé par Taft et ses collaborateurs (Taft, 1979a, 1981, 1985, 1988; Taft et Forster, 1975, 1976) est sans aucun doute celui qui se trouve à l'origine du plus grand nombre de travaux de psycholinguistique consacrés à la morphologie. C'est que l'hypothèse centrale du modèle, l'hypothèse de *décomposition morphologique prélexicale*, est une hypothèse extrêmement «forte», en ce sens qu'on peut en dériver des prédictions empiriques précises.

L'hypothèse de décomposition morphologique se situe dans le cadre général du modèle lexical formulé par Forster (1976). Le système lexical, selon Forster, se compose d'un fichier principal (*master file*) et de trois fichiers d'accès périphériques (*peripheral access files*) : le fichier d'accès orthographique (qui permet l'accès lexical dans la modalité visuelle), le fichier d'accès phonologique (pour la modalité auditive) et le fichier d'accès sémantique (pour la récupération des unités lexicales dans la modalité expressive). Les mots représentés dans les fichiers d'accès y sont listés dans un ordre correspondant à leur fréquence d'usage dans la langue. Lorsqu'un mot est présenté visuellement, une recherche active est entreprise dans un sous-ensemble du fichier d'accès orthographique. L'accès à une entrée dans ce fichier permet ensuite de récupérer toutes les informations (orthographiques, phonologiques, syntaxiques et sémantiques) associées à ce mot dans le fichier principal. La spécification orthographique du mot, contenue dans ce fichier principal, pourra alors être utilisée pour vérifier que la représentation sensorielle du mot présenté correspond bien à l'entrée qui a été repérée dans le fichier d'accès. Des procédures analogues sont envisagées pour les autres modalités, mais seule la modalité visuelle retiendra ici notre attention. C'est en effet à cette modalité seule que s'appliquait initialement l'hypothèse de décomposition morphologique de Taft (qui a ensuite tenté de l'étendre à la modalité auditive, mais de manière moins stricte).

Dit en termes plus généraux, le lexique est donc considéré comme un système subdivisé en deux composants au moins, un système d'entrée et un système central. Le premier est organisé en fonction de la modalité d'utilisation du langage (et donc se subdivise à son tour en différents systèmes d'accès), alors que le second est indépendant de la modalité. Ces deux composants lexicaux renferment des représentations de nature différente, mais qui relèvent toutes de ce que l'on désigne habituellement par « représentations lexicales ». Le modèle situe ainsi dans le système central les représentations de la fonction sémantique et syntaxique du mot et les représentations de sa forme (phonologique et orthographique). Quant aux représentations du système d'entrée visuel, elles servent essentiellement de codes d'accès dans le processus de reconnaissance des mots.

On désigne par « reconnaissance lexicale » ce phénomène interne par lequel la représentation sensorielle abstraite d'un mot contacte la représentation de ce mot stockée dans le lexique mental du lecteur. C'est seulement quand le mot est reconnu que le sens et la fonction syntaxique qui lui sont associés deviennent disponibles. Pour Taft, la procédure de contact sensoriel/lexical est conduite sur la base des caractéristiques morphologiques des mots. Le code d'accès impliqué dans ce mécanisme ne correspondrait pas à une représentation complète de ce mot, mais à une représentation partielle, morphologiquement définie : celle de sa racine. La procédure d'accès lexical pour tout mot complexe devra par conséquent être précédée par une routine de décomposition morphologique, qui analysera la structure interne de la séquence de lettres présentée en vue d'en isoler la racine. C'est à partir de la racine morphémique ainsi isolée qu'opéreraient les procédures de reconnaissance proprement dites. Une fois la représentation lexicale de la racine contactée, l'information complète sur le mot pourra être récupérée du système central. Elle sera ensuite utilisée pour vérifier que l'entrée lexicale identifiée correspond bien au stimulus présenté.

Précisons que ce modèle doit effectivement être intégré au sein des reformulations de l'hypothèse du listage exhaustif, puisqu'il prévoit que, dans le système central, tous les mots sont représentés sous un format unitaire (à l'exception peut-être des mots fléchis pour lesquels la représentation complète devrait être générée par règles — mais Taft n'a pas de réponse formelle à fournir à cette question). Pour l'essentiel, la reformulation revient en fait à postuler que l'accès à tous les mots ayant une racine commune s'élabore sur la base de la même entrée lexicale. Mais cette hypothèse procédurale a bien entendu comme corollaire organisationnel que les mots complexes, fléchis ou dérivés, membres d'une même famille morphologique partagent une représentation lexicale commune dans le lexique, en l'occurrence la représentation de leur racine. Une telle conception permet de rendre compte de l'intuition des apparentements morphologiques comme une conséquence directe de la structure organisationnelle du lexique mental, sans qu'il soit nécessaire de postuler l'existence de représentations *explicites* des régularités morpholexicales. Dans le même ordre d'idées, l'organisation des entrées lexicales selon un principe morphologique pourrait bien suffire à définir la nature des informations *lexicales* utilisées à l'occasion de la création/interprétation de mots nouveaux.

L'objection théorique principale qui peut être opposée à l'hypothèse de décomposition morphologique prélexicale tient essentiellement au coût computationnel qu'impliquerait cette pré-analyse structurelle. D'une part, si la reconnaissance des mots complexes passe par une segmentation préalable du stimulus, on peut penser que l'accès lexical sera alors plus long et plus difficile pour tous ces mots, qui constituent, rappelons-le, une part très importante du lexique. D'autre part, l'analyse structurelle devrait déboucher, dans un nombre important de cas, sur une segmentation inappropriée, puisqu'elle opérerait de manière «aveugle», sur la seule base de la présence d'une forme d'apparence affixale dans le stimulus. Or, il est de nombreux mots dans lesquels une forme affixale peut être reconnue, sans pour autant constituer effectivement un affixe (*préfet, instinct, religion*, etc.). Au total, on peut donc se demander où se situerait l'avantage d'une procédure d'accès lexical qui aurait pour conséquence de diminuer considérablement l'efficience du système de reconnaissance lexicale.

Il se pourrait toutefois que cette interrogation repose sur un raisonnement trop simpliste et qu'en réalité, une analyse prélexicale du stimulus ait au contraire pour effet d'accroître l'efficience du mécanisme de reconnaissance lexicale.

D'abord, pour dissiper toute équivoque éventuelle, il faut insister sur le fait que la procédure de décomposition morphologique selon Taft n'est pas une procédure d'analyse morphologique au sens où on l'entend habituellement. Une telle analyse exigerait en effet la prise en compte d'informations morphophonologiques, sémantiques et syntaxiques, dont le système de reconnaissance ne dispose évidemment pas à ce stade. Ce qui est en cause, c'est une analyse de la forme orthographique superficielle du signal d'entrée, en vue de contacter une représentation lexicale *préalablement stockée* dans la mémoire. En ce sens, «l'analyse» de la structure interne des mots, qui s'élabore dans le processus de reconnaissance des mots, doit être fondamentalement distinguée d'autres procédures analytiques, telles que par exemple, celles impliquées dans la récupération de la structure des phrases. Ainsi que l'a souligné Bradley (1981), les formes lexicales, contrairement aux formes phrastiques, sont en nombre fini; on peut donc envisager que les entrées de l'inventaire mental des formes en fournissent également une description structurelle. C'est effectivement ce qui est proposé dans le modèle de Taft, puisque à chaque entrée lexicale du lexique principal est associée la représentation de sa racine — donc une description de sa structure — qui fournit ainsi directement l'unité de reconnaissance morphémique, sans nécessiter de calcul supplémentaire. Bref, ce que l'on nomme, par commodité, «segmentation morphologique» du stimulus n'est pas nécessairement un processus de traitement coûteux.

Ensuite, l'évaluation théorique de l'efficience d'un système de traitement de l'information se doit de prendre en compte les caractéristiques de l'input. Quelles sont-elles ? Nous l'avons dit, les formes qui doivent faire l'objet d'un traitement sont en nombre fini, mais ce nombre est bien entendu très élevé — plusieurs dizaines de milliers. C'est dire que la procédure de reconnaissance doit être virtuellement capable de discriminer un nombre considérable de représentations lexicales. Dans de telles conditions, il est vraisemblable qu'une pré-analyse du signal puisse être de nature à accroître l'efficacité du système de reconnaissance, si cette analyse permet de restreindre l'ensemble des candidats lexicaux à tester — comme ce serait effectivement le cas d'une analyse exploitant les régularités morphémiques des entrées lexicales. On peut aussi considérer la question d'un autre point de vue. Si on admet l'idée que la lecture n'est pas un processus infaillible, on ne peut exclure que le lecteur, en vue de minimiser les risques d'erreurs, utilise le plus de sources d'informations pertinentes possibles. La segmentation initiale de l'input peut s'avérer particulièrement économique lorsque le mot à reconnaître est, par exemple, relativement long. On peut penser que les mots longs ne peuvent faire l'objet d'une reconnaissance en une seule saisie. Il est probable, dans un tel contexte, que la segmentation de l'input n'opère pas de manière aléatoire, mais qu'elle exploite des propriétés récurrentes des items lexicaux — au nombre desquelles il paraît fondé de retenir leurs propriétés structurelles.

D'un point de vue théorique, les deux argumentations présentent une égale cohérence interne. Mais il est certain que la tendance majoritaire qui se dessine aujourd'hui dans les travaux consacrés à la représentation psychologique de la morphologie est de rejeter l'idée que des mots complexes *familiers* doivent obligatoirement être soumis à une décomposition avant d'être reconnus. Certes, cette attitude de rejet est le plus souvent fondée sur l'interprétation de données expérimentales, mais ce qui, dans l'hypothèse taftienne, heurte notre expérience subjective et notre intuition n'est sans doute pas totalement étranger à cette attitude. Si nous sommes tout à fait disposés à admettre que, pour lire et interpréter *reparvenir*, il est indispensable d'en isoler les constituants morphémiques, nous sommes bien plus réticents à l'idée que la même opération doive intervenir pour la lecture et l'interprétation de *préjugé* ou de *prénom*.

C'est peut-être là une des raisons qui ont conduit nombre d'auteurs à formuler des modèles alternatifs à l'hypothèse de décomposition morphologique. Essentiellement, ce qui est recherché, c'est un moyen de formaliser une organisation morphologique des représentations lexicales telle que l'accès aux formes complexes ne nécessite aucune décomposition *préalable* de l'input. Le modèle AAM et le modèle en faisceaux présentés ci-après se situent dans ce contexte.

b) Une procédure d'accès unitaire pour des représentations décomposées

Le modèle AAM (*Augmented Adressed Morphology model*) développé par Caramazza et ses collaborateurs (Caramazza, Laudanna et Romani,

1988; Caramazza, Miceli, Silveri et Laudanna, 1985; Laudanna, Badecker et Caramazza, 1989; Laudanna et Burani, 1985) postule que les entrées lexicales associées aux mots complexes et représentées dans le lexique orthographique d'entrée se présentent sous un format décomposé. Les morphèmes radicaux et les affixes possèdent des représentations séparées, mais l'entrée lexicale des radicaux spécifie toute l'information utile à la sélection des affixes appropriés aux divers cas flexionnels[1]. Ainsi, par exemple, les informations nécessaires à la reconnaissance des formes fléchies du verbe *chanter* se présenteraient de la manière suivante dans les entrées respectives du radical *chant-* et des suffixes verbaux[2] :

< **chant-** : Verbe, 1re Conjugaison >
< **-er** : Verbe]————1re Conjugaison, Infinitif >
< **-era** : Verbe]————1re Conjugaison, Futur, 3e Pers., Sing. >
< **-ait** : Verbe]————1re Conjugaison, Imparfait, 3e Pers., Sing >
etc.

Cette structure représentationnelle, par laquelle les radicaux et les affixes sont marqués de traits grammaticaux pertinents, générerait toutes les combinaisons «RADICAL + AFFIXE» possibles. Elle permettrait en outre la reconnaissance de formes fléchies régulières non encore rencontrées auparavant.

En outre, tout comme le système lexical imaginé par Taft, le système proposé par Caramazza *et al.* renferme deux «niveaux» distincts de représentations lexicales. Le premier renferme des représentations servant de codes d'accès au second, constitué par le lexique orthographique propre (et dans lequel les mots sont représentés sous le format décomposé schématisé ci-dessus). Mais à la différence de Taft, ces auteurs situent dans le système d'accès deux procédures distinctes, bien qu'opérant en parallèle — une procédure d'accès utilisant la description complète de la séquence orthographique présentée, et une procédure fondée sur la description morphologique de cette séquence. Un postulat essentiel du modèle est que le stimulus d'entrée active *à la fois* le code d'accès correspondant à sa représentation entière et celui correspondant à chacun des morphèmes qui le composent. Le code d'accès qui atteint le premier un seuil d'activation pré-déterminé va alors activer les entrées lexicales correspondantes dans le lexique propre. En outre, et c'est là le second postulat essentiel du modèle, il est supposé que le code d'accès unitaire sera celui qui atteindra ce niveau d'abord.

Les motivations et la logique sous-tendant l'élaboration théorique d'un tel dispositif peuvent paraître à première vue obscures. En effet, pourquoi donc envisager, en plus d'une procédure d'accès morphémique, une procédure d'accès unitaire alors que les représentations stockées dans le lexique le sont sous une forme décomposée ? Les auteurs rapportent, pour appuyer une telle proposition, des observations à la fois expérimentales (Caramazza *et al.*, 1988; Laudanna *et al.*, 1989) et neuropsychologiques (Caramazza *et al.*, 1985) mais on peut, indépendamment de ces observations, dégager quelques pistes susceptibles d'en débrouiller la logique sous-jacente.

L'existence d'une procédure d'accès morphémique permet de rendre compte de la capacité des individus à lire et interpréter des formes fléchies inconnues, c'est-à-dire qu'ils n'auraient jamais rencontrées auparavant. S'agissant précisément de formes fléchies, cet avantage n'est pas futile, car on peut légitimement penser que les occasions sont nombreuses, pour un lecteur, d'être confronté à une forme verbale qu'il n'aurait jamais eu à lire auparavant. Comme il ne peut exister de représentation unitaire associée à cette forme dans le système d'accès, poser qu'une analyse morphologique de l'input est entreprise *en parallèle* avec la procédure unitaire permet d'éviter de recourir à une procédure supplétive du type de celle proposée par Butterworth (1983) ou Aitchison (1987). Dans un tel contexte, on comprend mieux la raison pour laquelle Caramazza *et al.* proposent que les entrées lexicales dans le lexique propre, auxquelles sont associées les spécifications sémantiques, soient représentées sous un format morphémique : si seules des représentations unitaires étaient stockées dans le lexique propre, comment serait-il possible alors d'expliquer que les formes nouvelles puissent être interprétées ?

L'un des avantages indéniables du modèle AAM réside donc en ce qu'il formalise l'interprétation des formes nouvelles par des mécanismes lexicaux automatiques, inhérents au système lexical. Ces mécanismes seraient en effet en tous points semblables à ceux impliqués dans la lecture de formes connues — sauf que ces dernières seraient *aussi* reconnues par une procédure d'adressage unitaire. Caramazza *et al.* font l'hypothèse que la procédure d'adressage morphémique doit être plus complexe, donc plus coûteuse et plus lente, qu'une procédure d'adressage unitaire, qui serait pourtant parfaitement adaptée pour la grande majorité des formes rencontrées par le lecteur. Autrement dit, une procédure de reconnaissance fondée exclusivement sur une analyse morphologique ne serait efficiente que pour le traitement des formes nouvelles. Tel quel, le modèle serait évidemment fort peu plausible. On peut donc voir dans l'hypothèse d'une double procédure d'adressage pour les formes connues une tentative de surmonter cette difficulté théorique.

Il reste que cette solution apparaît comme le point le plus faible du modèle, puisqu'en dernière analyse, sa pertinence ne repose que sur un postulat — celui de la plus grande complexité computationnelle d'une procédure de reconnaissance morphologique — postulat dont nous avons dit précédemment en quoi il était discutable. Pour y adhérer, on aurait donc besoin de quelque justification théorique, que les auteurs ne fournissent cependant pas.

c) Des représentations en faisceaux aux représentations en réseaux

Nous avons vu que, pour Taft, l'accès aux représentations lexicales associées aux mots complexes opérait sur la base de leur racine. Cette procédure d'accès engendre une organisation lexicale particulière, où toutes les formes complexes morphologiquement apparentées (c'est-à-dire qui renferment la même racine) partagent une entrée commune dans le système d'entrée. Ce mode d'organisation pourrait être figuré sous la forme de faisceaux, chaque faisceau étant constitué par l'assemblage de toutes les formes morphologiquement apparentées autour d'une racine commune.

Les données expérimentales dégagées par Stanners et ses collaborateurs (Stanners, Neiser, Hernon et Hall, 1979; Stanners, Neiser et Painton, 1979) les ont conduits à proposer une organisation similaire des représentations lexicales. Les *faisceaux* de représentations qu'ils décrivent présentent néanmoins des caractéristiques qui les distinguent des faisceaux du modèle taftien.

Stanners *et al.* proposent que seules les formes fléchies *régulières* et les formes dérivées *préfixées* soient représentées sous l'entrée correspondant à leur radical ou leur racine; ces formes devraient donc faire l'objet d'une segmentation morphémique préalable pour être reconnues[3]. Les formes fléchies irrégulières et les formes dérivées suffixées seraient en revanche représentées sous leur forme entière dans le lexique mental et leur reconnaissance ne nécessiterait par conséquent aucune décomposition du stimulus. Toutefois, bien que le lexique renferme ainsi des représentations séparées pour chaque forme suffixée, ces représentations seraient interconnectées entre elles, ou groupées autour de leur racine commune. Des formes suffixées apparentées ne partageraient donc pas une entrée commune par laquelle il faudrait accéder pour les reconnaître, mais elles formeraient dans le lexique une «grappe» ou un faisceau autour du constituant morphémique commun.

C'est dans l'économie mémorielle et computationnelle qu'engendre une telle organisation des représentations associées aux formes suffixées que se situe l'intérêt principal de la proposition de Stanners *et al.* En effet, la structure organisationnelle du lexique qui est proposée est capable d'exprimer les relations morpholexicales sans nécessiter le recours à un dispositif particulier : aucune information morphologique ne doit être encodée dans le système d'accès lexical, aucune représentation en format décomposé ne doit être envisagée, pas plus que des spécifications structurelles ne doivent être fournies par les entrées lexicales. Pourtant, toute l'information morphologique est bien encodée dans le lexique, mais ce codage n'est pas *explicite* : la structure morphologique des mots suffixés émerge de la structure relationnelle dans laquelle les représentations d'une même famille morphologique sont encodées.

Il a été proposé par ailleurs que les formes fléchies puissent être, de la même manière, représentées seulement sous un format unitaire et faire l'objet d'un rassemblement autour d'une forme de base. Il s'agit, en l'occurrence, du modèle des «entrées satellites», élaboré plus spécialement pour le système flexionnel du nom en serbo-croate (Feldman et Fowler, 1987; Lukatela, Carello, Turvey, 1987; Lukatela, Gligorijević, Kostić et Turvey, 1980; Lukatela, Mandić, Gligorijević, Kostić, Savić et Turvey, 1978). Dans ce modèle, une entrée du lexique mental se compose d'un noyau (la forme de base) et de toutes les autres formes du paradigme flexionnel, appelées «satellites». L'entrée lexicale est accessible via le noyau ou via chacun des satellites. Une fois l'entrée lexicale localisée, toutes les formes du paradigme sont activées, étant donné les connexions reliant le noyau aux satellites et les satellites entre eux. La forme de base ne correspond cependant pas à une racine ou un radical, mais à la forme lemmatique du mot, c'est-à-dire à la forme utilisée dans le métalangage pour référer à l'ensemble du paradigme. Ce dernier aspect du modèle permet d'exprimer dans le système lexical le rôle particulier qu'exerce la forme de citation d'un mot dans l'acquisition des formes lexicales et, plus généralement, dans la conscience qu'ont les sujets de l'identité d'un mot au travers de ses variations formelles.

Enfin, on retrouve la même conception d'un lexique organisé en «familles morphologiques» chez Segui et Zubizarreta (1985), Colé, Beauvillain, Pavard et Segui (1986) et Colé, Beauvillain et Segui (1989). Selon ces auteurs, toute forme complexe (fléchie ou dérivée) est représentée dans le lexique mental par une entrée autonome et unitaire, mais les entrées associées à toutes les formes issues d'une même racine sont organisées dans une «famille», à la tête de laquelle se situe précisément la racine (libre ou liée). Ils postulent par ailleurs que le traitement du stimulus visuel opère de gauche à droite et que, dès le moment où une forme correspondant à la tête d'une famille est reconnue, les représentations de toute la famille concernée sont activées. Une procédure d'appariement entre le segment final du signal d'entrée et le segment final des membres de la famille sera alors entreprise en vue de sélectionner le candidat approprié. Selon cette hypothèse, les formes complexes sont donc reconnues via leur racine, mais aucune procédure de décomposition prélexicale ne doit être appliquée pour y accéder : le mécanisme de reconnaissance opérant de gauche à droite, la racine d'un mot suffixé (dérivé ou fléchi) sera nécessairement reconnue en premier lieu. Il faut remarquer en passant, qu'étant donné l'organisation linéaire des composants morphémiques d'un mot, la procédure de reconnaissance n'opérera pas de la même manière pour les mots suffixés et les mots préfixés : les mots préfixés seront en fait reconnus comme le sont les mots monomorphémiques.

Il est intéressant de souligner qu'avec ces propositions (les représentations organisées en «faisceaux», en «satellites» ou en «familles»), on s'éloigne quelque peu de la conception d'un lexique assimilé à une *liste* d'entités lexicales, pour s'acheminer vers une conception d'un lexique davantage structuré en *réseaux* d'entités interconnectées. Cette conception organisationnelle a de plus un corollaire procédural : la procédure d'accès lexical ne conduit plus seulement à la localisation d'une entité unique ; par les liens qui l'unissent aux entités qui lui sont apparentées, le mécanisme d'accès produira, en retour, une *activation* de toutes ces entités.

Ces propriétés liées au mode d'organisation et de fonctionnement du lexique mental ne sont abordées, il est vrai, que de manière relativement allusive dans les propositions que nous venons d'examiner. Elles sont néanmoins à rapprocher de formalisations plus avancées, élaborées dans le contexte d'une théorie de la reconnaissance visuelle des mots (McClelland et Rumelhart, 1981; Rumelhart et McClelland, 1982) ou dans celui d'une théorie générale de la production linguistique (Dell, 1986; Dell et Reich, 1980, 1981; Stemberger, 1985a, 1985b)[4].

Ces formalisations consistent à envisager le système linguistique dans son ensemble, donc y compris le système lexical, comme un réseau organisé d'entités ou de «nœuds» richement interconnecté(e)s. Figurer les relations entre entités linguistiques sous la forme d'un réseau permet d'exprimer simultanément une hypothèse organisationnelle et une hypothèse procédurale en ce qui concerne les unités lexicales.

Mais avant d'aller plus loin dans la description des principes de fonctionnement du réseau lexical, nous devons dire quelques mots du cadre théorique général dans lequel ils se situent (et que l'on désigne habituellement par les termes « approche (néo-)connexionniste » ou « modèles de traitement parallèle ».

En ce qui concerne en premier lieu l'architecture générale du système linguistique, on distingue généralement différents modules ou niveaux (phonologique, lexical, sémantique, etc.) mais, contrairement à ce qui est postulé dans des modèles autonomes et sériels (tel, par exemple, le modèle de Forster, 1976), ces modules sont considérés ici comme interreliés de manière telle que le traitement des informations en cours dans un niveau supérieur peut influencer le traitement élaboré à des niveaux inférieurs. En second lieu, les procédures d'accès lexical à l'œuvre dans ces modèles interactifs sont supposées opérer de manière *passive*. Cette hypothèse trouve sa source d'inspiration dans le modèle des logogènes de Morton (1969). En gros, on suppose que la reconnaissance des unités lexicales est assurée par des détecteurs, dont la fonction est d'accumuler, de manière passive, des informations sur les unités auxquelles ils sont associés. Le mot n'est identifié que lorsque la quantité d'information atteint une valeur-seuil prédéterminée. Précisons en passant que cette approche se situe à l'opposé de celle de Forster (1976) — et dans laquelle s'inscrivait l'hypothèse de Taft — qui envisage que l'entrée lexicale correspondant au stimulus soit localisée à la suite d'une recherche *active* (l'information sensorielle est codée par un système d'entrée, et ce code est utilisé pour parcourir *successivement* les entrées lexicales jusqu'à ce que la forme correspondante soit rencontrée).

Ces deux postulats — interactivité des processus et fonctionnement passif des mécanismes d'accès — ne sont pas propres aux modèles connexionnistes. Leur sont en revanche spécifiques les deux notions suivantes : (1) tout système cognitif peut être modélisé par une configuration particulière de deux types d'éléments, les *unités* (ou nœuds) et les *liens* (ou connexions) ; (2) la transmission dans le système est assurée par l'*activation*, qui est une mesure de l'activité d'une unité donnée. Le niveau d'activation d'une unité peut être faible (quand elle n'est impliquée dans aucun processus en cours) à très élevée (quand elle est en cours d'exécution). Chaque unité possède toutefois au repos un niveau d'activation qui lui est propre et qui est lié à sa fréquence d'utilisation.

L'activation est diffusée d'une unité à une autre à travers les liens qui les relient, en proportion directe du niveau d'activation de l'unité source. En plus des connexions diffusant l'activation, il en est qui servent à inhiber les unités d'arrivée, en ce sens qu'elles en diminuent le niveau d'activation. L'état du système se modifie continuellement au cours des processus de traitement, qui sont caractérisés par une configuration particulière de niveaux d'activation/inhibition des unités du système. Dans un tel système, les unités peuvent être conçues comme une forme de codage de concepts ou de représentations associées aux unités linguistiques (mots, phonèmes, structures syntaxiques, etc.) et les connexions comme le codage de micro-hypothèses évaluées de manière rapide et automatique. La configuration particulière, à un moment déterminé, des niveaux d'activation vs inhibition caractérise, quant à elle, le «stade» auquel se situe le processus.

Considérons par exemple comment un mot serait sélectionné dans le processus de production linguistique. Ce processus a pour origine les intentions communicatives du locuteur. Ces intentions activent, dans le système linguistique, un ensemble d'unités (traits) sémantiques et pragmatiques, qui activent à leur tour toutes les unités (mots) qui comportent les traits sémantiques activés. Un seul trait ne peut activer complètement un mot; seule la sommation de l'activation en provenance d'une partie importante de la structure sémantique peut élever suffisamment le niveau d'activation d'un mot pour en permettre la sélection. Plusieurs mots peuvent néanmoins être partiellement activés et se trouver ainsi en concurrence avec le mot-cible. Afin d'éviter une sélection erronée, chacun des mots activés va donc inhiber tous les autres. Ainsi, le mot-cible, qui possède le plus haut niveau d'activation et, par conséquent, le plus grand pouvoir d'inhibition, finira par inhiber tous les mots concurrents et sera ainsi sélectionné pour la production. Dans ce contexte, la sélection d'une unité lexicale désigne donc ce moment du processus où le système atteint un état stable, dans lequel une unité possède un niveau d'activation très élevé, alors que toutes les unités concurrentes ont un niveau d'activation faible. Le niveau d'activation de l'unité-cible doit être suffisant, par ailleurs, pour garantir l'accès correct à toutes les unités de niveau inférieur qui lui sont associées, tels que les phonèmes constitutifs d'un mot.

Les principes que nous venons d'évoquer sont communs à la plupart des modèles en réseaux. Ces modèles comportent toutefois chacun des postulats de fonctionnement qui leur sont propres. Ils diffèrent entre eux également quant au nombre et à la nature des niveaux envisagés dans le système lexical. Celui-ci est en effet lui-même composé de sous-systèmes d'unités formant chacun un réseau de niveau distinct[5]. Le modèle de reconnaissance visuelle développé par McClelland et Rumelhart (McClelland et Rumelhart, 1981; Rumelhart et McClelland, 1982) renferme ainsi trois niveaux d'unités, codant respectivement les traits distinctifs des graphèmes, les graphèmes et les mots. Mais les modèles de production de Stemberger (1985a, 1985b) et Dell (1986) renferment, outre les niveaux syntaxique (où les unités codent des mots) et phonologique (où les unités codent les phonèmes), un niveau *morphologique*, dont les unités codent des morphèmes[6]. En outre, le système lexical proposé par Dell (1986) ne comporte aucune unité qui serait associée aux mots complexes fléchis (et, en ce sens, il n'appartient donc pas à la catégorie des modèles du lexique exhaustif), alors que le système de Stemberger (1985a, 1985b) prévoit une unité de codage pour chacun des mots complexes, de quelque nature qu'ils soient.

Si nous soulignons ces divergences, c'est pour faire apparaître que les propositions élaborées dans le cadre de l'approche connexionniste sont elles-mêmes traversées par des discussions quant au format sous lequel sont représentés les mots complexes, et que donc, sur le *fond* de cette question, elles n'apportent pas réellement de réponses originales. C'est que ces propositions ne se sont pas constituées en rupture avec les conceptions exprimées antérieurement. Elles devraient donc être vues comme des tentatives de reformuler ces conceptions dans une perspective qui serait davantage susceptible de fournir une description adéquate de la *dynamique* des mécanismes de traitement de l'information.

Que les modèles en réseau puissent servir de support à des formulations originales de positions qui ne le sont pas nécessairement apparaît plus clairement encore si l'on songe qu'ils sont capables, en théorie au moins, de formaliser des procédures de création et d'interprétation de mots nouveaux en faisant l'économie, et d'unités de codage morphémique, et de règles de formation de mots — et même d'un codage implicite des relations d'apparentement morphémique. Ils sont donc susceptibles, en d'autres termes, d'exprimer une version «forte» de l'hypothèse du listage exhaustif tout en corrigeant ce qui est tenu pour sa faiblesse majeure. Stemberger (1985a : 174-175) fournit une simulation de la manière dont le processus de création (ici, d'une forme du pluriel inconnue) pourrait se dérouler dans un réseau qui ne comporterait que des entités codant les items complexes sous leur forme entière :

> «A speaker could take a base form like *drog* and produce the plural form *drogs* automatically by using emergent properties of the system. The known words *dogs*, *logs*, *bogs*, *clogs*, etc. will be activated both semantically by the feature for plurality and phonologically by their ressemblance to *drog*, which will be the noun that is most heavily activated. The lexicon contains no plural form of the word, so a massive blend is produced between *drog* and all plurals; the known plural forms will cancel each other out in most parts of the word, but will reinforce a final /z/, so that the proper form will be produced».

En réalité, ce que cette formulation connexionniste apporterait à l'hypothèse du listage exhaustif, c'est d'abord une description plus fine d'un mécanisme de création défini ailleurs et plus vaguement comme des «procédures analogiques» ou des «généralisations de schémas existants». C'est ensuite une description plus économique du mécanisme en question, en ce qu'elle ne nécessite le recours à aucune procédure extralexicale : le processus de création analogique opère, de manière automatique, dans le lexique propre et ne doit avoir recours ni à des informations morphologiques qui seraient codées ailleurs (cf. la proposition de Aitchison, 1987), ni à des procédures stratégiques supplétives (cf. la proposition de Butterworth, 1983).

Il importe en effet de distinguer le processus analogique décrit par Stemberger, d'une part des règles explicitement codées dans le lexique, et d'autre part des procédures supplétives (qui sont aussi de nature analogique, dans un certain sens). L'analogie, au sens où on l'entend dans les modèles connexionnistes, relève, comme la règle, d'une généralisation opérée sur un ensemble de formes linguistiques (généralisation qui peut servir de base à la création de formes nouvelles), mais l'analogie émerge *automatiquement* du mécanisme d'activation interactive (ainsi que l'ont montré Rumelhart et McClelland, 1982[7]), alors que la règle constitue une information explicitement encodée dans le lexique. En d'autres termes, l'analogie relève d'un mécanisme absolument inconscient et automatique, par lequel des items répertoriés dans le lexique se trouvent en quelque sorte «mêlés». Quant aux procédures supplétives décrites par exemple par Butterworth (1983), qu'il nomme d'ailleurs lui-même «méta-règles», elles relèvent plutôt d'une analogie «consciente», que l'on peut observer lorsque les locuteurs s'inspirent consciemment du schéma de construction d'un (ou plusieurs) mot(s) existant(s) pour en créer un nouveau, sur le même schéma. Stemberger (1985b : 116-117) en fournit l'illustration suivante :

> «(...) e.g. *workaholic*, consciously coined to describe someone who is as addicted to work as an alcoholic is to alcohol»,

pour préciser :

> «Conscious analogy can accomplish anything, no matter how arcane, as long as the proper context is provided (...). Such analogy has no place in the grammar of the language. It belongs to the metalinguistic knowledge of the speaker, not to his linguistic knowledge; and it is far from automatic».

3. Des formes complexes générées par des règles dans un lexique exhaustif

a) *Une double voie d'accès pour les formes complexes*

Nous l'avons évoqué plus haut, le modèle de production linguistique développé par Stemberger (1985a, 1985b) appartient à la famille des modèles en réseaux. Ces modèles peuvent rendre compte, par le seul mécanisme d'analogie automatique, de la production et de l'interprétation des mots nouveaux. Mais Stemberger n'en soutient pas moins que le réseau lexical doit renfermer des unités codant des morphèmes et des règles de construction morphémique, car l'analogie seule ne peut expliquer tous les faits observés[8]. Dans le réseau lexical qu'il décrit, la récupération d'un mot morphologiquement complexe ne passe pas toutefois par la sélection *indépendante* de chacun de ses constituants et de la règle de formation appropriée. La sélection de ces différentes unités opère, de manière automatique, au départ d'une entité, d'un code unique, associé au mot complexe.

Le réseau renferme en effet des entités codant spécifiquement chacun des mots complexes connus du sujet, que ces mots soient fléchis ou dérivés, réguliers ou irréguliers. Mais l'entité codant un mot complexe n'en spécifie pas directement la forme superficielle; elle correspond à une *unité automatisée*, à un schéma, qui permet d'activer, parce qu'elle les subsume, les unités de niveau inférieur codant chacun de ses constituants morphémiques et la procédure (la règle) qui permettra de les assembler. Les unités automatisées du réseau sont en outre connectées aux unités du niveau morphémique (morphèmes et règles) de manière telle que la redondance des informations est réduite au minimum. Le niveau morphémique ne code ainsi qu'un seul exemplaire de chaque morphème et de chaque règle, mais un exemplaire donné se trouve connecté à toutes les unités automatisées qui les renferment. Par là-même, les entités codant les mots complexes appartenant à un même paradigme morphologique (*raison, raisonner, raisonnable, raisonnablement, déraisonner*, par exemple, ou *raisonnable, réalisable, ingouvernable, introuvable*, etc.) se trouvent inter-reliées entre elles par les unités du niveau morphémique qu'elles partagent. Cette conception lexicale revient en fait à traiter les mots morphologiquement reliés comme s'ils étaient associés à des entrées lexicales qui se «chevauchent» partiellement, et les règles de formation comme des règles mineures.

Pour considérer l'aspect procédural du modèle, l'activation des unités du niveau morphémique opérerait de manière différente selon que le schéma de formation impliqué dans le mot complexe est «productif» ou non[9]. Lorsque le mot-cible est formé sur un schéma productif, les unités morphémiques qui le constituent reçoivent une activation *directe* en provenance du niveau sémantique *en même temps* qu'une activation en provenance de l'unité automatisée qui les subsume. Ainsi, au cours de la procédure de sélection d'un mot tel que *nagera*, par exemple, les traits sémantiques «NAGER» et «FUTUR» vont activer *à la fois* l'unité automatisée codant NAGERA et les unités codant les morphèmes NAGE, -RA et la règle de formation du futur. Cette double source d'activation a pour effet de rendre l'accès à la forme complexe plus opérationnelle (en diminuant les risques d'erreurs) et plus rapide. Lorsque le mot-cible est formé sur un schéma non productif, les unités morphémiques qui le constituent ne peuvent toutefois être directement activées par les unités du niveau sémantique; elles ne recevront une activation directe qu'en provenance de l'unité automatisée. Notons que dans le cas de formes complexes qui n'auraient été que rarement (ou jamais) produites, le code du niveau du mot ne sera que très faiblement activé (ou inexistant); l'essentiel (ou toute l'activation) des unités morphémiques devra donc provenir directement des unités sémantiques.

De cette dynamique se dégage ce que l'on pourrait considérer comme une double voie d'accès aux mots complexes — une «voie lexicale» (que l'auteur appelle aussi *règles mineures*) qui relie les unités du niveau sémantique aux unités du niveau morphémique par l'intermédiaire d'unités automatisées, et une «voie morphémique» (ou *règles majeures*) qui relie directement les unités du niveau sémantique à celles du niveau morphémique. Les mots complexes formés sur un schéma productif sont sélectionnés suite à l'intervention conjointe de ces deux voies, alors que seule la «voie lexicale» permet d'accéder aux mots construits sur un schéma non productif et que seule (ou essentiellement) la «voie morphémique» donne accès aux mots complexes rares ou nouveaux.

Ce modèle est probablement le plus puissant de ceux que nous avons examinés jusqu'ici. Par la seule structure organisationnelle des représentations lexicales (qui inclut, il est vrai, une conception particulière des mécanismes d'accès), il permet en effet d'exprimer dans le cadre d'une hypothèse unique

(1) le mécanisme par lequel les formes nouvelles peuvent être produites;

(2) la manière dont les informations morphologiques sont représentées dans le système lexical : on y trouve exprimées d'une part les spécifications liées à la structure interne de chacun des mots complexes et, d'autre part, les régularités morpholexicales qui émergent de ces spécifications, au-delà des éventuelles idiosyncrasies sémantiques et formelles qui les caractérisent;

(3) le rôle déterminant que jouent ces spécifications structurelles dans les procédures *habituelles* de sélection des mots complexes, alors que ceux-ci sont associés à un code de représentation spécifique (l'unité automatisée).

b) Des règles de dérivation enclenchées par la structure de phrase

Selon l'*hypothèse dérivationnelle* soutenue par MacKay (1976, 1978, 1979), la forme superficielle des mots complexes, fléchis ou dérivés, réguliers ou irréguliers, n'est pas spécifiée dans le lexique mental : cette forme ne peut être récupérée qu'après l'application, à une forme de base, de règles de dérivation. Pour produire par exemple le mot anglais DECISION, le suffixe -ION devrait être ajouté à la forme de base DECIDE, sur laquelle opéreraient en outre des règles morphophonologiques en vue d'en altérer la voyelle et la consonne finales.

Le mécanisme de dérivation de DECISION au départ de DECIDE est formalisé comme suit. L'entrée lexicale associée à la représentation de la racine DECIDE comporterait

– sa définition sémantique ;
– le trait inhérent [+ Verbe];
– un marqueur de règle abstrait tel que, par exemple, [+ structure nominale 47].

Sur la base de sa définition sémantique, cette entrée est sélectionnée et insérée au sein de l'indicateur syntagmatique, en même temps que son trait inhérent [+ Verbe]. Cette insertion se fait toutefois dans une position marquée du trait non inhérent +[Nom]. L'incompatibilité entre les traits +[Nom] et [+ Verbe] va alors activer le marqueur de règle [+ structure nominale 47], qui enclenchera d'une part les règles d'adjonction du suffixe -ION et, d'autre part, les règles morphophonologiques d'altération vocalique et consonantique de la racine.

La forme superficielle des mots fléchis, en ce y compris les prétérits irréguliers des verbes anglais, serait récupérée par le même procédé. Ainsi, par exemple, le lexique mental ne contiendrait pas d'entrée lexicale propre à TAUGHT ou à TOLD. Ces formes seraient récupérées via l'application d'un certain nombre de règles d'alternance vocalique appliquées aux radicaux TEACH ou TELL. Pourtant, MacKay le reconnaît, les prétérits irréguliers sont relativement peu nombreux en anglais et sont par ailleurs très fréquemment utilisés. On peut donc se demander quel intérêt il y aurait à acquérir un ensemble complexe de règles d'alternance, plutôt que de mémoriser directement en bloc la forme superficielle de ces prétérits. L'auteur souligne néanmoins que l'acquisition de règles d'alternance pour la prétérisation est une procédure économique si on la situe dans le contexte de l'ensemble du système lexical. Des règles d'alternance identiques seraient en effet requises pour la production d'items relevant d'autres paradigmes dérivationnels : l'alternance vocalique présente dans la « dérivation » SIT → SAT ou HIDE → HID apparaît également dans des dérivations adjectivales (PARADIGM → PARADIGMATIC) et nominales (BREATHE → BREATH).

Il faut souligner que, selon MacKay, les règles utilisées pour la production des mots complexes connus ne sont pas nécessairement disponibles pour la production de mots nouveaux. Les règles déclenchées par les traits inhérents représentés dans l'entrée lexicale d'un item donné ne peuvent en effet, par définition, opérer qu'au départ de cet item. Elles ne sont donc pas disponibles pour la construction de mots nouveaux. En l'absence d'un trait inhérent, des traits non inhérents tels que +[Passé] peuvent néanmoins déclencher directement des règles «régulières», stockées tout à fait indépendamment des items lexicaux connus, et qui pourront donc être utilisées pour une nouvelle construction. Ainsi, pour MacKay, les processus de *création* sont indépendants des processus de *production* de mots. D'ailleurs, souligne-t-il, un même mot peut avoir été créé selon un mécanisme donné et pourtant être produit par la suite selon un autre mécanisme. Par exemple, le mot RADAR a été créé par abréviation de RADIO DETECTING AND RANGING, mais il est évident que le mot RADAR n'est plus maintenant produit par abréviation. Corollairement, VANITY et DECISION sont produits à l'aide de règles d'alternance vocalique qui ne sont manifestement plus utilisées pour la création de mots nouveaux.

Le lecteur peut, à raison, se demander si l'*hypothèse dérivationnelle* ne relèverait pas davantage d'une conception compositionnelle du lexique que d'une conception exhaustive et, par conséquent, s'étonner de la voir exposée ici. Il semble en fait qu'on ait affaire dans ce cas à un modèle hybride, à un modèle qui se situerait à une frontière fictive séparant une version remaniée du lexique exhaustif d'une version «faible» de l'hypothèse compositionnelle. D'un côté, l'hypothèse dérivationnelle ne se conforme pas strictement à la définition que nous avons donnée d'une conception exhaustive du lexique, qui veut que toutes les formes connues du sujet soient dotées d'une entrée indépendante dans le lexique : l'entrée de DECISION n'est pas, ici, indépendante de celle de DECIDE. D'un autre côté, elle ne rencontre pas non plus le critère d'identification d'une hypothèse compositionnelle, à savoir que la sélection de chacun des morphèmes constitutifs d'un mot complexe opère de manière indépendante : la sélection du suffixe -ION et celle de la règle de nominalisation ne sont pas indépendantes de l'opération qui sélectionne l'entrée lexicale DECIDE.

Si on y regarde de plus près, et qu'on néglige surtout les différences liées aux formalismes utilisés pour la description, cette hypothèse ne défend peut-être pas, fondamentalement, une position différente de celle exprimée par Stemberger (1985a, 1985b) et exposée au point ci-dessus. L'entrée lexicale DECIDE renferme ainsi les spécifications de la forme de base et de la règle de nominalisation qui indique comment, au départ de DECIDE, former DECISION. On pourrait donc voir en elle l'équivalent d'une *unité automatisée* associée à DECISION. En outre, la distinction qu'établit Stemberger entre «schéma productif» et «schéma non productif» trouve un parallèle ici dans la distinction que MacKay établit entre règles déclenchées par un trait non inhérent (donc, des règles générales, des *règles majeures*) et règles déclenchées par un trait inhérent, porté par un item particulier (donc, des *règles mineures*).

Les deux modèles divergent cependant, et ce n'est pas négligeable, en regard des catégories de formes complexes qu'ils sont capables de générer. Alors que le modèle de Stemberger peut générer toutes les formes complexes, quel qu'en soit le mécanisme morphologique sous-jacent, le modèle de Mackay n'est applicable qu'à un sous-ensemble d'entre elles. Cette restriction est liée à la nature des traits (des informations) censé(e)s déclencher l'application des règles de dérivation. L'hypothèse dérivationnelle prévoit ainsi que la forme de base, ainsi que les formes qui peuvent en être dérivées, sont sélectionnées au départ d'une spécification sémantique commune — celle associée à la forme de base. C'est une information de nature syntaxique (par exemple, +[Verbe] ou +[Nom] pour les mots dérivés, +[Passé] ou +[Présent] pour les verbes fléchis), rencontrée au cours du processus d'insertion de l'item lexical dans la structure de phrase, qui détermine le choix de l'une ou l'autre forme, et qui déclenche ainsi le cas échéant la règle de dérivation appropriée. Un tel mécanisme de sélection ne serait donc efficace que dans les cas où l'opération sémantique associée à l'opération morphologique se réduirait à la seule expression du sens exprimé par le trait syntaxique. On doit supposer, par conséquent, que l'hypothèse dérivationnelle n'est applicable qu'aux opérations flexionnelles, d'une part, et, d'autre part, aux opérations dérivationnelles de nature exclusivement catégorielle (c'est-à-dire celles qui ne font qu'actualiser un changement de catégorie syntaxique)[10].

B. LES VERSIONS « FAIBLES » DE L'HYPOTHÈSE COMPOSITIONNELLE[11]

Nous avons vu au Chapitre II que l'hypothèse compositionnelle, dans sa version forte — c'est-à-dire appliquée à tous les mots morphologiquement complexes — soulève nombre de difficultés qui conduisent à douter sérieusement de sa faisabilité psychologique. Dans la condition où le système lexical devrait calculer, pour les rendre accessibles, les représentations associées aux mots complexes, la question se pose de savoir si l'accroissement de la complexité computationnelle qui en résulterait reste compatible avec les limites (supposées) des systèmes cognitifs; si, de surcroît, des mots formellement et sémantiquement irréguliers (comme le seraient tout spécialement les mots dérivés) ne pouvaient être récupérés que par calcul, sa complexité serait telle qu'on ne verrait plus bien où se situerait alors l'avantage d'un tel système.

Nous avons montré que ces spéculations devaient être nuancées. Elles n'en paraissent pas moins avoir motivé un certain nombre de propositions visant à restreindre l'intervention des procédures compositionnelles à des catégories d'items pour lesquelles de telles procédures sont jugées plus praticables (si nous exprimons cette assertion avec quelque réserve, c'est que certaines de ces propositions ne sont en réalité assorties d'aucune justification et que seule la nature des restrictions proposées nous fait supposer qu'elles sont sous-tendues par ce type de spéculations).

Pour l'essentiel, ces propositions défendent l'idée que des distinctions computationnelles doivent être établies à l'intérieur de la classe des mots complexes : certains d'entre eux seraient associés à des représentations décomposées, et seraient donc récupérés par une procédure compositionnelle, d'autres seraient représentés sous une entrée unique et récupérés par une procédure directe. On a proposé de distinguer les catégories d'items récupérables de manière compositionnelle des catégories d'items récupérables en bloc en fonction de trois paramètres, diversement associés selon les modèles : la fréquence d'utilisation de l'item, la régularité de sa formation et la catégorie, flexionnelle ou dérivationnelle, de l'affixation.

1. L'influence des paramètres de fréquence et de régularité sur le format de représentation des mots complexes

Selon Stemberger (1985b), le lexique doit représenter sous une entrée individuelle au moins les mots complexes fréquents et les mots complexes irréguliers. Lorsque des morphèmes sont fréquemment associés, ou lorsqu'ils le sont de manière irrégulière, on peut en effet prédire que leur association constituera, selon sa formulation, des unités automatisées — et ce, en vertu de la tendance à l'automatisation caractérisant toute activité cognitive (cf. Chapitre II, pp. 31 sv.).

Le premier volet de cette proposition — des morphèmes fréquemment associés seront automatisés, c'est-à-dire que leur association constituera une entrée lexicale indépendante — se fonde sur l'idée suivante :

> « The speaker will have more experience at using frequent groupings of units than using infrequent ones. He will thus have more opportunity to learn that these units can go together and to automatize them as single higher unit, which can be accessed as a single unit with less expenditure of attention » (Stemberger, 1985b : 124-125).

En vue de réduire les demandes attentionnelles des processus de production du langage, il serait donc plus simple que le locuteur mémorise telle quelle l'association d'unités données, plutôt que d'avoir à les sélectionner chaque fois de manière indépendante — même si la charge mémorielle du système lexical s'en trouve ainsi considérablement accrue :

> « The lexicon becomes extremely redundant and inefficient in its storage, in one sense, but the processing demands on the use of the language system decrease dramatically » (Stemberger, 1985b : 126).

Le deuxième volet de la proposition — toute irrégularité, de quelque nature qu'elle soit, doit impliquer l'automatisation des unités concernées — vise à rencontrer deux exigences. La première va de soi, car elle concerne l'irrégularité sémantique : puisque la sélection des unités opère sur une base sémantique, il n'y a aucun moyen de sélectionner une unité si le sens qui y est associé, dans une combinaison donnée, diverge du sens régulièrement associé à cette unité ; la combinaison en question doit pouvoir être sélectionnée directement[12]. La seconde, qui concerne davantage l'irrégularité formelle, doit se comprendre par référence à un principe défini dans le modèle de Norman et Shallice (1980), et selon lequel les unités fortement automatisées ont tendance à l'emporter sur les unités faiblement automatisées.

Par exemple, la règle générale de formation du passé en anglais (Base verbale + *-ed*), que Stemberger appelle « règle régulière », sera bien maîtrisée par le sujet, puisque — étant générale — elle va s'appliquer avec une fréquence élevée, chaque fois que le sens « passé » se trouve spécifié. A l'inverse, la règle particulière de formation du passé comme celle provoquant une alternance vocalique (*know/knew*) — que Stemberger nomme « règle irrégulière » — sera moins bien apprise par le sujet, car il y aura bien moins fréquemment recours. On ne peut pas envisager que les formes passées irrégulières soient produites au départ de deux unités indépendantes (la base verbale et la règle d'affixation), directement sélectionnées par la sémantique, car la « règle régulière » va avoir tendance à l'emporter sur la « règle irrégulière » — en conséquence de quoi aucun verbe irrégulier ne serait jamais produit : la règle générale, mieux apprise, inhibera toujours la règle particulière. Puisque des formes irrégulières sont produites, il faut donc supposer, selon Stemberger, que la « règle irrégulière » et la base verbale sont unifiées dans une unité de niveau supérieur, et donc récupérées comme une seule unité. Celle-ci devra être fortement automatisée pour «résister» aux règles d'affixation plus puissantes — automatisée, c'est-à-dire, en d'autres mots, associée à une entrée lexicale qui lui est propre, à un code de représentation directement accessible.

Signalons qu'au départ surtout d'observations inter-linguistiques et diachroniques, Bybee (1985) a défendu une position analogue à celle de Stemberger (1985b) : les mots complexes de fréquence élevée et les mots irréguliers sont, selon sa formulation, représentés de manière autonome, c'est-à-dire dans des entrées lexicales indépendantes de celles de leur base. On retrouve la même idée chez Miceli et Caramazza (1988). On va le voir, la particularité essentielle du modèle qu'ils proposent tient dans la distinction computationnelle entre mots fléchis et mots dérivés, seuls les premiers étant censés être récupérés par l'application de règles de construction. Mais ce modèle renferme deux distinctions supplémentaires : les mots fléchis dont la fréquence d'utilisation est élevée, ainsi que les mots fléchis dont la formation serait irrégulière, doivent être représentés, sous leur forme unitaire, dans le lexique. Miceli et Caramazza (1988) ne disent rien toutefois des raisons qui les auraient conduits à formuler ces deux restrictions. Enfin, Anshen et Aronoff (1988) considèrent également que les formes irrégulières (notons que ces auteurs envisagent plus précisément les formes verbales passées en anglais) doivent être représentées sous un format unitaire.

L'existence d'un relatif consensus quant au format de représentation des mots complexes fréquents et des mots complexes irréguliers ne doit cependant pas nous faire sous-estimer les difficultés que soulève la vérification de cette hypothèse. Les variables de fréquence et de régularité ne sont pas des variables discrètes. La chose est évidente en ce qui concerne la fréquence d'utilisation des items. Quant à la variable de régularité, nous avons vu au chapitre précédent qu'il ne peut être question de la considérer comme une variable dichotomique : c'est aussi à un gradient de (ir)régularité qu'on a affaire lorsqu'on observe les principes de formation des mots complexes. Or, on n'a aucune idée ni du degré de régularité, ni de la fréquence minimale que devrait avoir un mot complexe pour être doté d'un statut autonome dans le lexique mental.

Dans les travaux concernés, aucun indice susceptible d'opérationnaliser l'hypothèse n'est proposé. Parfois, la question n'est pas même envisagée, ce qui implicitement revient à considérer les variables de fréquence et de régularité comme des variables dichotomiques (Anshen et Aronoff, 1988; Miceli et Caramazza, 1988). Dans d'autres cas (Bybee, 1985; Stemberger, 1985b), le caractère gradient des paramètres en question est épinglé comme le point central du modèle proposé. Ainsi, Bybee (1985 : 116) n'annonce-t-elle pas :

> «So far (...), I followed the tradition of generative linguists, who, for more than a decade have been asking "is it in the lexicon or not ?" as though there is some "yes" or "no" answer to this question. I now propose to abandon this restricted, binary way of thinking about lexical storage, and treat the problem as the complex psychological problem that it is».

De même, Stemberger (1985b), pour qui la notion d'autonomie d'une représentation passe par celle d'automatisation, insiste à plusieurs reprises sur son caractère graduel :

> «Throughout this discussion, I have used such terms "well automatized" and "poorly automatized". These terms imply that automatization is not all-or-nothing, but is a gradient phenomenon» (Stemberger, 1985b : 130-131),

et probabiliste :

> «It is very easy to say that some things will be lexicalized, but most predictions are statistical in nature. There are two predictions. First, the more frequently a group of units cooccur, the better automatized they will be. Statistically, the greater the frequency, the more likely it is to have a separate lexical entry».

La deuxième prédiction, qui concerne l'irrégularité, est plus ambiguë :

> «Second, any irregularity will almost require a unit to be given its own lexical entry» (Stemberger, 1985b : 124).

D'un côté, Stemberger semble considérer l'irrégularité comme un facteur dichotomique (puisqu'il n'utilise plus de formulation probabiliste à ce sujet), mais d'un autre, il semble émettre une certaine réserve («almost»), comme si certaines irrégularités échappaient à la règle. En fait, cet auteur ne reconnaît l'existence de cette difficulté que dans les conclusions d'une étude ultérieure, portant sur les formes fléchies régulières :

> «How frequent an inflected form must be before it is given a separate lexical entry is as yet unknown. It appears that the questions we have addressed in this study lead to further questions of a more fine-grained nature» (Stemberger et MacWhinney, 1986 : 25).

Nous ne pouvons bien évidemment que nous rallier à cette conclusion.

2. La distinction computationnelle entre processus dérivationnels et processus flexionnels

Les principales réserves émises à l'encontre de l'hypothèse compositionnelle dans les revues de questions de Butterworth (1983) et de Henderson (1985) concernent la catégorie des mots dérivés, qu'on oppose ainsi à celle des mots fléchis. Par là-même, ce qui est suggéré, c'est la possibilité que les formes fléchies et les formes dérivées n'aient pas un statut identique dans le lexique mental, que ce soit au plan procédural et/ou au plan représentationnel. Henderson ne conteste pas en tout cas la faisabilité de l'hypothèse compositionnelle pour la production des mots fléchis. On trouve aussi la même limitation de l'hypothèse compositionnelle aux mots fléchis dans les modèles de production de Miceli et Caramazza (1988), Garrett (1980, 1982) et Dell (1986), quoiqu'elle est soutenue alors — lorsqu'elle l'est — par des arguments différents de ceux développés par Henderson[13].

a) *Les composants flexionnel et dérivationnel : deux composants lexicaux distincts*

La distinction entre formes fléchies et formes dérivées se trouve au cœur du modèle de production lexicale proposé par Miceli et Caramazza (1988). D'une part, ce modèle postule que les processus flexionnels et les processus dérivationnels sont fonctionnellement distincts : outre le composant de base (renfermant les représentations associées aux formes de citation des mots), le lexique mental est doté de deux composants distincts et autonomes, un composant flexionnel (contenant les représentations associées aux affixes et aux règles flexionnels) et un composant dérivationnel (renfermant le répertoire des affixes et des règles dérivationnels). D'autre part, le modèle prévoit que ces deux composants morphologiques ne jouent pas le même rôle dans les mécanismes de récupération de mots.

Ces mécanismes opéreraient de la manière suivante :

(1) La représentation sémantique d'un mot morphologiquement complexe comporte trois ensembles indépendants de traits ; un ensemble spécifie les traits sémantiques définissant le morphème lexical (racine), un autre ensemble les traits afférents au morphème dérivationnel et le troisième les traits afférents au morphème flexionnel.

(2) Les spécifications sémantiques de la racine *et* de l'affixe dérivationnel activent *conjointement* une unité lexicale, correspondant à la forme lemmatique du mot, stockée sous forme unitaire dans le composant de base.

(3) Les processus flexionnels sont ensuite appliqués à cette forme lemmatique, de manière à la transformer selon les spécifications sémantiques flexionnelles.

Ainsi, dans ce modèle, les formes fléchies, mais pas les formes dérivées, sont récupérées à l'aide de règles de formation, qui, en l'occurrence, sont situées dans le sous-composant flexionnel du lexique. Quant au composant dérivationnel, il n'intervient qu'occasionnellement dans la production des formes lexicales, lorsque le locuteur crée un mot nouveau par dérivation. En d'autres termes, flexion et dérivation ne sont pas seulement tenus, dans ce modèle, pour des mécanismes fonctionnellement distincts; ils renvoient aussi à des procédures de récupération de nature différente, puisque seule la flexion relève de processus compositionnels.

Il faut souligner que, de ces deux aspects du modèle proposé par Miceli et Caramazza (1988), seule la séparation fonctionnelle des deux mécanismes est directement étayée par des faits, en l'occurrence par une observation de nature neuropsychologique : le patient aphasique dont les auteurs analysent les performances en répétition de mots isolés produit essentiellement des erreurs flexionnelles, et non pas dérivationnelles. C'est donc, selon eux, que les procédures qui sous-tendent la production des deux types d'affixes sont distinctement représentées dans le lexique mental. Quant au second aspect de l'hypothèse — les formes fléchies connues sont générées par règles tandis que les formes dérivées sont directement récupérables sous leur format unitaire — il ne fait en réalité pas même l'objet d'une tentative de justification. Que les formes dérivées soient directement récupérées ne peut être déduit de l'analyse du cas présenté : si la production des formes dérivées ne cause aucune difficulté particulière au patient observé, c'est donc que le composant dérivationnel n'est pas atteint, et il est par conséquent impossible d'en savoir davantage sur la nature des opérations réalisées par ce composant. Aucune justification théorique ou linguistique n'est proposée par ailleurs. Il s'agit donc là d'un pur postulat.

b) *La flexion comme un mécanisme syntaxique*

La distinction flexion/dérivation a été également retenue dans les modèles de production phrastique de Garrett (1980, 1982) et de Dell (1986). Mais, contrairement à Miceli et Caramazza qui situent les deux mécanismes dans le lexique mental, la distinction entre les deux mécanismes passe, pour Garrett et pour Dell, par une distinction entre processus syntaxiques et lexicaux : les opérations flexionnelles relèvent de mécanismes syntaxiques et les opérations dérivationnelles relèvent du lexique.

Au-delà des divergences notables qui les opposent — le modèle de Garrett (1980, 1982) envisage les diverses étapes de production de la phrase de manière strictement séquentielle, celui de Dell (1986) de manière interactive et parallèle — les deux modèles présentent nombre de points communs. D'abord, ils modélisent tous deux les processus de production de la phrase en recourant à trois types de mécanismes :

(1) les mécanismes de construction d'une matrice syntaxique, caractérisée par une structure syntaxique arborescente dont les points terminaux (*slots*) sont autant de sites, ordonnés et marqués catégoriellement, prévus pour recevoir les items lexicaux;

(2) les mécanismes de sélection des formes lexicales;

(3) les mécanismes d'insertion des formes sélectionnées dans les sites appropriés de la matrice syntaxique.

Ensuite, les deux modèles proposent que les morphèmes flexionnels soient insérés dans la matrice syntaxique *indépendamment* des morphèmes lexicaux, entendus comme les formes lemmatiques des mots (racine et affixes dérivationnels éventuels). La matrice syntaxique prévoit ainsi des sites différents pour les morphèmes lexicaux et les affixes flexionnels qui doivent leur être adjoints. C'est donc la structure phrastique qui va sélectionner les affixes flexionnels adéquats, tandis que les morphèmes lexicaux sont sélectionnés, au départ de leurs spécifications sémantiques, dans le lexique[14].

Voyons maintenant le détail des processus de sélection et d'insertion lexicales prévus dans les deux modèles.

(1) Les affixes flexionnels spécifiés dans la matrice syntaxique

Selon Garrett (1980, 1982), la production d'une phrase requiert la construction de plusieurs niveaux de représentation successifs, reliés entre eux, de façon séquentielle, par divers processus :

- Le premier niveau de représentation — *la représentation du message* — résulte de la mise en œuvre de processus inférentiels appliqués aux structures conceptuelles associées à l'expérience du sujet et à ses intentions communicatives. C'est ce niveau de représentation, non linguistique, qui va déterminer et contrôler la construction des niveaux ultérieurs, linguistiques.

- Trois types d'opérations vont s'appliquer à la représentation du message pour conduire au niveau de la *représentation fonctionnelle* de la phrase, qui constitue, pour Garrett, l'unité minimale de parole. Ces processus permettent de préciser la structure sémantique du message à transmettre : (a) par la construction d'une structure actantielle, du type «prédicat-argument»; (b) par une première recherche lexicale, basée sur les aspects sémantiques à transmettre; (c) par la distribution des rôles spécifiés en (a) aux items sélectionnés en (b). Ces trois opérations conduisent donc à élaborer une représentation abstraite du type «qui-fait-quoi-à-qui», dans laquelle les éléments lexicaux ne sont pas phonologiquement spécifiés, pas plus que ne l'est leur succession.

– Sur la base de cette représentation fonctionnelle, intervient une série de processus syntaxiques et phonologiques qui déboucheront sur la *représentation positionnelle* de la phrase, reflétant directement l'ordre des éléments qui la constituent. Quatre aspects de ces processus doivent être distingués : (a) détermination d'une matrice syntaxique spécifiant la structure et la position des items lexicaux (items de la classe ouverte) ET, dans les positions concernées, insertion des items de la classe fermée, libres ou liés — en ce compris les affixes flexionnels ; (b) sélection des formes lexicales de la classe ouverte ; (c) insertion de ces éléments lexicaux dans la matrice syntaxique.

– Enfin, des processus phonologiques et morphophonologiques appliqués à la représentation positionnelle vont construire une représentation spécifiant les détails phonétiques de la phrase à produire — c'est le *niveau de représentation phonétique* de la phrase, qui sera codée en termes articulatoires pour construire le *niveau de représentation articulatoire*.

Le déroulement du processus de production de la phrase ainsi décrit a plusieurs conséquences sur le mode de sélection des unités lexicales et sur le rôle de la morphologie dans la production de phrase.

D'abord, les mots de la classe ouverte se voient sélectionnés à l'issue d'une recherche lexicale entreprise en deux temps : dans un premier temps, le mot-cible est identifié sur la base de ses propriétés sémantiques et syntaxiques et est inséré dans la représentation fonctionnelle de la phrase comme une entité abstraite ; c'est dans un deuxième temps, lorsque cette représentation sera transformée en une représentation positionnelle, que la forme phonologique du mot-cible sera récupérée du lexique. Quant aux items de la classe fermée, dont les affixes flexionnels font partie, ils sont récupérés du lexique en une seule étape par les processus de construction de la matrice syntaxique, intervenant entre le niveau fonctionnel et le niveau positionnel.

Ensuite, il est clair que les entités lexicales abstraites du niveau fonctionnel doivent correspondre aux variantes dérivationnelles (impliquant les préfixes et suffixes dérivationnels). Une première raison en est que le choix d'une variante donnée a souvent des implications sémantiques, qui doivent être spécifiées à ce niveau. Mais la raison essentielle en est que les suffixes dérivationnels modifient généralement la catégorie syntaxique du mot qu'ils forment par rapport à la catégorie de la base. Puisque au niveau fonctionnel, les catégories grammaticales sont censées être fixées, il est impossible de situer les mécanismes dérivationnels de formation de mot au niveau des processus transformant les représentations fonctionnelles en représentations positionnelles. Il faut signaler toutefois que Garrett (1982) n'exclut pas pour autant la possibilité que les mots dérivés soient représentés de manière décomposée dans l'inventaire lexical — des observations établies par ailleurs (Cutler, 1980) plaident selon lui en ce sens. Le point important, dans le cadre de son modèle, est que les processus de formation des mots dérivés devraient prendre place, en toute hypothèse, au stade où les contraintes sémantiques imposées par le niveau de représentation du message guident le processus d'identification lexicale.

On retiendra surtout du modèle développé par Garrett que les processus d'insertion des morphèmes lexicaux (simples ou dérivés) dans la phrase y sont décrits comme des processus *indépendants* de ceux qui y insèrent les affixes flexionnels — les premiers étant sémantiquement contraints, les seconds syntaxiquement définis. Ceci implique que les affixes flexionnels sont adjoints aux radicaux par l'application de *règles* (ici de nature syntaxique) et on doit donc supposer que les mots fléchis ne sont pas représentés de manière unitaire dans le lexique. Mais le modèle dit par ailleurs fort peu de choses à propos de l'organisation du lexique, plus particulièrement pour ce qui tient au format des représentations associées aux mots dérivés. Le modèle de production phrastique développé par Dell (1986) renferme au contraire une caractérisation précise de l'organisation du lexique mental.

(2) Les affixes sélectionnés par un mécanisme d'activation diffusante à travers le lexique

Comme nous l'avons signalé plus haut (§ A. 2. c)), Dell (1986) envisage le lexique mental comme un réseau d'entités (ou nœuds) richement interconnecté(e)s, dans lequel la procédure de sélection des unités à produire est modélisée par un mécanisme fondé sur l'activation diffusante. Dans ce réseau, les mots dérivés, mais pas les mots fléchis, sont codés par des entités (des nœuds) qui leur sont propres. Toutefois, ces nœuds correspondant aux mots dérivés sont interconnectés à chacun des nœuds représentant leurs morphèmes constituants. Pour comprendre la manière dont ces deux types de représentation sont impliqués dans le processus de production de la phrase, il est nécessaire de se référer aux principes sous-tendant ces processus dans le modèle : le nœud de mot et les nœuds morphémiques représentant un mot dérivé donné sont en effet impliqués dans des niveaux différents de représentation de la phrase à produire.

Comme le modèle de Garrett, le modèle développé par Dell distingue différents niveaux de représentation de la phrase — les niveaux sémantique, syntaxique, morphologique et phonologique. A chaque niveau est

associé un ensemble d'unités et de règles déterminant les possibilités combinatoires des unités de ce niveau :
- Les unités relevant des différents niveaux sont toutes représentées dans le lexique, qui contient ainsi des nœuds codant les unités linguistiques que sont les concepts, les mots, les morphèmes, les phonèmes et les traits phonologiques. Les nœuds conceptuels sont connectés aux mots, qui sont connectés aux morphèmes, qui le sont aux phonèmes et les phonèmes aux traits.
- Les règles syntaxiques sont spécifiées en termes de catégories syntaxiques (nom, verbe, adjectif, etc.), les règles morphologiques en termes de catégories morphologiques (radical, préfixe, suffixe, etc.), et les règles phonologiques en termes de catégories phonologiques (voyelle initiale, consonne finale, etc.).

Chacun des systèmes de règles catégorielles (système syntaxique, morphologique et phonologique) génère une matrice dotée de sites catégorisés. Le lexique est alors consulté en vue de remplir ces sites catégorisés. Ceci implique qu'un processus de sélection lexicale intervient à chacun des niveaux : les mots sont sélectionnés au niveau syntaxique, les morphèmes au niveau morphologique, et les phonèmes et/ou les traits au niveau phonologique. Pour que les processus de sélection puissent opérer, chaque item contenu dans le lexique est étiqueté quant à sa catégorie (les mots sont marqués quant à leur classe syntaxique, les unités morphologiques et phonologiques sont respectivement marquées quant à leur classe morphologique et phonologique). Cet étiquetage des nœuds lexicaux constitue ce que Dell appelle les règles d'insertion : dans le cours du processus de construction des différents niveaux de représentation, elles vont permettre de relier l'information stockée dans le lexique à l'information représentée par les règles catégorielles de combinaison.

L'idée centrale du modèle est qu'une représentation de niveau inférieur est construite à mesure que les règles génératives associées à ce niveau édifient une matrice et que les règles d'insertion remplissent les sites de la matrice par un processus de décision basée sur les niveaux d'activation des nœuds représentant les items candidats. Quand un item est sélectionné pour un site, il sert de point de départ à la construction de la représentation de niveau inférieur. Le mécanisme principal qui traduit le transfert d'une représentation à une autre est l'activation diffusante à travers le lexique. Ainsi, c'est à travers ce mécanisme que les nœuds constituant une représentation de niveau supérieur activent les nœuds qui peuvent être utilisés pour la représentation immédiatement inférieure.

Considérons par exemple les processus principaux impliqués dans la production de la phrase *some swimmers sink* (Dell, 1986 : 289), sachant que dans le réseau lexical, on trouvera un nœud-mot représentant la forme *swimmer*, étiqueté comme un nom, mais pas *swimmers*, que *swimmer* se sépare en deux nœuds morphémiques *swim* et *-er*, et qu'il existe, également au niveau morphémique, un nœud pour le pluriel de *swimmers* :

1. La représentation sémantique de la phrase à produire active d'une part des règles syntaxiques, qui vont générer la matrice syntaxique

Quantifieur   Nom   Pluriel   Verbe

où le Quantifieur, le Nom, etc. correspondent à des sites catégorisés. Elle active, d'autre part, les unités du niveau correspondant dans le lexique, les nœuds de mot. Une fois sélectionné, chaque nœud de mot sera inséré dans le site adéquat de la matrice syntaxique. Supposons que, dans le processus de production de la phrase *some swimmers sink*, *some* ait déjà reçu l'activation suffisante pour être sélectionné et que la règle d'insertion ait opéré de façon que le site marqué *Quantifieur* dans la matrice syntaxique ait été rempli. La règle d'insertion de nom va alors rechercher, dans le lexique, le nom qui a le plus haut niveau d'activation, en l'occurrence *swimmer*, et va l'insérer dans la matrice syntaxique à l'endroit du site marqué *Nom*. De même pour les unités syntaxiques suivantes, *Pluriel* et *Verbe*. Il faut noter ici que les nœuds de mot qui ont déjà été sélectionnés pour leur inclusion dans la matrice syntaxique demeurent activés, du fait qu'ils ont diffusé leur activation aux nœuds (notamment de niveaux inférieurs) auxquels ils sont connectés. Ainsi, même si *swimmer* a déjà été sélectionné, les nœuds morphémiques *swim* et *-er* ont été activés, et du fait de la réciprocité des connexions, ils ont renvoyé de l'activation au nœud de mot *swimmer*. *Swimmer* reste aussi activé parce qu'il devient alors le nœud «courant» du niveau syntaxique, c'est-à-dire que c'est lui qui va guider la construction du niveau inférieur de représentation, le niveau morphologique.

2. La représentation de niveau morphologique sera construite par l'intermédiaire d'une matrice morphologique correspondant à la structure de *swimmer* — $R_V\,Af_1$ — et des règles d'insertion qui vont identifier dans le lexique les nœuds de niveau morphologique les plus activés et correspondant à cette description catégorielle (en supposant que l'agentif *-er* soit étiqueté Af_1 dans le lexique). Les nœuds *swim* et *-er* vont ainsi venir se positionner aux sites adéquats[15]. A ce moment, le nœud courant au niveau syntaxique va se déplacer de *swimmer* à *Pluriel*, et le morphème «pluriel» représenté dans le lexique sera sélectionné.

3. Enfin, les nœuds sélectionnés au niveau morphologique vont eux-mêmes servir de nœuds courants pour la construction de la représentation phonologique de la phrase.

Nous présentons ces processus comme s'ils se déroulaient de manière séquentielle. Il faut préciser néanmoins que Dell n'exclut pas qu'un processus situé à un niveau supérieur puisse être postérieur, dans une certaine mesure, aux processus de niveaux inférieurs. Mais il soutient qu'en général, la sélection d'items d'une représentation inférieure doit attendre la construction de structures correspondantes au niveau supérieur.

c) *Comment distinguer processus flexionnels et dérivationnels ?*

Nous venons de décrire trois modèles de production du langage qui, d'une part, attribuent à la morphologie flexionnelle et à la morphologie dérivationnelle un rôle distinct dans la construction de la représentation phrastique et, d'autre part, assignent aux mots fléchis et aux mots dérivés des formats de représentation et des procédures de sélection différents. Ces modèles présentent une faiblesse majeure : la distinction entre processus flexionnels et dérivationnels n'y est pas définie de manière explicite. Or, sur quelles bases pourrait-on vérifier les hypothèses, si elles ne s'assortissent pas de critères définitionnels *externes* qui permettraient de distinguer les traits morphologiques relevant de l'une ou l'autre catégorie de processus ?

Que cette distinction ne fasse l'objet d'aucune définition opérationnelle pourrait donner à penser qu'en réalité elle va de soi, ou bien qu'on dispose de critères linguistiques suffisamment solides ou connus pour ne pas devoir être précisés. Mais il n'en est rien. Il est vrai que la tradition linguistique distingue dans la morphologie deux parties au moins, la morphologie flexionnelle et la morphologie dérivationnelle (on a isolé aussi parfois un troisième domaine, celui de la composition), et que la distinction entre catégories flexionnelles et dérivationnelles correspond à une intuition forte, sans doute partagée par tous les linguistes. Mais beaucoup s'accordent aussi pour observer que les critères qui ont été proposés pour établir ce partage s'avèrent trop flous ou approximatifs : tous ou presque se voient facilement opposer des contre-exemples (voir notamment Anderson, 1982; Jensen, 1990; Matthews, 1974; Molino, 1985). Examinons, rapidement, la valeur de quelques-uns des critères les plus souvent cités :

1. Un premier critère définitionnel, sans doute le plus couramment proposé, fait référence à l'applicabilité générale des processus flexionnels, par opposition aux processus dérivationnels dont l'application serait

limitée de manière idiosyncratique[16]. S'il ne fait pas de doute que les désinences casuelles, les phénomènes d'accord, etc. sont le plus souvent indépendants des items lexicaux particuliers, et donc applicables de manière générale, il semble néanmoins que cela ne puisse pas servir de critère pour départager les deux domaines. D'un côté, certains processus, intuitivement classés comme flexionnels, ont une applicabilité limitée. C'est le cas bien connu des paradigmes dits défectifs. Dans le paradigme flexionnel du verbe *clore*, par exemple, on ne trouve aucune forme correspondant au passé simple et, au présent, à la première et deuxième personne du pluriel. La catégorie du nombre connaît beaucoup de paradigmes défectifs (pour les substantifs *annales*, *dépens* ou *fiançailles* par exemple, il n'existe pas de forme singulier). Beard (1981)[17] estime d'ailleurs, sur cette base, que le nombre des substantifs, dans les langues indo-européennes, constitue une catégorie dérivationnelle. D'un autre côté, beaucoup de processus dérivationnels ont une applicabilité générale, au moins virtuellement (cf. la discussion sur ce point pp. 47 sv.)[18]. Si l'on considère le cas de la nominalisation sur des bases verbales, il est possible de former au moins un substantif sur tous les verbes (à l'exception des verbes «d'état», tels que *sembler* ou *devenir*), même si ceux-ci prendront des suffixes différents. Quel que soit le traitement que l'on donne à cette diversification des suffixes nominalisants, elle ne peut en effet être assimilée à une limitation d'applicabilité, de la même manière que l'existence de classes de conjugaison différentes n'est pas tenue pour limiter l'applicabilité des désinences verbales.

2. On a souvent proposé aussi de distinguer la flexion de la dérivation sur la base du fait que seuls les processus dérivationnels modifient la catégorie syntaxique de la base sur laquelle ils opèrent. En réalité, beaucoup de processus intuitivement classés comme dérivationnels ne modifient pas la catégorie syntaxique de la base (*maison/maisonnette, pomme/pommier; faible/faiblard, pauvre/pauvret; trotter/trottiner, traîner/traînailler*), bien que les flexions la maintiennent toujours. Ce critère constitue donc un critère suffisant, mais pas nécessaire, pour étiqueter un processus comme relevant de la dérivation.

3. Les deux domaines ont en outre été distingués par référence à leur statut dans la syntaxe de la langue (Anderson, 1982; Matthews, 1974) : la morphologie flexionnelle concernerait les catégories morphologiques dont le choix est déterminé par la syntaxe. Pour déterminer ensuite ce qui relève de la syntaxe et ce qui lui est étranger, Anderson (1982) propose le critère de distinction suivant : la syntaxe concerne les interrelations entre les mots à l'intérieur de structures plus larges (syntagmes, propositions, etc.), alors que la morphologie concerne la structure interne

des mots; les propriétés structurelles des unités sont des propriétés syntaxiques si elles affectent les mots selon des principes qui font essentiellement référence à des structures syntaxiques plus larges. Selon cette condition, la morphologie flexionnelle renvoie essentiellement aux propriétés formelles déterminées par les phénomènes d'accord, qui imposent que deux items soient marqués avec la même valeur par rapport à un trait morphologique donné. En français, devraient donc être traités comme des affixes flexionnels ceux exprimant les catégories morphologiques de nombre, genre et personne[19]. Mais ce critère syntaxique, de nouveau, pourrait s'avérer insuffisant, car il aboutirait à exclure du domaine flexionnel des catégories qui y sont généralement (intuitivement) introduites. En français, les marques de temps, d'aspects ou de modes verbaux ne répondent pas à la condition syntaxique telle qu'elle est définie par Anderson : la valeur d'une désinence temporelle, aspectuelle ou modale n'est pas toujours déterminée par une autre unité, et cette valeur n'est pas toujours imposée à une autre unité se trouvant en rapport structurel avec elle.

4. Enfin, on a avancé que les morphèmes flexionnels correspondaient à des catégories morpho-syntaxiques, tandis que les morphèmes dérivationnels correspondaient à des éléments lexicaux et sémantiques (Molino, 1985) ou, dit autrement, que les règles dérivationnelles modifiaient le sens conceptuel de leur base, alors que les règles flexionnelles en modifiaient le sens grammatical (Scalise, 1988). Ce critère est évidemment trop approximatif, en tout cas tant qu'il n'est pas donné de définition indépendante des notions «sens conceptuel» et «sens grammatical». En tout état de cause, ainsi que nous l'avons souligné déjà, l'ampleur des modifications sémantiques associées aux opérations dérivationnelles peut être extrêmement variable. Ainsi, en français, les nominalisations sur des bases verbales ne modifient que fort peu la situation décrite par le verbe (comparez *la température varie* à *la variation de température*). En ces cas, la dérivation a davantage d'implications *syntaxiques* que *sémantiques*. De même pour les constructions adjectivales sur des bases nominales (*communal, culturel, dentaire*), ou adverbiales sur des bases adjectivales (*gentiment*) : la dérivation produit avant tout une modification de la catégorie syntaxique de l'unité. Le suffixe agentif -*eur* adjoint à une base verbale ne produit pas seulement une modification de la catégorie syntaxique de la base, puisque le nom construit fait référence à l'agent de l'activité décrite par le verbe. Il est, pour finir, des cas où l'affixe dérivationnel équivaut davantage à une catégorie lexicale : l'adjonction du suffixe -*ette* à un nom modifie la qualité de ce qui est désigné (le suffixe équivaut à *petit*); quant au suffixe -*erie* (*sandwicherie*), il modifie radicalement l'entité conceptuelle désignée. Par ailleurs, il n'est pas

exclu que l'on puisse établir des distinctions de même nature à l'intérieur des diverses catégories flexionnelles. La catégorie aspectuelle (comparez *la nuit dernière, je lisais une nouvelle* à *la nuit dernière, j'ai lu une nouvelle*) ou la catégorie exprimant la voix (*le chauffard a renversé le piéton/le piéton a été renversé par le chauffard*) paraissent modifier plus profondément le sens de l'action décrite que les catégories de temps, mode ou personne, qui paraissent affecter le sens de la proposition dans laquelle elles sont insérées, plus que le sens du verbe auquel elles sont adjointes (Bybee, 1985).

Tout ceci suggère que la recherche d'un critère décisif et absolu de distinction entre la flexion et la dérivation est peut-être à la morphologie ce que la recherche de la pierre philosophale était à l'alchimie. Dit en termes moins légers, si aucun critère absolu ne permet d'objectiver la distinction intuitive entre les deux domaines, c'est peut-être précisément que ces domaines ne se distinguent que de manière relative, et qu'il n'est pas, en réalité, de propriété qui soit spécifique de l'un et totalement étrangère à l'autre. Il semble en effet que la (les) ligne(s) de partage ne passe(nt) pas entre, d'une part, l'ensemble des catégories flexionnelles et, d'autre part, l'ensemble des catégories dérivationnelles, mais bien plutôt *à l'intérieur même de ces deux ensembles.*

Si on veut éviter toute confusion théorique et empirique, on doit donc envisager la possibilité que des distinctions pertinentes puissent *aussi* apparaître à l'intérieur même d'une classe donnée et, en conséquence, préciser les hypothèses à propos du mode de représentation et de récupération des unités complexes par référence aux propriétés des catégories morphologiques particulières, et non pas par référence à la classe d'appartenance supposée des catégories en question.

NOTES

[1] Ce modèle a principalement été développé pour rendre compte des processus de reconnaissance *visuelle* des mots complexes *fléchis*, mais selon les auteurs, rien ne s'oppose en théorie à ce qu'il puisse être étendu aux autres modalités linguistiques d'une part, et à toutes les catégories de mots complexes, d'autre part.
[2] Nous reprenons ici le formalisme utilisé par Laudanna *et al.* (1989).
[3] Précisons que les formes dérivées préfixées seraient également représentées par une entrée correspondant à leur forme entière; l'accès *conjoint* aux deux types de représentation serait nécessaire au traitement complet de la forme préfixée. La proposition de Stan-

ners *et al.* n'appartient cependant pas strictement à la classe des modèles du lexique exhaustif, puisqu'elle ne prévoit pas d'entrée autonome pour les formes fléchies régulières.

[4] Notons qu'on trouve également des formalisations en réseaux dans la théorie de la grammaire (cf. Hudson, 1984).

[5] Il faut savoir toutefois que, si les unités sont reliées entre elles à l'intérieur d'un niveau donné, elles le sont aussi avec des unités d'un niveau distinct.

[6] Notons que Dell (1986) introduit en plus des niveaux sub-morphémiques (unités syllabiques et unités correspondant à des groupements phonémiques) et un niveau sub-phonémique (unités associées aux traits phonétiques).

[7] Ces auteurs ont montré qu'il était possible de rendre compte de la capacité de lire à voix haute des non-mots (par exemple, *bink*) sans recourir à un dispositif qui assurerait ce transcodage par l'intermédiaire de règles grapho-phonologiques.

[8] Stemberger fait plus précisément référence aux propriétés que présentent certains lapsus spontanés, ceux impliquant des unités morphémiques.

[9] L'auteur donne de la productivité la définition suivante : «A productive pattern is one which can be freely generalised to new forms, e.g. plural *-s* and nominalizer *-ness*» (Stemberger, 1985b : 148).

[10] Voir au Chapitre II, note 14, pp. 55-56, la définition des trois types d'opérations sémantiques associées aux règles de construction, selon Corbin (1987).

[11] Nous n'envisagerons plus dans ce chapitre l'aspect *dé*compositionnel car l'hypothèse ne concerne, dans ses versions faibles, que les processus productifs (pour lesquels il est évidemment plus naturel de parler de composition plutôt que de décomposition).

[12] Si nous parlons ici d'unités, et non pas de morphèmes, c'est pour la raison suivante : le développement que donne Stemberger aux notions de fréquence et de régularité s'applique en fait à toutes les associations d'unités linguistiques, à quelque niveau qu'elles se situent (syntaxique, morphologique ou phonologique). Il ne fait cependant allusion, à propos de l'irrégularité sémantique, qu'à des cas relevant du niveau syntaxique (en particulier, des idiomatismes). Lorsqu'il envisage le niveau morphologique, c'est uniquement à des irrégularités formelles qu'il songe.

[13] Rappelons ici que le modèle des représentations en faisceaux de Stanners et ses collaborateurs (cf. ce chapitre, § A. 2. c)) accorde également un statut différent aux formes suffixées, selon qu'elles sont dérivées ou fléchies. Taft évoque aussi la possibilité pour les formes fléchies de ne pas être associées à des représentations unitaires dans le fichier principal ; il n'a cependant pas conduit plus loin cette intuition de la nécessité d'une distinction entre formes fléchies et dérivées.

[14] Signalons que Miceli et Caramazza (1988 : 60) ne rejettent pas a priori une telle proposition, puisqu'ils notent : «It should be noted that, although we have emphasized how inflectional affixes are activated from the semantic component of the lexicon, these phonological forms may also be accessed directly from information specified in a syntactic frame in sentence production. That is, we assume that inflectional affixes may be accessed either through semantic or through syntactically specified information depending on whether single-word or sentence production is being considered.»

[15] On fera remarquer que cette formalisation revient à décrire le processus de production des mots dérivés par l'intervention de règles mineures (cf. le modèle de Stemberger). En effet, une entité associée au mot entier est d'abord sélectionnée (l'entité codant *swimmer*) et cette entité active ensuite les entités du niveau morphologique (codant les morphèmes *swim* et *-er*, et la structure dans laquelle ils seront insérés).

[16] Rappelons que cette différence sert d'argument à Henderson (1985) et Butterworth (1983) pour rejeter l'hypothèse compositionnelle en ce qui concerne les mots dérivés.

[17] Cité par Bybee (1985).

[18] Il se pourrait qu'on doive traiter au moins certains des paradigmes flexionnels défectifs de la même manière. En effet, il arrive que des formes dites manquantes soient néanmoins autorisées à certains locuteurs, tels les littérateurs. Le caractère relatif de la défection se manifeste au travers de commentaires tels que «rare», «inusité», «vieilli» ou «littéraire», qui ne font d'ailleurs pas l'unanimité entre les analystes. Dans le même ordre d'idées, on notera qu'il arrive qu'une seule des diverses acceptions d'une forme soit défective : ainsi, *faillir*, dans le sens «faire défaut, faire faute» n'est pas signalé comme défectif, alors qu'il l'est dans le sens «être sur le point de faire quelque chose». Or, si *je ne faillirai pas à mon devoir* est une phrase grammaticale, pourquoi **je faillirai tomber* ne serait-il pas au moins considéré comme possible, morphologiquement bien formé, même si l'usage n'a pas (encore) légitimé cette forme ?

[19] Notons qu'en n'accordant le statut flexionnel à une catégorie morphologique qu'à la condition qu'elle relève de processus syntaxiques, on aboutit à des classements différents selon les langues : une même catégorie peut être flexionnelle dans l'une, dérivationnelle dans l'autre. Anderson (1982) signale par exemple le cas du kwakwala, dans lequel la catégorie du pluriel dans les noms n'est pas impliquée dans des phénomènes d'accord et n'est pas non plus une marque obligatoire pour les substantifs. En kwakwala, contrairement au français, la pluralisation relève de la dérivation.

Chapitre IV
Synthèse et implications

Comme on le voit, la question «Où et comment est représentée la morphologie des mots dans la mémoire des individus ?» a donné lieu à une diversité remarquable de réponses. En les schématisant quelque peu, c'est-à-dire en laissant de côté les nuances procédurales qui les caractérisent, ces diverses propositions ont ainsi localisé les informations morphologiques

- *soit en dehors du système lexical* : la morphologie des mots ne serait pas représentée dans le système lexical, elle serait représentée sous la forme de connaissances encyclopédiques utilisées occasionnellement par les sujets (c'est l'hypothèse du listage exhaustif dans sa version forte, ainsi que la soutient Butterworth, 1983);

- *soit à la «périphérie» du lexique mental* : les informations relevant de la structure interne des mots complexes ne se trouveraient pas représentées dans le lexique propre, c.-à-d. sous les entrées lexicales spécifiant les informations utiles à l'utilisation de ces mots; ces informations seraient codées

 a) comme des traits subsidiaires par rapport à ceux que renferme la liste des entrées lexicales (Jackendoff, 1975), et seraient regroupées par exemple dans un sous-système lexical annexé au lexique propre (Aitchison, 1987);

 b) dans le système de reconnaissance visuelle et/ou auditive : la structure morphémique jouerait un rôle déterminant dans la construction d'un code d'accès aux entrées représentées dans le lexique (c'est

l'hypothèse de décomposition morphologique prélexicale, proposée par Taft et Forster, 1975);
— *soit dans le lexique propre* :
a) les mots morphologiquement complexes seraient représentés sous une entrée lexicale qui leur est propre, mais cette entrée en spécifierait aussi la structure — soit de manière explicite (l'entrée «analyserait» le mot complexe en ses composants morphémiques; c'est ce que proposent le modèle connexionniste de Stemberger, 1985a, 1985b, et l'hypothèse dérivationnelle de MacKay, 1976, 1978), soit de manière implicite (les entrées lexicales associées aux mots complexes apparentés seraient regroupées en «faisceaux», en «satellites» ou en «familles» (cf. Stanners *et al.*, 1979; Lukatela *et al.*, 1978, 1980; Colé *et al.*, 1986, 1989);
b) les mots morphologiquement complexes seraient codés sous un format morphémiquement décomposé, c.-à-d. sous des entrées séparées, correspondant à leurs morphèmes constitutifs, mais ces entrées seraient accessibles au départ d'un code d'accès correspondant à leur forme entière (modèle AAM de Caramazza *et al.*, 1985, 1988);
c) le lexique mental ne serait constitué que d'unités morphémiques et de règles de construction lexicale; il ne coderait, à aucun niveau, le mot complexe comme une unité indépendante (c'est l'hypothèse compositionnelle dans sa version forte); cette structure représentationnelle pourrait n'être applicable qu'à certaines catégories de mots complexes, en l'occurrence les mots fléchis — c'est là ce que proposent les modèles de Garrett (1980, 1982), de Dell (1986) et de Miceli et Caramazza (1988).

Il faut le préciser, ces propositions ne sont pas nécessairement toutes mutuellement exclusives. On pourrait ainsi ajouter à cet inventaire une liste d'hypothèses correspondant aux différentes combinaisons possibles entre les diverses propositions... Ce n'est pas là qu'une remarque de principe. Elle vise à signaler que la question posée n'est pas de celles qui se prêtent naturellement à une réponse unique. Il y a trois raisons au moins à cet état de choses, qui engendre d'ailleurs des complications empiriques qu'il importe de souligner.

D'abord, on doit garder à l'esprit qu'après tout, une même information peut toujours être accessible de différentes manières. Dans le cas qui nous occupe, cela signifie qu'on ne peut écarter l'hypothèse qu'un même item complexe puisse être codé conjointement sous différentes formes et/ou puisse être accessible par différentes procédures. On trouve effectivement dans la littérature des propositions en ce sens. Par exemple, Anshen et Aronoff (1988) proposent de considérer que les locuteurs disposent en réalité de trois moyens distincts pour récupérer les items lexicaux en vue de leur production. Ils ajoutent que ces trois méthodes sont *simultanément* utilisées, et que l'item lexical qui vient à être produit est en fait celui qui a été récupéré le premier, par une de ces trois méthodes. Elles ne seraient pas toutes, en effet, d'une égale efficience et rapidité. La récupération d'un item lexical se déroulerait de la manière suivante : le locuteur, qui désire exprimer un concept donné, entreprend une recherche lexicale dans le but de localiser un mot existant correspondant à l'expression de ce concept. Dans le même temps, s'il trouve un mot apparenté au départ duquel il peut former le mot cible, il tente alors une construction au départ de ce mot apparenté, et ce, de deux manières différentes : en s'appuyant sur des règles de formation ou en procédant à une analogie sur une portion déterminée du lexique duquel il extrairait les similitudes. Pour Anshen et Aronoff (1988), ces différentes procédures opèrent donc en parallèle. Mais on peut encore envisager la possibilité qu'une d'entre elles serait en réalité enclenchée de manière prioritaire, les autres n'intervenant qu'à titre supplétif en cas d'échec de la première ; ou bien encore, que ce serait le contexte (linguistique et non linguistique) qui dicterait l'usage d'une procédure plutôt que d'une autre.

L'éventualité que diverses procédures puissent être disponibles complique évidemment la vérification d'une hypothèse plus exclusive : il est certes plus délicat de démontrer, par exemple, qu'un mot *doit toujours* être récupéré par l'application de règles, que de démontrer qu'il *peut* être récupéré de cette manière *dans certaines circonstances* au moins — en l'occurrence, celles dans lesquelles se situe l'observation. Toutefois, postuler une influence du contexte sur le mode de récupération des unités lexicales ne suffit pas : encore faut-il préciser quels événements contextuels particuliers seraient de nature à favoriser l'un ou l'autre mode de récupération, et pourquoi. En tout état de cause, on ne pourra établir la généralisabilité des observations que dans la mesure où ces événements auront fait l'objet d'un contrôle expérimental.

Ensuite, on ne peut exclure l'existence de formats de représentation et de procédures de récupération distincts selon les caractéristiques des mots complexes considérés. Nous avons vu qu'on ne dispose pas d'une définition unanime de ce que recouvre la notion de « mot complexe », et il en est ainsi également des notions de dérivation ou de flexion, de régularité ou d'irrégularité, etc. En fait, ces difficultés mettent en lumière l'existence d'une propriété essentielle de l'organisation morphologique de la langue : l'hétérogénéité fondamentale de la classe des mots complexes, et la multiplicité des paramètres en fonction desquels les items rassemblés dans cette classe sont susceptibles de se différencier. Les hypothèses psychologiques se doivent donc d'intégrer ces sources de différenciation dans un modèle de traitement des unités lexicales.

Au plan empirique, ceci implique que l'expérimentateur se montre particulièrement attentif à TOUTES les sources virtuelles d'hétérogénéité, et qu'il homogénéise la classe des mots complexes qu'il étudie en regard des paramètres qu'il ne manipule pas. Pour mener cette tâche à bien, il ne saurait être question cependant, comme on l'observe pourtant dans la plupart des recherches morphologiques, qu'il se fonde simplement sur ses propres intuitions morphologiques (ou sur celles de «juges»), et moins encore sur les informations morphologiques fournies par les dictionnaires usuels, qui pratiquent le plus souvent une analyse morphologique incohérente[1]. Cette manière de procéder est en effet à l'origine de confusions innombrables dans la recherche expérimentale, les résultats obtenus par les uns ne pouvant que trop rarement être confrontés à ceux dégagés par d'autres, parce que les mots complexes des premiers ne sont pas exactement de même nature que les mots complexes des seconds. Mieux vaut, en réalité, définir avec précision les critères d'analyse adoptés, quitte à ce qu'ils ne fassent pas l'unanimité. De cette façon au moins, on évitera les confusions et la tentation de généraliser, à *tous* les mots complexes, ce qui ne vaut peut-être que pour certains d'entre eux.

Enfin, la question de la représentation psychologique de la morphologie s'inscrit dans le contexte d'une question plus large, qui touche à l'organisation générale du système lexical. Cette question n'est apparue jusqu'ici qu'en filigrane de l'exposé des modèles lexicaux, mais elle est d'une importance considérable : les représentations lexicales, leur format et leur organisation, se différencient-elles en fonction de la modalité considérée ? Doit-on supposer que des procédures similaires interviennent pour la récupération de ces représentations en vue de leur production orale ou écrite et pour la reconnaissance et l'interprétation des unités graphiques ou auditives ? En un mot, existe-t-il un ou plusieurs lexiques mentaux ? La position actuellement dominante considère que le lexique est constitué d'un ensemble de sous-composants interconnectés[2]. On distingue ainsi généralement les composants lexicaux d'entrée et de sortie, impliqués respectivement dans la reconnaissance et la production des mots. On établit ensuite une seconde distinction en fonction de la modalité d'entrée ou de sortie : le lexique orthographique d'entrée comprend les mécanismes impliqués dans le traitement des mots présentés sous forme graphique, alors que le lexique phonologique d'entrée s'occupe de traiter les mots présentés auditivement ; on retrouve cette opposition au niveau des composants de sortie, impliqués dans la production graphique et orale des mots. Ces sous-composants sont tous connectés à un système lexico-sémantique, qui code les représentations sémantiques des mots.

Au plan strictement théorique, il paraît difficile de contester cette conception de l'architecture fonctionnelle générale du système lexical. Après tout, nous devons bien atteindre l'information contenue dans le lexique mental par des voies différentes : les procédures de traitement des signaux visuels et acoustiques, ainsi que les représentations orthographiques et phonologiques qu'ils activent, sont forcément indépendantes l'une de l'autre. De même pour les procédures de sélection des formes phonologiques ou graphiques au départ du lexique sémantique. Cela signifie que ce qui peut être un système efficace pour l'auditeur ou le lecteur ne l'est pas obligatoirement pour le locuteur ou le scripteur. Or, il est évident que les procédures de reconnaissance auditive ou visuelle, de même que les procédures de sélection d'une forme orale ou graphique, impliquent une organisation déterminée des représentations lexicales et de leur format. Nous *devons* donc nous attendre à ce que les procédures d'accès, comme les représentations lexicales, ne se présentent pas nécessairement de la même manière en fonction de la modalité considérée. En d'autres termes, de même qu'on ne généralisera pas à tous les mots complexes des résultats obtenus pour une catégorie donnée, on ne généralisera pas non plus à l'ensemble des modalités d'utilisation du langage des observations relevées dans une de ces modalités.

Les contraintes que nous venons d'énumérer conduisent finalement à restreindre fortement l'étendue d'application de toute hypothèse concernant la représentation psychologique de la morphologie. Toute démarche qui se voudrait globalisante serait vaine. Du reste, les auteurs dont nous avons exposé les modèles dans ce chapitre ont le plus souvent limité leurs propositions à l'une ou l'autre des modalités (mais pas toujours : le modèle d'Aitchison, 1987, par exemple, se veut neutre vis-à-vis des modalités), et à l'une ou l'autre des catégories de mots complexes.

Dans la seconde partie de cet ouvrage, qui sera essentiellement consacrée aux *faits* expérimentaux, nous avons choisi de nous intéresser particulièrement à l'hypothèse taftienne de décomposition morphologique prélexicale. Celle-ci, rappelons-le, concerne les procédures de reconnaissance *visuelle* d'une catégorie particulière de mots complexes, les mots dérivés.

NOTES

[1] Voir par exemple l'analyse que présente Corbin (1987 : 103-113) des principes sous-tendant les analyses dérivationnelles dans les principaux dictionnaires français.
[2] Voir par exemple Allport et Funnell (1981), Forster (1976), Morton (1982) et Shallice (1981).

DEUXIÈME PARTIE

LES PROCÉDURES DE RECONNAISSANCE VISUELLE DES MOTS DÉRIVÉS
Une revue de la littérature expérimentale

Préambule

Tout lecteur qui connaîtrait la signification du mot *morphème* serait certainement capable de lire et de comprendre le mot *polymorphémique*, même s'il ne l'a jamais rencontré auparavant — probablement parce qu'il en isolerait les morphèmes qui le constituent, *poly-*, *morphém-* et *-ique*. Il semble aussi que tout lecteur entraîné soit conscient de ce que les mots familiers du type *incompris*, *dégeler* ou *recommencement* sont en réalité composés de plusieurs éléments de signification.

Cette aptitude pourrait s'expliquer par le fait que l'entrée lexicale de *recommencement*, par exemple, contient une information sur sa composition morphémique, en plus des informations orthographiques, syntaxiques et sémantiques qui le concernent. La structure décomposée de *recommencement* pourrait ainsi être *automatiquement* disponible une fois l'entrée lexicale localisée. On peut aussi envisager que cette information structurelle ne soit utilisée que de manière *facultative*, comme une information complémentaire dont le lecteur se servirait dans certaines circonstances seulement. Mais on peut encore considérer une autre explication. Il se pourrait que la décomposition morphologique que le lecteur doit nécessairement entreprendre *préalablement* à l'interprétation de formes polymorphémiques qui lui sont inconnues (le cas de *polymorphémique* ci-dessus) soit tout aussi indispensable pour la reconnaissance des formes polymorphémiques qui lui sont des plus familières. Ainsi, en vue de localiser l'entrée lexicale correspondant à *recommencement*, le lecteur devrait *au préalable* décomposer la séquence graphique en ses unités morphémiques.

Cette dernière possibilité est sans doute celle qui apparaît la moins plausible intuitivement. C'est pourtant celle-là qui a servi de point de départ au plus grand nombre de travaux dans le domaine de la représentation psychologique de la morphologie, essentiellement à la suite de la formulation extrêmement précise qu'en ont développé Taft et ses collaborateurs (Taft, 1979a, 1981, 1985, 1988; Taft et Forster, 1975; Taft, Hambly et Kinoshita, 1986) sous la forme de l'hypothèse de *décomposition morphologique prélexicale*. Selon cette hypothèse, les mots polymorphémiques les plus familiers doivent *obligatoirement* faire l'objet d'une décomposition morphologique *avant* d'être reconnus. En d'autres termes, la décomposition y est considérée comme une étape préalable et obligatoire du processus de récupération de l'information lexicale. Ces deux conditions — *préalable* et *obligatoire* — font de l'hypothèse taftienne une hypothèse puissante, aux affirmations clairement testables et falsifiables. Si on ajoute qu'à ces propositions procédurales se combinent des propositions quant à la nature et au format des représentations lexicales, on comprendra pourquoi elles ont joué depuis près de 15 ans — et continuent à jouer aujourd'hui — un rôle central dans les travaux psycholinguistiques consacrés à la morphologie.

Nous allons voir qu'en dépit de la quantité considérable de travaux expérimentaux que cette hypothèse a suscitée, les assertions quant au caractère préalable et obligatoire de la décomposition morphologique n'ont pas reçu à ce jour de confirmation indiscutable — pas plus qu'elles n'ont pu être nettement réfutées d'ailleurs. On dispose de nombreuses observations suggérant que la structure morphologique des mots est effectivement représentée dans le lexique mental. Mais la plupart de ces observations, tout en n'étant pas *incompatibles* avec les hypothèses procédurales formulées par Taft et ses collaborateurs, peuvent néanmoins trouver d'autres explications, qui ne feraient intervenir aucune procédure d'accès spécifique pour les mots complexes.

Précisons que nous retiendrons surtout, dans l'exposé de la littérature expérimentale, les travaux ayant manipulé des stimuli *préfixés* en présentation *visuelle* : l'hypothèse taftienne a en effet été formulée spécifiquement pour cette modalité d'utilisation du langage et pour cette catégorie de stimuli complexes. Il arrivera cependant que nous fassions état de résultats obtenus avec des mots suffixés (dérivés ou fléchis), lorsque ces résultats sont susceptibles d'éclairer les questions posées à propos des mots préfixés.

Chapitre I
Les faits initiaux

A. LES DONNÉES À L'ORIGINE DE L'HYPOTHÈSE DE DÉCOMPOSITION MORPHOLOGIQUE PRÉLEXICALE

Les trois expériences présentées dans la première publication consacrée à l'hypothèse de décomposition morphologique prélexicale (Taft et Forster, 1975) consistent à soumettre aux sujets, dans une tâche de décision lexicale[1], divers stimuli impliquant des morphèmes lexicaux non libres, c'est-à-dire des morphèmes lexicaux qui ne sont pas des mots.

Pourquoi des morphèmes lexicaux (ou racines) non libres ? En fait, des expériences antérieures (Gibson et Guinet, 1971; Kintsch, 1972; Murrell et Morton, 1974; Snodgrass et Jarvella, 1972) semblaient indiquer que les mots affixés (dans ces cas, des mots suffixés) étaient représentés sous leur forme de base — leur radical ou leur racine — dans le lexique. Pour Taft et Forster (1975), un tel format de représentation impliquerait que la reconnaissance d'un mot comme *unlucky* nécessiterait une analyse morphologique préalable, par laquelle les affixes *un-* et *-y* seraient extraits du stimulus de manière à rendre possible l'accès à la représentation de la racine LUCK. Mais cette procédure devrait aussi impliquer que les racines non libres (tel *-mit*, que l'on rencontre dans *remit* ou *commit*), bien que n'étant pas des mots, aient néanmoins un statut lexical, soient néanmoins associées à une entrée dans le lexique mental : il serait en effet difficile de concevoir un système de reconnaissance tel qu'une décomposition morphologique ne s'applique sélectivement qu'aux mots complexes pourvus d'une racine libre. Par conséquent, en testant l'hypothèse de décomposition morphologique sur des racines liées, c'est son implication la plus extrême (et la moins plausible intuitivement) que les auteurs cherchent à confirmer.

1. Les non-mots *juvenate ou *dejuvenate sont rejetés moins rapidement que les non-mots *pertoire ou *depertoire

La première expérience exposée par Taft et Forster (Expérience I) repose sur la logique suivante : si des racines liées sont représentées dans le lexique, on devrait s'attendre à observer, dans une tâche de décision lexicale, des effets d'interférence tels que les sujets éprouveront davantage de difficultés à considérer ces racines comme des non-mots en comparaison de non-mots «classiques». Ainsi, par exemple, un non-mot comme *luvenate pourra immédiatement être classé comme tel par le sujet, puisque la recherche dans le lexique débouchera sur un échec. En revanche, sur présentation du non-mot correspondant à la racine liée de *rejuvenate*, à savoir *juvenate, une représentation lexicale sera contactée dans le lexique. Vraisemblablement, l'entrée lexicale JUVENATE va stipuler que cet item n'est pas un morphème libre, qu'il n'est pas un mot, et la recherche va alors se poursuivre de manière à déterminer s'il n'existe pas une forme similaire qui serait un morphème libre (ce qui est parfois le cas ; par exemple, *vent* peut correspondre à la racine liée de *prevent* et *invent*, ou bien au morphème libre *vent*). Par conséquent, dans une tâche de décision lexicale, on devra observer que les sujets prendront plus de temps pour rejeter *juvenate que *luvenate.

Les auteurs testent cette prédiction en présentant à 30 sujets une liste expérimentale constituée de 60 mots et 60 non-mots de même longueur. Parmi ces derniers, 40 seulement correspondent à des items expérimentaux : 20 non-mots sont en réalité des racines liées (*juvenate) extraites d'un mot préfixé (*rejuvenate*), et 20 non-mots correspondent à ce que les auteurs appellent des pseudo-racines[2] (par exemple, *pertoire), qui sont issues de mots desquels on a extrait la séquence non préfixale *re-* (*repertoire*). En choisissant ce dernier type de non-mot, plutôt que des non-mots du type *luvenate, les auteurs entendent en contrôler la ressemblance avec des mots existants : *pertoire ressemblerait autant à un mot que *juvenate, ce qui ne serait pas le cas de *luvenate.

Précisons que les racines réelles sont issues de mots préfixés définis selon les deux critères suivants : (1) ils doivent être signalés dans le

Shorter Oxford Dictionary comme composés d'un préfixe et d'une racine ; (2) le préfixe doit contribuer au sens du mot. Quant aux pseudoracines, elles sont issues de mots qui commencent avec les mêmes lettres qu'un préfixe, mais qui ne sont pas signalés dans ce dictionnaire comme étant composés d'un préfixe et d'une racine (*regulate*), ou bien qui, tout en étant signalés comme des mots préfixés, ne remplissent pas la condition (2) ci-dessus (*devout, rebel, precinct...*).

L'analyse des résultats a indiqué que les délais de réponse pour les racines réelles (**juvenate*) étaient plus longs que ceux observés pour les pseudo-racines (**pertoire*), les racines donnant lieu aussi à davantage d'erreurs de classification que les pseudo-racines (17 % vs 4 %). Pour Taft et Forster, ces résultats indiquent que les racines liées sont représentées dans le lexique mental. Il se pourrait néanmoins, soulignent-ils, que les latences plus longues observées pour déterminer que les racines n'étaient pas des mots, soient en réalité liées à une incertitude, de la part des sujets, quant au fait de savoir si la racine peut être utilisée seule ou non (d'autant que certaines racines présentées aux sujets étaient encore des morphèmes libres au début du siècle).

En vue d'éviter ce biais éventuel, les auteurs présentent, dans l'Expérience III — qui est celle la plus souvent citée dans les travaux consacrés à la morphologie — des items constitués d'une racine ou pseudo-racine à laquelle est attaché un préfixe inapproprié (**dejuvenate/ *depertoire*). La réponse NON que les sujets devront fournir aux items formés d'un préfixe et d'une racine liée (**dejuvenate*) ne sera donc plus dépendante du statut lexical du morphème lié lui-même (**juvenate*), mais bien du statut lexical de la combinaison préfixe + racine.

Pour la mise à l'épreuve de l'hypothèse de décomposition morphologique, l'ajout d'un préfixe inapproprié change peu de choses. Dans le cas des items préfixés formés avec des racines réelles (**dejuvenate*), les auteurs font l'hypothèse qu'une fois le préfixe *de-* identifié et extrait, une recherche commence en vue de localiser l'entrée JUVENATE. Le contenu de l'entrée sera alors examiné de manière à déterminer si *de-* peut être combiné avec cette racine JUVENATE. En cas de réponse négative, une recherche additionnelle sera entreprise, car il se pourrait que **dejuvenate* soit représenté sous la forme d'une entrée unitaire, comme le serait *repertoire*. En revanche, pour les items préfixés formés avec une pseudo-racine (**depertoire*), aucune entrée correspondant à cette pseudo-racine (**pertoire*) ne sera localisée après extraction du préfixe, et la recherche additionnelle nécessaire pour vérifier que **depertoire* n'est associé lui-même à aucune entrée pourra être enclenchée dès ce moment. Par conséquent, les non-mots formés d'une racine réelle vont nécessiter une étape supplémentaire de traitement, celle liée à la vérification de la légitimité de la combinaison «préfixe + racine». On devrait donc s'attendre à ce que les délais de réponse pour ces items soient plus longs que pour ceux formés d'une pseudo-racine.

Pour constituer leur liste expérimentale, les auteurs sélectionnent 20 racines réelles et 20 pseudo-racines, auxquelles ils ajoutent des préfixes inappropriés. Ces 40 items expérimentaux sont présentés avec 50 items distracteurs (tous des mots préfixés) à 15 sujets.

Les résultats confirment les prédictions : les items préfixés non-mots qui renferment une racine réelle prennent plus de temps pour être rejetés, et occasionnent davantage d'erreurs (18.7 % vs 3.3 %) que les items renfermant une pseudo-racine. Ceci indique par ailleurs, selon les auteurs, que les résultats de la première expérience ne peuvent résulter d'une incertitude quant au statut, libre ou lié, du morphème lexical.

2. Les mots homographes d'une racine liée (*vent*) sont reconnus moins rapidement que les mots sans homographe lié (*fruit*).

A l'appui de leur hypothèse, les auteurs rapportent également une expérience (Taft et Forster, 1975; Expérience II) dans laquelle ils exploitent un autre effet d'interférence qu'induirait l'existence d'entrées lexicales correspondant à des racines liées. Il existe en anglais des séquences homographes telles que l'un des homographes correspond à un morphème libre et l'autre à un morphème lié. Par exemple, *vent* est un mot, un morphème libre, mais aussi la racine liée que l'on rencontre dans *prevent, advent, invent*. Ces deux unités homographes ayant des fonctions différentes, elles sont sans doute associées à des entrées distinctes, soit $VENT_1$ (morphème libre) et $VENT_2$ (morphème lié). Les auteurs font la prédiction que l'existence de $VENT_2$ va compliquer la reconnaissance de $VENT_1$, si $VENT_2$ a une fréquence d'occurrence dans la langue plus élevée que $VENT_1$. En effet, lors de la recherche lexicale qui serait entreprise pour identifier $VENT_1$ comme un mot, l'entrée $VENT_2$ — qui n'est pas un mot — sera localisée d'abord, ce qui va interférer avec la reconnaissance du mot *vent*[3]. Si cette analyse est correcte, des mots tels que *vent*, qui ont une fréquence inférieure à celle de leur homographe lié, seront reconnus moins rapidement que des mots ne connaissant pas d'homographe lié (par exemple, *fruit*). En revanche, les temps de réponse pour ces derniers ne différeront pas des temps de réponse pour des mots tels que, par exemple *card*, qui ont une fréquence supérieure à celle de leur forme liée homographe : pour *fruit*, comme pour *card*, aucune entrée non libre interférente ne sera rencontrée avant l'entrée libre appropriée.

Pour tester cette prédiction, les auteurs sélectionnent, d'une part, 20 mots qui ont une fréquence d'occurrence inférieure à celle de leur forme liée homographe (mots du type *vent*), qu'ils apparient en fréquence et longueur avec 20 mots de contrôle ne connaissant pas d'homographe (type *fruit*). D'autre part, ils retiennent 20 mots du type *card* (dont la fréquence est plus élevée que celle de la forme liée homographe), qu'ils apparient avec un ensemble différent d'items du type *fruit*[4]. Ces 80 mots sont présentés avec 60 items distracteurs (non-mots).

Les résultats obtenus vont dans le sens des prédictions : les mots du type *vent* prennent effectivement plus de temps pour être reconnus que les mots du type *fruit*, alors que les temps de réponse pour les mots du type *card* ne diffèrent pas de ceux observés pour les mots du type *fruit*. Les auteurs en concluent que l'effet d'interférence observé indique clairement que les racines liées sont stockées dans le lexique mental, au même titre que des formes libres.

3. Le modèle explicatif

Taft et Forster (1975) proposent un modèle pour la reconnaissance des mots, schématisé à la Figure 2 ci-dessous, capable de rendre compte des résultats dégagés dans les trois expériences.

Si les sujets prennent plus de temps pour fournir une réponse négative aux racines liées telles que **juvenate* qu'aux pseudo-racines du type **pertoire* (Expérience I), c'est que les premières engagent les étapes de traitement 1-4-5-4-7, alors que seules les opérations 1-4-7 sont impliquées pour les secondes. Ensuite, s'il faut plus de temps pour fournir une réponse positive pour les mots du type *vent* que pour les mots du type *card* (Expérience II), c'est que la reconnaissance de *vent* nécessite le passage par les étapes 1-4-5-4-5-6, alors que *card* peut être reconnu à la suite seulement des étapes 1-4-5-6. Enfin, le traitement des non-mots préfixés du type **dejuvenate* engage les opérations 1-2-3-2-4-7, alors que pour le traitement des non-mots pseudo-préfixés du type **dépertoire*, seules les opérations 1-2-4-7 sont nécessaires — ce qui explique les latences plus longues observées pour les items du premier type (Expérience III).

Notons que dans cette première élaboration du modèle, les auteurs mettent surtout l'accent sur le fait que la représentation associée à un mot préfixé se trouve subsumée sous la représentation de sa racine. Si la

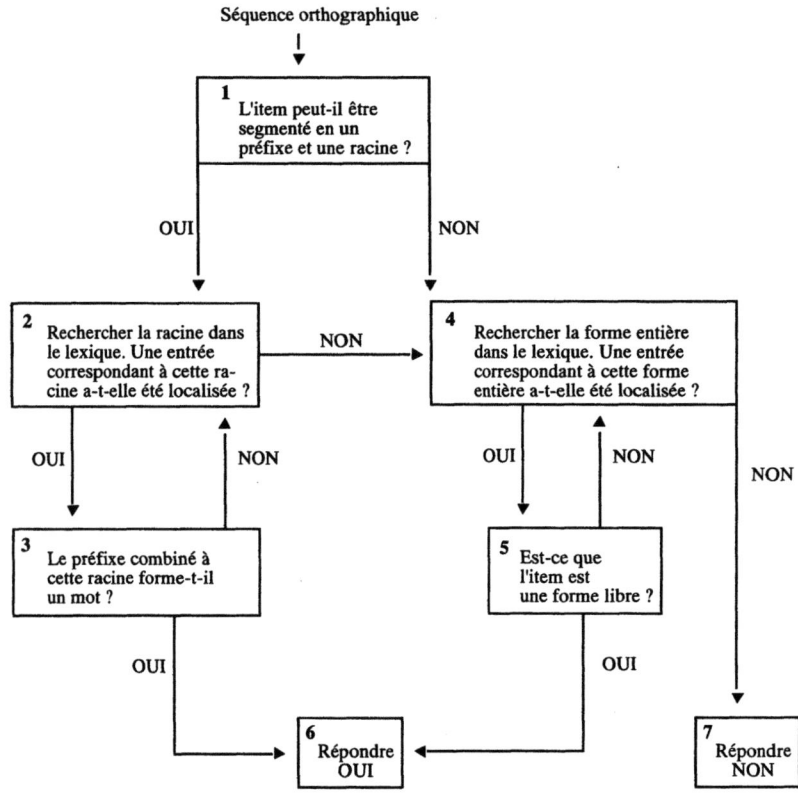

Fig. 2 — *Modèle de reconnaissance des mots, d'après Taft et Forster (1975 : 644).*

notion de décomposition morphologique prélexicale est introduite dans la modélisation des effets observés, c'est parce qu'elle apparaît comme une conséquence logique du mode de représentation des mots préfixés :

> «In order to explain the results of the experiments reported in this paper, essentially one must explain why *juvenate* and *rejuvenate* are more similar to each other than *pertoire* and *repertoire*, and why *dejuvenate* and *rejuvenate* are more similar than *depertoire* and *repertoire*. The model proposed does this first by assuming that *rejuvenate* is actually stored as *juvenate*, but *repertoire* is not stored as *pertoire*; and second, by assuming that any prefixes on the test item are discarded temporarily while the search takes place» (Taft et Forster, 1975 : 644).

Les questions procédurales doivent cependant être traitées séparément des questions représentationnelles, au moins théoriquement : on peut envisager que des procédures d'accès morphologiquement déterminées soient utilisées pour activer des représentations unitaires et, à l'inverse, que des procédures unitaires puissent être appliquées pour accéder à des représentations décomposées. La formulation ultérieure du modèle (Taft 1979a, 1981, 1985, 1988) introduit d'ailleurs une distinction nette entre procédure et représentation. Taft dissocie alors les représentations *sublexicales* (codes d'accès opérant dans les fichiers périphériques) des représentations proprement *lexicales* (situées dans le système central ou *master file*). L'appariement du code sensoriel et du code lexical a lieu dans le système périphérique, où la représentation des mots polymorphémiques, leur code d'accès, correspond à leur morphème lexical (plus précisément, la première syllabe de leur racine; voir Taft, 1979b, 1985, 1986, 1987; Taft et Forster, 1976). Quand un appariement satisfaisant entre le stimulus et le code d'accès est réalisé, l'information lexicale complète sur le mot est récupérée dans le système central, où les représentations sont celles des mots complets.

B. AMBIGUÏTÉS ET LIMITES DES RÉSULTATS RAPPORTÉS PAR TAFT ET FORSTER

Les résultats rapportés par Taft et Forster (1975), ainsi que les interprétations qui en ont été dégagées, ont fait l'objet de discussions dans la littérature. D'une part, il semble que le contrôle de divers paramètres susceptibles d'influencer le temps de réponse des sujets ait été insuffisant. D'autre part, les résultats s'avèrent compatibles avec des interprétations autres que celle choisie par Taft et Forster.

1. Deux variables mal contrôlées : le degré de ressemblance lexicale et la fréquence d'occurrence des fragments non-mots

Un des arguments expérimentaux essentiels avancés par Taft et Forster à l'appui de leur hypothèse se rapporte au temps mis par des sujets pour effectuer une décision lexicale sur divers types de non-mots. Ils rapportent ainsi (Expériences I et III) que les sujets rejettent plus lentement des non-mots impliquant des morphèmes lexicaux liés (*juvenate* ou *dejuvenate*) que des non-mots impliquant des fragments de mots non morphémiques (*pertoire* ou *depertoire*).

Selon Henderson (1985), cet effet serait exclusivement lié au fait que les premiers ressemblent davantage à des mots que les seconds. En vue de contrôler cette variable, Taft et Forster sélectionnent des racines et des pseudo-racines qui se différencient de manière équivalente des mots dont elles sont, les unes et les autres, issues : les non-mots *juvenate* et *dejuvenate* sont au mot *rejuvenate*, ce que les non-mots *pertoire* et *depertoire* sont au mot *repertoire*. Mais cette précaution est insuffisante, car la plupart des racines réelles utilisées sont «polygames», c'est-à-dire qu'elles entrent dans d'autres combinaisons que celle prise en considération. Ainsi, bien que Taft et Forster opposent la racine -*semble* à la pseudo-racine -*sassin*, qui sont toutes deux issues de mots amputés du même fragment *as*- (*assemble* et *assassin*), ils ne tiennent aucun compte du fait que -*semble* se retrouve également dans *resemble*, *dissemble* et *semblance*.

Que les racines réelles soient polygames, alors que les pseudo-racines sont le plus souvent monogames, peut aussi avoir pour conséquence que les premières ont en réalité une fréquence d'usage plus élevée que les secondes. Selon Manelis et Tharp (1977), les résultats dégagés par Taft et Forster sont peut-être un artefact lié à cette propriété. La fréquence attribuée à chaque item non-mot correspondait à la fréquence d'occurrence du mot dont il était issu : la racine -*sults* a été appariée à la pseudo-racine -*nings* sur la base de la fréquence d'occurrence similaire de *insults* et *innings*. Or, la fréquence respective de -*sults* et -*nings* aurait dû être calculée en prenant également en considération les autres mots dans lesquels ces fragments apparaissent. Ainsi, la fréquence de la racine -*sults* correspondrait à la somme des fréquences de *insults*, *results* et *consults*. Le problème vaut, en principe, pour les deux types d'items, mais il s'avère, selon les comptages effectués par Manelis et Tharp (d'après les relevés de Kučera et Francis, 1967), que la fréquence cumulée moyenne des racines réelles est plus élevée que celle des pseudo-racines : dans l'Expérience I, la fréquence cumulée moyenne des racines réelles s'élevait à 84 et celle des pseudo-racines à 14 seulement ; dans l'Expérience III, les moyennes étaient respectivement de 76 et 13. Or, estiment ces auteurs, les fragments de mot fréquents, qu'ils constituent ou non des fragments morphémiques, sont davantage susceptibles d'être représentés dans le lexique que des fragments non fréquents. L'interprétation que proposent Taft et Forster de leurs résultats resterait valable, à ceci près que la présence d'un fragment dans le lexique ne serait pas déterminée nécessairement par son caractère morphémique, mais plutôt par sa fréquence d'occurrence élevée.

Cette interprétation alternative des résultats nous paraît pour le moins curieuse : à quelles fins des fragments de mots sans signification seraient-ils représentés dans le lexique mental ? Manelis et Tharp appuient leur interprétation sur une étude de Taft et Forster (1976), qui ont montré que le lexique ne contenait pas seulement des items dotés d'une signification propre, mais aussi des syllabes, qui interviendraient comme unités perceptives dans les processus d'accès lexical. Il faut toutefois préciser que, pour Taft et Forster (1976), les syllabes (en fait, les syllabes initiales des mots) seraient représentées dans le système d'accès au lexique, et non pas dans le lexique propre. Elles serviraient en fait de codes d'accès dans le processus de reconnaissance de mots. Mais si, ainsi que semble le suggérer l'interprétation proposée par Manelis et Tharp, seuls des fragments *fréquents* servaient de code d'accès, par quel code d'accès seraient donc reconnus les mots qui ne renferment pas de fragment fréquent ?

Si cette interprétation nous paraît ne pas devoir être retenue, il reste que l'on ne peut exclure que la différence de fréquence cumulée existant entre les racines et les pseudo-racines (ou bien que la «polygamie» des premières et la «monogamie» des secondes) ait eu un effet déterminant sur les temps de rejet des non-mots. On peut s'attendre, en effet, à ce que les non-mots soient d'autant plus difficiles à rejeter qu'ils constituent ou qu'ils renferment une séquence orthographique plus familière.

Quoi qu'il en soit, il semble que ce biais éventuel ne peut remettre fondamentalement en cause les résultats rapportés par Taft et Forster (1975). Taft (1979a), dans la réponse qu'il adresse à Manelis et Tharp (1977), signale en effet qu'en dépit du fait qu'en moyenne, la fréquence cumulée est plus élevée dans le cas des racines que des pseudo-racines, il existait néanmoins des paires d'items pour lesquelles ce biais n'existait pas (ou pour lesquelles on pouvait noter un biais dans le sens opposé) et qui se comportaient néanmoins de manière analogue : il relève aussi des temps de réponse plus longs pour les racines que pour les pseudo-racines dans les cas où les deux types d'items ont une fréquence cumulée équivalente, ou lorsque la fréquence cumulée de la racine est plus faible que celle de la pseudo-racine.

2. La valeur de l'interprétation proposée

Taft et Forster (1975) interprètent leurs résultats dans les termes suivants :

> «The results of the preceding experiments are all consistent with the assumption that a morphological analysis of words is attempted prior to lexical search» (Taft et Forster, 1975 : 643).

Nous allons montrer que, si les données obtenues sont effectivement *compatibles* avec cette explication, on ne peut cependant considérer qu'elles *démontrent* de manière indiscutable que

a) une analyse morphologique est réalisée sur des *mots*
b) cette analyse opère *avant* l'accès lexical
c) l'analyse intervient de manière *automatique* et obligatoire.

a) *Les résultats obtenus par Taft et Forster nous informent-ils sur les procédures de reconnaissance utilisées pour les mots ?*

Ce n'est pas le moindre des paradoxes que les données essentielles avancées par Taft et Forster (1975) à l'appui de l'idée que les *mots* préfixés les plus familiers doivent être décomposés pour être reconnus sont basées sur des réponses fournies par des sujets à divers types de *non-mots*. Peut-on considérer que des résultats basés sur des temps de réponse à des *non-mots* sont pertinents pour une théorie de la reconnaissance des *mots* ?

La difficulté réside dans la possibilité que des processus spécifiques soient engagés dans le traitement des non-mots, processus qui n'interviendraient aucunement dans le traitement des mots. On sait que, dans une tâche de décision lexicale, il faut davantage de temps pour rejeter un non-mot que pour accepter un mot[5]. Or, que connaissons-nous des processus qui précèdent l'émission de la réponse ? Autrement dit, quelles inférences est-on autorisé à faire, lorsqu'on dispose de la mesure du temps nécessaire à l'émission d'une réponse NON, à propos des mécanismes que ce temps est censé refléter ?

Le problème se pose bien entendu aussi dans le cas d'une réponse positive à un mot, mais dans une moindre mesure, puisqu'en l'occurrence la réponse a pu être enclenchée dès qu'un appariement satisfaisant a été opéré entre le stimulus et une représentation lexicale. Lorsque le stimulus présenté n'est pas un mot, la réponse (négative) est au contraire déterminée par la non-apparition d'un événement — le fait qu'aucune entrée lexicale n'a pu être contactée. Mais, compte tenu du fait qu'un événement n'apparaissant pas à un moment t, pourrait bien apparaître à un moment $t + n$, à quel moment la réponse NON peut-elle être enclenchée sans risque d'erreur ?

Dans le contexte du modèle de recherche lexicale active développé par Forster (1976), cette question trouve une réponse relativement simple :

> «all, or nearly all of the entries in the master file must be searched before a "No— decision can be made» (Forster, 1976 : 273).

Si on envisage, au contraire, que le processus d'accès lexical opère de manière parallèle et passive, l'enclenchement de la réponse NON peut être expliqué par la fixation d'un temps limite :

> «A rule may be applied to the logogen system saying "If no logogen has reached threshold by t msec after stimulus onset, decide that none is going to, and respond "no—. If t is greater than the threshold time for the slowest logogen, this rule will produce error-free "no—responding» (Coltheart, Davelaar, Jonasson et Besner, 1977 : 546).

Telles quelles, ces deux propositions sont cependant incapables d'expliquer pourquoi les temps de décision pour les non-mots peuvent varier considérablement en fonction de leur degré de ressemblance avec les mots (Coltheart *et al.*, 1977; Stanners et Forbach, 1973). Pour en rendre compte, Forster (1976) introduit un postulat supplémentaire dans le modèle de recherche. Dans le système d'accès, les critères d'appariement entre le code sensoriel et le code d'accès seraient relativement peu stricts. Si un non-mot fort similaire à un mot est présenté, la procédure de recherche pourra ainsi s'arrêter sur un code d'accès qui adressera une entrée incorrecte dans le système central (*master file*). La recherche lexicale devra alors être réinitialisée dans le système d'accès, une fois que cette entrée aura été confrontée au stimulus. De leur côté, Coltheart *et al.* (1977) proposent une hypothèse explicative dans laquelle la valeur du temps limite peut être ajustée au cours même du traitement. Ils prévoient un mécanisme capable de «percevoir» le niveau général d'excitation présent dans les logogènes avant qu'un seuil ait été atteint ou que le temps limite soit venu à expiration. Avant la présentation d'un stimulus, ce temps a une valeur assez faible. Si, à la suite de la présentation d'un item, le niveau général d'excitation s'accroît rapidement, la valeur du temps limite augmentera aussi puisque, dans de telles circonstances, il est probable que l'item présenté soit un mot; si, à l'inverse, le système logogène demeure plutôt stable, la valeur du temps limite restera faible, puisqu'il y a, dans ces conditions, peu de probabilités que l'item soit un mot. Par conséquent, plus un non-mot ressemblera à un mot, plus le niveau général d'excitation dans le système sera élevé, et plus le temps limite fixé pour la réponse NON sera long.

Ces propositions illustrent à tout le moins la complexité des mécanismes impliqués dans le processus de rejet des non-mots. Forster (1985) ajoute par ailleurs que les critères de décision dépendraient partiellement du système cognitif central, puisqu'ils peuvent être ajustés par le sujet qui prendrait conscience, par exemple, qu'il vient d'émettre trop de réponses négatives prématurées. Enfin, Henderson (1985) a souligné la possibilité que la décision de mettre fin à la recherche lexicale n'intervienne qu'à la suite de la mise en œuvre de procédures de contrôle ou de recherche supplémentaire, qui ne seraient évidemment pas menées dans le cas des mots.

Bref, si l'on peut faire l'hypothèse que, dans une tâche de décision lexicale, une réponse positive peut être enclenchée dès le contact avec l'entrée lexicale appropriée, l'événement ou les processus qui se trouvent à l'origine d'une réponse négative à un non-mot sont bien moins clairs, comme le sont aussi les facteurs susceptibles d'influencer le temps nécessaire à leur exécution. Ceci ne signifie pas, pour nous, qu'il faille rejeter a priori tout résultat obtenu avec des stimuli non-mots, mais plutôt que la prudence s'impose dans l'interprétation des résultats. Pour être retenue, celle-ci se devrait d'être confirmée par des observations relevées à propos de stimuli lexicaux.

b) A quel moment intervient la décomposition morphologique ?

Il reste qu'il est une expérience parmi celles rapportées par Taft et Forster (1975) qui échappe à cette objection : il s'agit de l'Expérience II, dans laquelle ces auteurs analysaient les temps de réponse associés à des *mots* qui avaient pour homographes des racines liées (*vent*). Les résultats obtenus à cette expérience indiquent, de manière plus convaincante, que des morphèmes lexicaux liés sont représentés dans le lexique mental[6]. Si l'on accepte cette interprétation, on peut aussi accepter l'idée que c'est l'existence de telles représentations morphémiques qui est responsable de l'allongement du temps de rejet pour les non-mots **juvenate* et **dejuvenate*, comparativement aux non-mots **pertoire* et **depertoire* dans les Expériences I et III (sous réserve, bien sûr, que cette observation ne puisse être remise en cause par les biais éventuels signalés plus haut).

Là où nous ne pouvons plus suivre Taft et Forster, c'est lorsqu'ils interprètent cette observation comme une indication de ce que les mots préfixés ne peuvent être reconnus que via la représentation de leur racine : les résultats indiquent que des morphèmes liés sont représentés dans le lexique, ils n'indiquent pas que *seuls* les morphèmes y sont représentés. Que *-juvenate* soit doté d'une représentation n'exclut en aucune façon que *rejuvenate* le soit aussi. Les résultats des Expériences I (**juvenate/*pertoire*) et II (*vent/fruit/card*) ne signalent en aucune manière la nécessité, pour un mot préfixé, d'être décomposé avant d'être reconnu, ils indiquent seulement que des morphèmes liés peuvent *aussi* avoir un statut lexical.

Quant aux observations relevées dans le cadre de l'Expérience III (**dejuvenate/*depertoire*), elles ne sont en revanche interprétables (toujours en écartant l'influence éventuelle des biais signalés plus haut) qu'à la condition de faire l'hypothèse que les sujets ont décomposé les stimuli préfixés qui leur étaient présentés. Toutefois, rien n'indique que cette décomposition ait bien pris place *avant* toute autre procédure de recherche lexicale. Les résultats sont également compatibles avec l'idée qu'une décomposition morphologique prendrait place *après* que la recherche lexicale se serait révélée infructueuse. La procédure d'extraction du préfixe pourrait constituer, en l'occurrence, une stratégie additive dans le cas où l'accès au mot complet échoue — stratégie qui pourrait être aussi utilisée dans la lecture habituelle, lorsque des formes nouvelles ou rares sont rencontrées. Dans cette perspective, on comprendrait à quelles fins le lexique serait doté de représentations correspondant à des morphèmes liés : ces représentations seraient utilisées pour recouvrer le sens (possible) attaché à une combinaison morphémique non encore rencontrée jusqu'alors. En d'autres termes, même si l'on peut maintenir qu'une procédure d'extraction du préfixe a bien eu lieu lors du traitement des non-mots **dejuvenate* et **depertoire*, cette observation n'implique pas nécessairement que le mot *rejuvenate* doive également faire l'objet d'une décomposition pour être reconnu. Les effets d'interférence observés dans cette expérience de décision lexicale peuvent être expliqués dans le cadre d'une conception du lexique qui comporterait *à la fois* des représentations unitaires *et* des représentations morphémiques pour les mots préfixés. Ceux-ci, ayant des représentations unitaires, ne devraient pas être obligatoirement décomposés avant d'être reconnus — mais ils pourraient l'être dans *certaines circonstances*, lorsque la représentation unitaire n'existe pas ou n'est pas accessible.

Taft, Hambly et Kinoshita (1986) ont rejeté toute explication alternative de ce type. Selon eux, la représentation lexicale des racines liées latines ne pourrait en aucune manière aider le lecteur à comprendre des néologismes, puisque, font-ils remarquer, de telles racines ne sont associées à aucune signification précise. Si la lecture habituelle des mots préfixés reposait effectivement sur l'accès au mot complet, la représentation des racines n'aurait donc aucune utilité. Implicitement donc, Taft *et al.* (1986) considèrent que des unités dénuées de sens peuvent constituer des morphèmes. Comment, dans ces conditions, les distinguent-ils donc des pseudo-racines auxquelles elles sont comparées dans leurs expériences ? Il est clair que cette argumentation manque de cohérence. En outre, nous avons dit précédemment ce que nous pensions des analyses morphémiques qui visaient à dissocier le plan sémantique du plan formel (cf. Première Partie, Chapitre II; pp. 36 sv.).

Enfin, quand bien même on accepterait l'idée que le processus de reconnaissance des mots préfixés doit passer par une décomposition morphologique, parce que seules les racines seraient représentées en mémoire, il resterait que les résultats obtenus dans les trois expériences de Taft et Forster (1975) ne permettent en aucune façon de déterminer que cette décomposition opère *avant* toute autre recherche lexicale.

Taft et Forster (1975) admettent d'ailleurs que leurs résultats pourraient s'expliquer en postulant que tous les mots, quelle que soit leur structure, font d'abord l'objet d'une recherche lexicale basée sur une séquence correspondant au mot entier. Une décomposition n'aurait lieu que dans le cas où cette recherche échouerait, c'est-à-dire pour tous les mots préfixés puisqu'ils ne seraient représentés que sous la forme de leur racine. Les auteurs écartent cette interprétation en avançant deux arguments. D'abord, un argument théorique : puisqu'un tel système conduirait à des temps de reconnaissance plus longs pour les mots préfixés que pour les mots monomorphémiques, et que par conséquent les mots préfixés seraient reconnus plus vite s'il n'y avait pas de décomposition morphologique (si *rejuvenate* était représenté sous l'entrée REJUVENATE), la décomposition morphologique n'aurait plus aucune utilité. Ensuite, un argument expérimental : Taft, Forster et Garrett (1974) n'auraient observé aucune différence entre des mots préfixés et des mots non préfixés quant au temps nécessaire à leur reconnaissance dans une tâche de décision lexicale. Ce dernier argument, qui pourrait être décisif, se trouve néanmoins considérablement affaibli du fait que les auteurs ne fournissent aucune précision à propos de cette étude non publiée[7].

c) *La décomposition morphologique est-elle obligatoire ?*

Rubin, Becker et Freeman (1979), qui ne contestent pas, sur le fond, l'interprétation que donnent Taft et Forster (1975) de leurs résultats, défendent néanmoins l'idée que la procédure décomposée ne constituerait pas la procédure d'accès *habituelle* pour la reconnaissance des mots préfixés. Si les sujets, dans l'Expérience III de Taft et Forster, ont manifestement traité les stimuli en recourant à une procédure de décomposition morphologique, c'est à la composition de la liste expérimentale qu'il faut l'attribuer : la moitié des stimuli présentés aux sujets étaient des mots préfixés, alors qu'ils ne représenteraient que 15 % de l'ensemble des mots dans un corpus de texte dépouillé par Rubin *et al.* La surreprésentation des mots préfixés sur la liste expérimentale aurait conduit les sujets à adopter une procédure d'accès fondée sur une décomposition morphologique, mais cette procédure ne serait utilisée, dans des conditions habituelles de lecture, que lorsque le lecteur se trouverait confronté à des combinaisons morphémiques inconnues.

A l'appui de cette hypothèse, ils rapportent les résultats de deux expériences de décision lexicale (que nous détaillerons plus loin; cf. Chapitre V, § A.) dans lesquelles ils ont fait varier la proportion de mots préfixés. Ils ont observé que la structure morphémique des items n'affectait le temps de décision lexicale que lorsque la liste expérimentale était constituée, de manière prédominante, par des mots préfixés. Aucun effet morphologique n'a été relevé avec une liste expérimentale à prédominance monomorphémique.

Nous verrons que ces résultats sont en réalité discutables, mais nous retiendrons néanmoins la possibilité que le contexte linguistique de présentation des stimuli puisse induire des procédures de reconnaissance de nature stratégique, qui ne seraient pas impliquées dans des circonstances habituelles de lecture. Le rôle du contexte sur la nature du traitement appliqué aux stimuli a en effet pu être démontré à d'autres occasions.

Ainsi, Peterson et LaBerge (1976)[8] ont observé que les sujets traitaient le digramme *ch* comme une seule unité lorsque les stimuli présentés étaient essentiellement constitués de groupes de lettres fréquemment associées dans la langue. Lorsque, en revanche, ce même digramme était présenté sur une liste contenant surtout des groupes de lettres inhabituelles (par exemple, *hc*), le même digramme *ch* était traité comme constitué de deux lettres distinctes.

Un effet contextuel apparaît également dans une étude de Manelis et Tharp (1977; Expérience I) portant sur les procédures de reconnaissance visuelle des mots suffixés. Dans cette étude, on présente aux sujets deux items conjointement, et on leur demande de décider si les deux items sont ou non des mots. Parmi les paires lexicales, certaines étaient composées de deux mots dotés de la même structure morphémique (soit deux mots suffixés, soit deux mots pseudo-suffixés[9]), d'autres étaient constituées de deux mots de structure différente (un mot suffixé et un mot pseudo-suffixé). Les résultats ont indiqué que les réponses étaient plus rapides pour les paires uniformes que pour les paires mixtes. Parmi ces dernières, ce sont les paires dans lesquelles les mots suffixés précédaient les mots pseudo-suffixés qui ont entraîné les réponses les plus lentes. Ceci suggère que le contexte de présentation d'un stimulus, dans ce cas le premier mot de la paire, est susceptible d'influencer les procédures de traitement qui lui sont appliquées[10].

Enfin, dans le domaine français, Colé *et al.* (1986) ont observé un effet lié aux propriétés morphologiques des items présentés dans le contexte de mots soumis à une décision lexicale. Ainsi, les mots suffixés ont été associés à des réponses plus rapides lorsqu'ils étaient précédés d'un mot-contexte de même structure morphologique, que lorsqu'ils étaient précédés d'un mot-contexte pseudo-suffixé (Expérience I). De même, les mots suffixés ont été plus rapidement reconnus dans une condition où ils étaient présentés à la suite de 10 mots suffixés, que dans une condition où ils étaient précédés de 10 mots monomorphémiques (Expérience II). Il faut souligner, toutefois, que le traitement des mots préfixés et pseudo-préfixés ne s'est pas révélé sensible au contexte, dans aucune de ces deux expériences.

En définitive, l'ambiguïté des données rapportées par Taft et Forster (1975) tient pour l'essentiel aux caractéristiques des items expérimentaux utilisés. Ceux-ci ont peu de choses en commun avec les items concernés par l'hypothèse de décomposition morphologique prélexicale : cette hypothèse se rapporte aux mots préfixés, alors que les performances observées se rapportent au traitement de non-mots (Expériences I et III), ou de mots monomorphémiques (Expérience II). Il est clair que des observations établies à propos de *mots* complexes seraient davantage susceptibles d'emporter l'adhésion. C'est la raison pour laquelle nous nous concentrerons, dans les chapitres qui suivent, sur les travaux qui ont mesuré les effets éventuels de la préfixation sur les performances des sujets en lecture et reconnaissance de *mots*.

NOTES

[1] Dans ce type d'expériences, on présente aux sujets des stimuli correspondant tantôt à des mots, tantôt à des non-mots. Leur tâche est de signaler le plus rapidement possible si chacun des stimuli est un mot ou non dans leur langue en pressant une des deux touches (oui/non) mises à leur diposition. Le temps mis par le sujet pour émettre sa réponse est enregistré et constitue la variable dépendante.

[2] Nous utilisons ici les termes de «racines» et «pseudo-racines», en dépit du fait que les auteurs désignent ces fragments par les termes anglais «stem» et «pseudo-stem». Mais il faut signaler que les «racines» en cause dans cette publication et dans des publications ultérieures du (des) même(s) auteur(s) ne renvoient en réalité, ni à ce qui est communément appelé «racine» (ou «root»), ni à ce qui est généralement désigné par le terme «radical» (ou «stem»). Les fragments étudiés correspondent en fait aux segments que l'on peut isoler dans des mots après qu'on en ait extrait le préfixe. Des suffixes flexionnels ou dérivationnels peuvent donc être inclus dans ce segment.

[3] Rappelons que les auteurs souscrivent au modèle de recherche lexicale de Forster (1976), selon lequel les entrées lexicales sont ordonnées dans le lexique en fonction de leur fréquence d'occurrence dans la langue, les entrées les plus fréquentes étant rencontrées les premières.

[4] Les performances pour les mots du type *vent* et du type *card* n'ont pas été comparées entre elles car les fréquences d'usage de ces deux types de mots n'ont pu être contrôlées.

[5] La seule exception à cette règle concerne les non-mots constitués d'une séquence orthographique tout à fait improbable dans une langue donnée (par exemple, *lpstrch*), qui sont rejetés plus rapidement que ne sont acceptés des mots familiers. De tels non-mots sont probablement rejetés avant même toute consultation du lexique.

[6] Nous devons cependant signaler que, selon Cutler (1983), ce résultat serait également artefactuel. La critique formulée tient au choix de la fréquence de référence pour l'appariement des mots contrastés. Lorsqu'on considère non plus la fréquence propre d'une forme, mais la fréquence cumulée de toutes ses variantes fléchies, il s'ensuit que 16 des 20 mots du type *vent* (dont la fréquence serait inférieure à celle de la racine liée homographe) sont en réalité moins fréquents que les mots du type *fruit* (qui ne connaissent pas d'homographe) avec lesquels ils ont été pairés. Ceci serait suffisant pour expliquer que les mots du type *vent* ont été associés à des temps de réponse plus lents que ceux du type *fruit*.

[7] Ajoutons que les auteurs reconnaissent que leurs résultats sont tout à fait compatibles avec des formulations quelque peu différentes de leur modèle. La première s'en distinguerait par le fait que la recherche lexicale sur le mot entier opérerait *en parallèle* avec la recherche décomposée, et non pas *successivement* à celle-ci. La seconde diffère du modèle proposé quant à la manière dont les préfixes sont représentés dans l'entrée lexicale de la racine : *rejuvenate* peut être représenté sous une forme entière, mais analysée, du type RE(JUVENATE). Comme le stimulus **juvenate* partage un élément structurel avec l'entrée RE(JUVENATE), il se produirait une interférence lorsqu'il doit être traité dans une tâche de décision lexicale, interférence qui n'aurait pas lieu pour le traitement de **pertoire*, pour lequel la représentation correspond à REPERTOIRE. Il faut souligner que ces deux propositions supplémentaires incluent néanmoins toujours l'idée qu'une décomposition morphologique est impliquée dans le stockage et la récupération des items lexicaux complexes.

[8] Etude rapportée par Rubin *et al.* (1979).

[9] Il s'agit de mots monomorphémiques dont le fragment final est homographe d'un suffixe.

[10] Signalons que, pour les auteurs, cet effet d'interférence ne serait pas lié à l'usage de procédures d'accès différentielles, mais plutôt à des effets d'interférence d'origine sémantique.

Chapitre II
Décomposition morphémique et reconnaissance des mots : quels sont les effets attendus ?

Dans l'hypothèse où les mots préfixés doivent être soumis à une décomposition morphologique, quels en seraient les effets sur les performances en reconnaissance des mots ? Plusieurs travaux, pour la plupart antérieurs à celui de Taft et Forster (1975), ont formulé la prédiction que le traitement des mots préfixés serait plus complexe et donc plus lent que celui des mots monomorphémiques, si les premiers enclenchaient effectivement une décomposition morphologique. Ils se sont alors attachés à mesurer cet éventuel accroissement de la complexité computationnelle en contrastant, dans des tâches diverses, le temps nécessaire au traitement de mots préfixés et de mots non préfixés. Ces travaux, nous allons le voir, ont abouti à des résultats peu concluants, qui pourraient être attribués à une hypothèse de travail erronée : une opération de décomposition morphologique n'aurait peut-être pas pour conséquence d'accroître la difficulté de traitement. Elle a donc été abandonnée dans les travaux ultérieurs, au profit de prédictions plus élaborées quant aux effets attendus de la préfixation sur les performances en reconnaissance des mots.

A. LE COÛT COMPUTATIONNEL DE LA PRÉFIXATION

Les premières études qui se sont intéressées à l'effet de la structure morphologique des mots sur les performances en lecture avaient pour cadre général la recherche des corrélats psychologiques de la complexité linguistique. La complexité morphologique en constituait une des dimensions, à côté de la complexité syntaxique et sémantique, desquelles elle n'a toutefois pas toujours été maintenue séparée. Ainsi, les études dont nous allons maintenant faire état (Cutler, 1983; Sherman, 1973, 1976) ont tenté de mesurer l'accroissement de la complexité computationnelle associée à l'affixation, en même temps que celui associé à la complexité sémantique et syntaxique (nous ne rapporterons, cependant, que les résultats ayant trait à l'affixation).

L'étude de la difficulté computationnelle associée à la complexité syntaxique a notamment porté sur les effets relatifs de divers types de négation sur le temps de compréhension des phrases (Clark et Clark, 1977; Just et Carpenter, 1971; Klima, 1964). On a opposé ainsi la négation syntaxique (*not*), à la négation sémantique (adjectifs marqués, renfermant un sens négatif, comme *sad* ou *rude*), et à la négation morphologique (exprimée par un préfixe négatif).

Sherman (1973) a mesuré les effets relatifs de la présence de *not* et du préfixe négatif *un-* dans une phrase sur le temps nécessaire à sa compréhension. L'auteur a sélectionné 8 paires d'adjectifs, chacune des paires étant constituée par la forme de base (*happy*) et son contraire morphologique (*unhappy*). Pour chacune de ces paires, huit phrases sont créées, dont quatre décrivent un événement plausible, et les quatre autres un événement peu plausible. Dans chacun de ces deux sous-groupes, les phrases se différencient selon qu'elles sont affirmatives ou négatives et selon la nature de la négation (...*she was happy/...she was unhappy/...she was not happy/...she was not unhappy*). Il est demandé aux sujets de juger, le plus rapidement possible, de la plausibilité sémantique des phrases qui leur sont présentées sur un écran. Les temps de réponse s'avèrent tous significativement différents pour ces quatre types de phrases. Les réponses les plus rapides sont observées pour les phrases affirmatives. Viennent ensuite, dans l'ordre croissant des temps de réponse observés, les phrases renfermant un préfixe négatif, les phrases négatives et les phrases renfermant les deux types de négation. Ces résultats indiqueraient, selon Sherman, que les adjectifs préfixés sont plus complexes, au plan cognitif, que leur forme de base, puisqu'ils provoquent un accroissement de la difficulté de compréhension des phrases dans lesquelles ils sont insérés. Signalons toutefois que ni la longueur des phrases présentées, ni la fréquence d'occurrence des adjectifs n'ont été contrôlées au travers des quatre types de phrases. Or, inévitablement, les phrases affirmatives sont aussi les plus courtes et les phrases contenant deux négations les plus longues; de même, celles construites avec un adjectif préfixé totalisent — forcément — deux lettres de plus que les phrases construites avec l'adjectif de base. Admettons que ce paramètre pourrait n'avoir eu qu'un effet négligeable. Mais cela pourrait bien ne pas être le cas pour l'autre paramètre non contrôlé, la fréquence respective des adjectifs préfixés et non préfixés.

Ces résultats n'ont pu être répliqués dans une expérience similaire réalisée ultérieurement par le même auteur (Sherman, 1976 ; Expérience II). Dans ce cas, la seule présence d'un préfixe négatif n'a pas produit d'accroissement de la difficulté de compréhension de la phrase dans laquelle il était inséré (difficulté mesurée, ici aussi, par le temps mis par les sujets pour estimer la plausibilité sémantique de la phrase présentée). En fait, la négation préfixale n'a augmenté la difficulté de traitement des phrases que lorsque celles-ci renfermaient, outre la négation préfixale, deux autres éléments négatifs (à savoir, un verbe marqué — par exemple, *doubted* — et l'adverbe *not*). Dans l'expérience précédente (Sherman, 1973), le préfixe négatif rendait les phrases plus difficiles à interpréter, même lorsqu'il constituait le seul élément de négation dans la phrase. La divergence des résultats dégagés par les deux expériences peut être attribuée à une différence dans la procédure expérimentale utilisée. En effet, les sujets de la première expérience (Sherman, 1973) ont été soumis à la fois à des phrases contenant *not un-* et des phrases contenant seulement *un-*. On peut penser que, étant parfois confrontés à la double négation *not un-*, les sujets ont différé leur réponse chaque fois qu'ils rencontraient une forme préfixée — et donc, même en présence du seul préfixe négatif — en vue de vérifier qu'ils n'avaient pas affaire à une double négation (Sherman, 1976 : 152). Cette stratégie n'a pu s'appliquer dans la seconde expérience (Sherman, 1976), où deux sous-groupes de sujets avaient été constitués de manière à ne pas soumettre aux mêmes individus des phrases renfermant la seule négation préfixale *et* des phrases à multiples négations[1].

En vue d'expliquer le fait que le préfixe négatif n'augmente la difficulté de compréhension des phrases que lorsqu'il apparaît avec d'autres négations, Sherman (1976) fait l'hypothèse qu'un adjectif préfixé peut être décodé de deux manières différentes — soit comme une unité lexicale simple, non analysée, soit comme une unité complexe «*not* + adjectif». Les sujets confrontés aux phrases ne contenant que l'adjectif préfixé l'auraient traité comme une unité simple, alors que les sujets confrontés aux phrases à négations multiples auraient décodé l'adjectif préfixé comme une unité complexe. Un traitement décomposé aurait lieu dans le cas des phrases plus complexes, parce que, selon Sherman, l'existence de multiples négations dans une phrase conduirait le lecteur à en extraire rapidement toutes les négations possibles de manière à les inclure conjointement dans le traitement.

On peut se demander, cependant, si les items lexicaux préfixés sont eux-mêmes directement responsables de l'augmentation de la difficulté de traitement. Le problème réside en ce que la tâche proposée aux sujets dans ces expériences ne mesure pas directement le temps d'accès lexical, pas plus d'ailleurs que le temps de compréhension de la phrase. Vérifier la plausibilité sémantique d'une phrase exige, de la part du sujet, un jugement à propos du contenu de cette phrase. Il est impossible, dans ces conditions, de déterminer si l'effet dû à la présence d'une négation porte sur le temps d'accès lexical, le temps de compréhension ou bien le temps de vérification (Cutler, 1983).

Cutler (1983 : 51-53) rapporte des études non publiées dans lesquelles l'éventuelle complexité de traitement liée à la préfixation a été mesurée au travers de tâches plus spécifiquement lexicales. Dans une tâche de détection de phonèmes[2], Cutler a mesuré le temps de réponse pour des phonèmes-cibles précédés de verbes ou d'adjectifs tantôt préfixés (à l'aide d'un préfixe négatif), tantôt non préfixés. Les items ainsi opposés étaient appariés en fréquence et en longueur. Les temps de latence dans les deux conditions ne se sont pas révélés significativement différents. Aucun effet de la préfixation n'a pu être constaté non plus dans une tâche de décision lexicale (visuelle) réalisée avec les mêmes items. Snodgrass et Jarvella (1972) avaient pourtant observé, également dans une tâche de décision lexicale, des temps de réponse plus longs pour les mots préfixés que pour les formes de base correspondantes. Toutefois, dans cette expérience, la fréquence et la longueur des mots préfixés n'étaient pas appariées à celles des formes de base.

Cutler (1983) rapporte en outre les résultats d'une étude destinée à mesurer l'effet de la préfixation dans une tâche de compréhension de phrases. Elle demande aux sujets de juger de l'acceptabilité de phrases contenant soit un mot préfixé, soit un mot non préfixé, appariés en fréquence et longueur. Les résultats ont indiqué que le temps de réponse ne variait pas, ici non plus, en fonction de la présence ou de l'absence de préfixation.

Considérées dans leur ensemble, les données que nous venons d'exposer suggèrent que la préfixation *en soi* ne produit pas d'accroissement (mesurable) de la difficulté de traitement lors de l'accès lexical et de la compréhension des phrases. Que la préfixation négative ne produise un accroissement de la difficulté de traitement des phrases qu'en présence d'autres formes négatives (Sherman, 1976), suggère nettement, par ailleurs, que l'origine de la complexité se situe dans les processus de construction d'une représentation sémantique globale de la phrase.

Nous signalerons, pour terminer, que l'hypothèse selon laquelle un accroissement de la complexité computationnelle serait associé à l'affixation a également été testée sur des items suffixés. Dans ce cas aussi, la nature des tâches soumises aux sujets, ainsi que l'absence de contrôle de certains paramètres lexicaux, limitent considérablement la portée des résultats dégagés. Ainsi, Briem et Loewenthal (1968), Gibson et Guinet (1971) et Kintsch (1972; 1974, Chapitre 11 : Expériences V et VI) ont étudié les performances d'individus soumis à des tâches de rappel immédiat de listes de mots (simples et suffixés) ou de phrases (contenant des mots simples et suffixés), apprises dans un contexte expérimental. Il est clair que ces tâches concernent davantage la mémoire épisodique que l'accès direct au lexique mental. En tout état de cause, ces travaux n'ont, soit révélé aucun effet de la suffixation sur les performances mémorielles (Kintsch, 1974, Chapitre 11 : Expérience V), soit révélé un effet de la suffixation (Briem et Loewenthal, 1968; Kintsch, 1972) vraisemblablement attribuable à l'intrication de ce facteur avec celui de la concrétude. Richardson (1975a) a en effet montré que les performances en rappel libre ne différaient pas pour les mots simples et les mots suffixés lorsque les facteurs d'imageabilité[3] et de concrétude étaient contrôlés[4]. Par ailleurs, Kintsch (1974, Chapitre 11 : Expériences I-IV) a évalué la relative difficulté de traitement des mots simples et des mots suffixés en mesurant le temps mis par les sujets pour (i) initier la production d'une phrase au départ d'un mot donné, simple ou suffixé; (ii) initier le complètement d'une phrase contenant un mot simple ou suffixé; et (iii) détecter un phonème donné, apparaissant après un mot simple ou suffixé, tout en complétant la phrase dans laquelle le phonème doit être détecté. Il n'a pas observé, dans les quatre expériences, de différence significative entre le temps de traitement du matériel linguistique renfermant des items suffixés et celui renfermant des items simplés, fait qu'il interprète comme une indication claire de ce que la production et la compréhension des mots complexes ne doivent pas passer par une étape de (dé)composition conceptuelle[5]. Enfin, ce sont aussi des résultats négatifs qui ont été dégagés dans une tâche plus strictement lexicale (décision lexicale) par Richardson (1976), qui n'a pas relevé de différence significative entre les temps de reconnaissance lexicale des mots simples et des mots suffixés.

B. VERS DES PRÉDICTIONS PLUS ÉLABORÉES

Pour conclure, ce premier groupe de travaux ne fournit aucune indication indiscutable de ce que les mots dérivés seraient plus difficiles à traiter que les mots monomorphémiques. Aucun accroissement significatif du temps d'accès lexical, du temps de compréhension ou de la difficulté de rétention pour le matériel affixé n'a pu être détecté. Bien sûr, comme cette observation est fondée sur des résultats négatifs, elle ne peut donner lieu à une interprétation sûre. Qu'aucune différence significative n'ait pu être mesurée peut signifier, en premier lieu, que les conditions expérimentales utilisées n'étaient tout simplement pas assez sensibles, ou bien encore que le choix de la variable dépendante était inapproprié. En second lieu, il est impossible de trancher entre les deux interprétations suivantes : soit il n'existe effectivement aucune différence entre les mots affixés et les mots non affixés quant à la manière dont ils sont représentés et récupérés dans le lexique mental, soit les deux types de mots ont effectivement un statut différent, mais qui ne se traduirait pas en terme de difficulté différentielle.

En tout état de cause, la publication des premiers travaux de Taft et Forster (1975) a introduit un changement conceptuel de taille dans l'étude des phénomènes associés à la préfixation. D'un côté, l'hypothèse de la décomposition morphologique sera plus strictement envisagée dans le cadre des *procédures de reconnaissance lexicale* — la question de la représentation du sens n'étant plus guère envisagée. D'un autre côté, l'idée qu'une décomposition rendrait le processus de reconnaissance plus difficile, ou plus lent, est abandonnée au profit du postulat selon lequel la décomposition a pour but d'accroître l'efficience du système de reconnaissance.

Pour mettre à l'épreuve l'hypothèse d'une décomposition morphologique, d'autres prédictions ont donc dû être élaborées quant à la nature des effets produits par la structure morphémique des mots sur les performances en reconnaissance. Ces prédictions peuvent être formulées comme suit :

– *Effet de l'amorçage morphologique* : Si un mot préfixé fait l'objet d'une décomposition morphologique lors du processus de reconnaissance, alors on devra observer que la présentation préalable d'un des morphèmes qui le constitue en facilite la reconnaissance.

– *Effet de la fréquence de la racine* : Si un mot préfixé doit faire l'objet d'une décomposition morphologique lors du processus de reconnaissance de telle manière que la recherche lexicale s'élabore sur la base de sa racine, alors on devra observer que le temps de reconnaissance du mot est lié à la fréquence d'occurrence de la racine dans la langue.

– *Effet de la pseudo-préfixation* : Si un mot préfixé doit faire l'objet, lors du processus de reconnaissance, d'une décomposition morphologique qui le sépare automatiquement de son préfixe, alors on devra observer que les mots non préfixés commençant par un segment d'apparence préfixale subiront un retard dans leur reconnaissance du fait d'une segmentation inappropriée.

Nous allons maintenant examiner les travaux réalisés dans ce contexte rénové, en les regroupant selon la prédiction mise à l'épreuve.

NOTES

[1] Les items présentés au premier groupe avaient pour but de contraster le temps de vérification de phrases contenant trois types d'adjectifs, par exemple *happy, unhappy* ou *sad*. Ceux présentés au second groupe visaient à contraster les performances des sujets pour des phrases renfermant, en plus de l'adjectif préfixé ou de l'adjectif marqué, deux autres unités négatives.

[2] On demande aux sujets de presser une touche dès qu'ils détectent la présence d'un phonème donné dans la phrase qu'on leur présente de manière auditive. Le phonème-cible se situe à l'initiale d'un mot qui suit le mot dont on désire mesurer la difficulté de traitement. L'expérience rapportée par Cutler (1983) comportait par exemple la phrase suivante : *the recommendations of the environmental impact study were sure to disappoint backers of the new development*, dans laquelle le phonème-cible était /b/. On suppose que le temps de détection de ce phonème sera d'autant plus long que le traitement du mot qui le précède (le mot préfixé *disappoint*) sera long et/ou difficile.

[3] Imageabilité et concrétude sont deux facteurs hautement corrélés entre eux. La corrélation n'est cependant pas parfaite : on trouve des mots abstraits imageables (par exemple, *joie*) et des mots concrets non (ou moins) imageables (*oxygène*).

[4] La plupart des mots suffixés, à l'inverse des mots simples, sont en effet relativement abstraits/non imageables. Or, l'avantage du matériel concret/imageable dans les tâches mémorielles est un fait bien établi (Paivio, 1969). Kintsch (1972) a contrôlé l'imageabilité, mais pas la concrétude. Richardson (1975b) a montré que ces deux facteurs étaient dissociables et qu'ils influençaient de manière indépendante les performances mémorielles.

[5] Précisons que les expériences de Kintsch citées ici ne visaient pas seulement à contraster des mots simples et des mots suffixés. Le matériel linguistique renfermait également des items opposés sur la dimension de la complexité sémantique, conceptuelle. Il faut ajouter aussi, afin de mieux comprendre le choix des tâches expérimentales utilisées, que Kintsch (1974) s'intéressait principalement à la représentation du sens des items lexicaux. Dans le chapitre cité ici, il s'interroge plus particulièrement sur le fait de savoir si les mots décomposables (parmi lesquels il range les mots morphologiquement, autant que sémantiquement, complexes) sont associés à une représentation sémantique décomposée en éléments sémantiques plus simples, ou bien s'ils sont dotés d'une représentation sémantique unitaire.

Chapitre III
Les effets de l'amorçage morphologique

Une série d'études expérimentales ont utilisé la technique de l'*amorçage* (*priming*) en vue de déterminer le rôle joué par la structure morphologique des mots dans l'organisation lexicale. Cette technique, utilisée dans le cadre d'une tâche de décision lexicale, est susceptible de mettre en évidence un éventuel effet de la structure morphémique des *mots* sur le temps nécessaire à leur reconnaissance.

En utilisant la technique de l'amorçage, on vise, d'une manière générale, à orienter les procédures de traitement d'un mot donné, le *mot-cible* (*target*), par la présentation préalable d'un premier mot, le *mot-amorce* (*prime*), qui entretient des relations particulières avec le mot-cible. Le mot-amorce peut ainsi être, par exemple, un mot identique au mot-cible — on parlera alors d'*amorçage identique* (*identity priming* ou *repetition priming*) — ou bien encore un mot sémantiquement apparenté au mot-cible (*amorçage sémantique*) ou un mot qui lui est graphiquement ou morphologiquement apparenté (*amorçage orthographique* ou *morphologique*).

A. LES EFFETS OBSERVÉS

1. Amorçage morphologique et format de représentation des mots préfixés

Stanners, Neiser et Painton (1979) ont exploité, dans des expériences de décision lexicale, les techniques d'amorçage identique et d'amorçage morphologique en vue de déterminer sous quel format étaient représentés les mots préfixés dans le lexique mental[1]. Ils testent en particulier l'hypothèse taftienne selon laquelle un mot préfixé serait représenté sous la même entrée lexicale que celle de sa racine. La logique sous-tendant leurs expériences peut être résumée comme suit.

On a montré que le temps de décision lexicale associé à un mot-cible pouvait être substantiellement réduit lorsque ce même mot était préalablement présenté aux sujets dans la même tâche (Forbach, Stanners et Hochhaus, 1974; Scarborough, Cortese et Scarborough, 1977). Pour Stanners, Neiser et Painton, cet effet de facilitation induit par l'amorçage identique serait dû au fait que la première présentation d'un mot a pour effet de réduire le seuil d'activation (cf. Morton, 1969) de la représentation mentale qui lui est associée, de manière telle que l'accès à cette représentation s'en trouve facilité lors d'une seconde présentation. Dans l'hypothèse où un mot préfixé serait représenté sous la même entrée lexicale que celle de sa racine, c'est-à-dire sous la forme de deux représentations distinctes (celle de sa racine et celle de son préfixe), on devrait observer que la présentation séparée, en mots-amorces, de la racine et du préfixe d'un mot préfixé produit le même effet de facilitation sur le mot-cible préfixé que ce mot préfixé lui-même. Pour illustrer ce raisonnement avec un exemple français, les auteurs prédiraient que la présentation préalable, dans une tâche de décision lexicale, des mots *bloquer* et *détourner* devrait faciliter la reconnaissance subséquente de *débloquer* tout autant que ne le ferait la présentation préalable de *débloquer* lui-même. Puisque *bloquer* et *débloquer* partageraient la *même* entrée lexicale, présenter le second après le premier provoquerait un accès répété à la même entrée BLOQUER.

Stanners, Neiser et Painton (1979) testent cette prédiction dans trois expériences, au travers desquelles ils font varier la composition des mots préfixés. Dans l'Expérience I, les mots-cibles préfixés sont constitués d'une racine liée qui, en outre, ne peut être combinée qu'avec un seul préfixe; ainsi en est-il, par exemple, du mot *retrieve*. Pour ce mot-cible, les amorces seront d'une part, *trieve* et, d'autre part, *remit*. Les mots-cibles de l'Expérience II sont également constitués d'une racine liée, mais qui connaît plusieurs combinaisons : c'est le cas de *progress*, car *-gress* entre aussi dans la formation de *digress* ou *ingress*. Pour amorcer *progress*, les auteurs utiliseront les deux mots-amorces *regress* et *profess*. Enfin, dans l'Expérience III, le mot-cible préfixé renferme une racine libre, par exemple, *discomfort*. Ce mot-cible sera amorcé par *comfort* d'une part et *disarm* d'autre part.

Dans ces trois expériences, l'intervalle entre l'apparition de l'amorce (racine ou mot) et du mot-cible varie entre 8 et 12 items, le préfixe-amorce (c'est-à-dire le mot qui le renferme) étant placé entre la racine-amorce et le mot-cible.

De manière à évaluer l'effet de facilitation induit par l'amorçage morphologique comparativement à celui produit par un amorçage identique, les auteurs incluent, dans ces expériences, une condition dans laquelle les mêmes mots-cibles sont amorcés par des mots identiques. Les items sont distribués entre deux groupes de sujets de manière à ce qu'un sujet donné ne reçoive pas le même item dans les deux conditions. Un groupe de sujets reçoit par exemple les amorces et **cibles** suivantes : *disperse/**disperse*** (condition d'amorçage identique) et *-trieve + remit / **retrieve*** (condition d'amorçage morphologique) - tandis que l'autre recevra *retrieve/**retrieve*** et *-perse + dispose /**disperse***.

La ligne de base correspond au temps de réponse associé à la première présentation (amorce) du mot préfixé (p.e. *retrieve*), temps que nous appellerons t_1. Si t_2 est le temps de réponse associé à la seconde présentation de ce même mot (cible ***retrieve***), $t_1 - t_2$ représente l'effet de facilitation produit par l'amorçage identique. Si t_3 correspond au temps de décision associé à ***retrieve*** (cible) lorsqu'il est précédé des amorces *trieve* et *remit*, $t_1 - t_3$ nous fournit la mesure de l'effet de facilitation produit par l'amorçage morphologique. Enfin, si t_2 ne diffère pas de t_3, cela indiquera que l'effet d'amorçage morphologique est d'une ampleur équivalente à celui produit par l'amorçage identique, et qu'un accès à la même entrée a donc eu lieu dans les deux cas.

Les auteurs observent, dans les trois expériences, un effet facilitateur de l'amorçage morphologique, inférieur cependant à celui obtenu par amorçage identique. Les sujets fournissent des réponses plus rapides aux mots-cibles préfixés lorsqu'ils sont précédés par la présentation séparée de la racine et du préfixe dont ils sont composés. Mais amorcer un mot préfixé avec la racine et le préfixe séparément n'est pas aussi efficace que l'amorcer avec ces mêmes racine et préfixe associés dans un même mot.

Pour les auteurs, ces résultats démontrent que les mots préfixés ne sont pas représentés sous la même entrée lexicale que celle de leur racine. Les mots préfixés seraient ainsi dotés d'une représentation propre, unitaire, en mémoire, puisque leur représentation ne peut être pleinement activée par la présentation séparée des morphèmes dont ils sont constitués. Toutefois, sur base de l'effet de facilitation partielle induit par la présentation préalable de ces morphèmes constitutifs, les auteurs défendent l'idée que les racines, même lorsqu'elles correspondent à des morphèmes liés, sont représentées en mémoire et qu'elles *peuvent* être utilisées pour l'accès à la représentation unitaire.

2. Amorçage morphologique et procédure de reconnaissance des mots préfixés

Jusqu'ici, il s'agissait, pour Stanners, Neiser et Painton (1979), de tester le volet représentationnel de l'hypothèse taftienne. Dans la même publication, ils présentent une quatrième expérience dont l'objectif consiste davantage à en tester l'aspect procédural, à savoir l'hypothèse selon laquelle les mots préfixés devraient faire l'objet d'une segmentation préalable pour être reconnus.

La logique de l'Expérience IV est celle-ci : si la procédure de reconnaissance d'un mot préfixé inclut une étape d'extraction du préfixe, suivie par celle d'accès à sa racine, on doit s'attendre à ce que la présentation d'un mot préfixé active pleinement la représentation associée à sa racine. L'effet de facilitation qui en résulterait devrait donc être complet, c'est-à-dire équivalent à celui induit par un amorçage identique. En utilisant par exemple *unaware* comme mot-amorce et ***aware*** comme mot-cible, l'effet de facilitation devrait être identique à celui qu'on observerait avec la séquence amorce/cible «*aware*/***aware***».

Les résultats obtenus confirment cette prédiction. L'effet de facilitation observé pour la reconnaissance de *aware* lorsqu'il est amorcé par *unaware* ne diffère pas de l'effet de facilitation produit par un amorçage identique. Ceci indiquerait donc que le préfixe et la racine d'un mot préfixé sont séparés durant la lecture du mot.

Cette observation paraît néanmoins contredire celles issues des trois premières expériences, où les résultats suggéraient que les mots préfixés étaient représentés dans le lexique de manière unitaire. S'il en était bien ainsi, à quelles fins un mot préfixé ferait-il donc l'objet d'une segmentation ? En vue de résoudre ce paradoxe, Stanners, Neiser et Painton proposent une explication selon laquelle la lecture d'un mot préfixé donnerait accès à la fois à la représentation unitaire de ce mot et, par l'effet d'une segmentation du stimulus, à la représentation de sa racine. Ils postulent, en corollaire, que c'est sous l'entrée de la racine que se trouve spécifiée l'information sémantique associée au mot préfixé, ce qui aurait pour avantage de ne pas nécessiter une duplication de l'information sémantique sous l'entrée correspondant au mot entier. Ceci serait vrai pour les mots formés d'une racine libre, comme pour ceux formés d'une racine liée. Que la forme de la racine soit en un certain sens dupliquée dans la représentation du mot préfixé — système qui pourrait paraître peu efficient — reflète, selon les auteurs, des exigences liées à l'apprentissage : il se pourrait, soutiennent-ils, que pour acquérir un mot nouveau, une représentation mémorielle indépendante doive être formée, même si ce mot nouveau s'apparente morphologiquement à un mot déjà acquis. Par ailleurs, une telle organisation lexicale permettrait d'expliquer qu'un mot préfixé puisse activer indirectement un autre mot préfixé doté de la même racine, puisqu'ils y seraient tous deux interconnectés.

Ainsi, Stanners, Neiser et Painton (1979) défendent l'idée que le lexique renferme des représentations spécifiques pour les racines liées aussi bien que les libres. Jusque-là, leur modèle ne se distingue donc pas de celui proposé par Taft et Forster (1975). La proposition de Stanners *et al.* s'en écarte plutôt en ceci qu'elle postule que la représentation complète du mot préfixé est activée dans le processus d'accès *en même temps* que la représentation de la racine, et que seule la combinaison de ces deux sources d'information permet un traitement complet du mot.

En réalité, contrairement à ce que soutiennent Stanners, Neiser et Painton, les résultats qu'ils dégagent, dans cette expérience comme dans les trois précédentes aussi d'ailleurs, ne sont pas incompatibles avec le modèle taftien, ainsi que Taft (1981) l'a lui-même souligné.

En effet, dans le contexte du modèle développé par Taft et Forster (1975), le stimulus *retrieve*, par exemple, serait reconnu comme un mot à l'issue des trois étapes successives suivantes : (1) le préfixe *re-* est extrait de la séquence orthographique ; (2) l'entrée lexicale TRIEVE est localisée dans le lexique ; (3) la légalité de la combinaison de *re-* avec *-trieve* est alors testée. Or, que se passe-t-il dans les expériences d'amorçage réalisées par Stanners, Neiser et Painton ? Quand l'item *retrieve* doit être reconnu comme un mot et qu'il a été précédé de *trieve* et de *remit*, seules les deux premières étapes ont pu être facilitées : la décision que *re-* peut se combiner avec *-trieve* n'a pas été prise auparavant. Ce serait là la raison pour laquelle l'amorçage morphologique ne produit pas un effet de facilitation d'une ampleur similaire à celui produit par l'amorçage identique (quand *retrieve* a été présenté comme amorce), puisqu'en l'occurrence, les trois étapes de l'accès lexical ont pu être déjà exécutées. Ce phénomène permet d'expliquer aussi le résultat obtenu à l'Expérience IV, selon lequel *aware* est facilité autant par *aware* que par *unaware* : la reconnaissance du mot *unaware* a exigé l'exécution des trois étapes de traitement, alors que celle de *aware* n'en a enclenché qu'une (« localiser l'entrée »). Or, cette étape est préalablement exécutée tant lors de la présentation du mot-amorce *aware* que de celle du mot-amorce *unaware*, ce qui explique qu'on observe, dans les deux cas, une facilitation de même ampleur. Pour Taft (1981), l'idée que les mots entiers, aussi bien que les racines, sont représentés dans le lexique constitue par conséquent une complication interprétative superflue.

Nous devons préciser que cette discussion s'inscrit dans le cadre de la première formulation du modèle taftien. Nous avons dit que, dans ses formulations ultérieures, ce modèle introduit une distinction entre, d'une part, les représentations utilisées par le système d'accès (les codes d'accès), qui correspondent aux représentations de la racine, et celles du lexique central, où toutes les informations attachées à la forme entière sont représentées. Il se pourrait bien que l'hypothèse développée par Stanners, Neiser et Painton — qui n'envisage qu'un seul niveau de représentations lexicales — ne puisse pas être empiriquement distinguée de cette formulation plus tardive du modèle taftien. Mais quelle que soit la formulation à laquelle on se réfère, la réponse de Taft à Stanners, Neiser et Painton reste pertinente en ceci qu'elle insiste sur le fait que la représentation d'un mot préfixé ne peut être réduite à celle de sa racine. Pour qu'un mot préfixé puisse être reconnu, il est nécessaire de contacter une représentation supplémentaire, associée à l'information portant sur la combinabilité de la racine et du préfixe en question. Qu'on situe ces informations à des niveaux de représentation distincts ou non a finalement peu d'importance empirique.

Mais si les données relevées par Stanners, Neiser et Painton ne sont pas incompatibles avec le modèle taftien, nous pensons néanmoins qu'elles n'en constituent pas pour autant une confirmation. Nous admettons qu'elles suggèrent effectivement que la structure morphologique des mots préfixés est représentée dans le lexique mental. Toutefois, contrairement à ce que soutiennent, d'un côté Stanners, Neiser et Painton — lorsqu'ils interprètent en termes procéduraux les résultats obtenus dans l'Expérience IV — et, d'un autre côté, Taft (1981) — lorsqu'il tente de démontrer la compatibilité de l'ensemble des résultats avec leur modèle — ces données n'autorisent pas, à notre avis, la conclusion selon laquelle les mots préfixés seraient soumis à une décomposition *prélexicale*. On ne peut exclure, en particulier, que les effets de facilitation observés trouvent leur origine dans des mécanismes qui interviendraient *après* la localisation d'une entrée lexicale. Les effets d'amorçage observés par Stanners, Neiser et Painton présentent par ailleurs d'autres ambiguïtés, liées celles-là au fait qu'un ensemble de facteurs, tant lexicaux que non lexicaux, n'ont pas été adéquatement contrôlés.

B. L'INTERPRÉTATION DES EFFETS OBSERVÉS

L'effet de facilitation est interprété par Stanners, Neiser et Painton (1979) comme le produit d'un accès répété à une même entrée : la présentation de *unaware*, par exemple, facilite la reconnaissance ultérieure de *aware* parce que la décomposition prélexicale appliquée au stimulus *unaware* a déjà donné accès à la représentation AWARE.

L'effet produit par l'amorçage morphologique se prête néanmoins à d'autres interprétations qui, au-delà de leurs spécificités, auraient pour point commun de situer l'origine de l'effet d'amorçage, non pas dans un système d'accès qui décomposerait le stimulus d'entrée, mais plutôt dans la manière dont le lexique lui-même exprimerait les relations morpholexicales.

L'effet d'amorçage morphologique est, par exemple, parfaitement compatible avec le modèle AAM (*Augmented Adressed Morphology*) développé par Caramazza *et al.* (1988), qui prévoit que des représentations lexicales *décomposées* peuvent néanmoins être adressées par une procédure d'accès *unitaire* (cf. Première Partie, Chapitre III, pp. 68 sv.). Mais l'effet d'amorçage morphologique peut aussi être modélisé dans le contexte d'un système lexical dans lequel seules des entrées correspondant à la forme entière des mots complexes seraient représentées, mais qui encoderait néanmoins, directement ou indirectement, les informations morphologiques qui les concernent.

Les informations morphologiques peuvent ainsi être dispensées dans l'entrée unitaire associée à un mot préfixé. On peut penser alors qu'une fois localisée, l'entrée unitaire correspondant à un mot préfixé (UNAWARE) rend disponible une information sur sa structure morphologique — en fournisse en quelque sorte une analyse morphémique (UN + AWARE). Cette information serait de nature à faciliter la reconnaissance ultérieure des morphèmes (et donc de la racine *aware*) représentés dans cette analyse.

Le lexique peut aussi encoder les informations morphologiques sous la forme d'une structure d'inter-connexions reliant entre elles des entrées unitaires et autonomes. Nous avons décrit précédemment plusieurs modèles postulant ce type d'inter-connexions (cf. Première Partie, Chapitre III; pp. 71 sv.) : le modèle proposé par Stanners, Neiser, Hernon et Hall (1979) pour la représentation des mots dérivés suffixés, le modèle des «entrées satellites» (Lukatela *et al.*, 1978; 1987) ou du lexique organisé en «familles morphologiques» (Colé *et al.*, 1989; Segui et Zubizarreta, 1985). Ces modèles ont en commun l'idée que tout mot complexe est associé à une entrée unitaire et autonome en mémoire, mais que la structure d'inter-connexions entre les entrées est telle que l'accès à une entrée donnée permet d'activer ou d'accéder à toutes les entrées relevant d'un même paradigme morphologique. Selon cette perspective, l'effet de facilitation de l'amorçage morphologique pourrait s'expliquer par le fait que l'activation d'une entrée unitaire donnée (UNAWARE) diffuserait ensuite son excitation aux unités morphologiquement apparentées (AWARE-AWARENESS), ce qui aurait pour effet de diminuer le seuil nécessaire à la reconnaissance ultérieure d'une de ces unités (dans ce cas, AWARE), et donc le temps de reconnaissance.

En bref, selon l'interprétation proposée par Taft (1981) et Stanners, Neiser et Painton (1979), la parenté entre UNAWARE et AWARE s'établirait par l'intermédiaire d'une décomposition appliquée à la séquence orthographique *unaware* et intervenant *avant* la localisation de l'entrée lexicale correspondante. L'interprétation alternative serait que la parenté entre UNAWARE et sa racine AWARE serait établie par l'information morphologique dispensée *après* la localisation, par une procédure d'accès opérant sur la forme entière du stimulus, de l'entrée UNAWARE.

Les données issues d'expériences utilisant le paradigme de l'amorçage morphologique ne permettent donc pas de trancher quant au choix de l'une ou l'autre de ces interprétations. Elles ne peuvent établir, autrement dit, si la représentation de la morphologie doit être située à un niveau sublexical ou intralexical. Henderson, Wallis et Knigth (1984 : 218) expriment, à propos des données issues des expériences d'amorçage morphologique, un point de vue analogue :

> «The existence of an independent form of priming that depends on stem-sharing provides us with a useful technique for exploring morphological representations, but it is, in itself, neutral with respect to the question of whether or not morphological decomposition occurs prior to lexical access».

Des données dégagées par ailleurs à propos de mots suffixés, et à l'aide de la même technique d'amorçage morphologique, plaideraient néanmoins plutôt en faveur de l'interprétation selon laquelle les effets de facilitation trouvent leur origine dans des phénomènes intralexicaux. Stanners, Neiser, Hernon et Hall (1979; Expérience II) ont observé que la forme fléchie irrégulière d'un verbe (par exemple, *shook*) produisait un effet de facilitation (inférieur à celui produit par la répétition) sur la reconnaissance ultérieure de la forme verbale de base correspondante (*shake*). La même observation (Expériences III et IV) a été relevée à propos de mots dérivés suffixés irréguliers (*destruction*/***destroy***). Or, dans le cas où les mots-amorces correspondent à une variante morphologique imprévisible du mot-cible, il est peu probable que l'effet de facilitation obtenu résulte d'une décomposition préalable du mot-amorce : *shook* ne saurait être décomposé en «*shake* + Passé» et il est difficile d'envisager que la reconnaissance de la forme de surface *shook* doive passer par le contact avec l'unité d'accès SHAKE. De même pour ce qui concerne la forme de surface de *destruction*. Autrement dit, si les effets de facilitation produits par un amorçage morphologique étaient *uniquement* attribuables à la réactivation d'une unité d'accès donnée, aucune facilitation ne devrait être observée par l'amorçage à l'aide de formes qui sont apparentées de manière imprévisible. Qu'une facilitation se produise dans ces conditions indique clairement que, pour de telles formes au moins, l'effet est lié à la représentation, dans le lexique propre, des relations morphologiques qui les caractérisent. Or, si l'on doit ainsi faire l'hypothèse que le lexique représente les relations morphologiques unissant les formes suffixées à leur forme de base, rien n'autorise à exclure que soient représentées, de la même manière, les relations entre des formes préfixées et leur forme de base. On est donc conduit à penser qu'*au moins une certaine part* de facilitation morphémique observée pour les mots préfixés est également due à des effets se situant en aval de l'accès lexical.

On pourrait objecter que l'effet de facilitation observé est néanmoins total dans le cas des mots préfixés (c'est-à-dire qu'il ne diffère pas de celui obtenu par un amorçage identique), alors qu'il n'est que partiel dans le cas des mots fléchis irréguliers. Du reste, le fait qu'il existe une différence dans l'ampleur des effets de facilitation selon la nature des items considérés constitue précisément le pivot de la logique interprétative adoptée par Stanners, Neiser et Painton (1979) et Stanners, Neiser, Hernon et Hall, (1979) : si l'amorçage d'une unité par une autre unité morphologiquement apparentée induit une facilitation équivalente en ampleur à celle obtenue par l'amorçage identique, c'est donc que les deux unités partagent une entrée lexicale commune; si, en revanche, l'amorçage morphologique n'induit qu'un effet de facilitation partielle, on ne peut alors considérer qu'une même entrée a été contactée et on en déduira que les unités considérées sont dotées de représentations distinctes mais néanmoins interconnectées. C'est dire que Stanners et ses collaborateurs n'excluent aucunement l'intervention de mécanismes opérant après l'accès lexical, mais, point important, ils la restreignent aux cas où ils n'ont pu observer un effet de facilitation d'ampleur équivalente à celui produit par l'amorçage identique.

Il faut savoir toutefois qu'un effet de facilitation est considéré comme total, *s'il ne diffère pas statistiquement* de l'effet observé dans le cas d'un amorçage identique. L'équivalence qu'on établit ainsi entre les effets d'amorçage morphologique et les effets d'amorçage identique ne représente donc qu'une «équivalence statistique», c'est-à-dire, en réalité, une différence non significative statistiquement. Il faut savoir aussi qu'il existe une différence méthodologique importante entre les expériences qui ont produit des effets de facilitation partielle et celles qui ont produit des effets de facilitation complète. Dans l'expérience manipulant les formes fléchies irrégulières (*shook/**shake***) et dans les trois premières expériences portant sur des formes préfixées (*trieve + remit/**retrieve**; regress + profess/**progress**; comfort + disarm/**discomfort***), et pour lesquelles les résultats indiquaient un effet de facilitation partielle, l'intervalle entre la présentation de l'amorce et celle du mot-cible était en moyenne de 10 items — alors qu'il atteint 31 items dans l'Expérience IV (*unaware/**aware***). Or, parallèlement, l'ampleur de l'effet d'amorçage identique s'est révélée plus faible dans ce dernier cas que dans les précédents : il s'élevait en moyenne à 54 msec, alors qu'on notait une facilitation de 84 à 99 msec (selon la nature de l'irrégularité) pour les mots fléchis et de 142 à 213 msec dans les trois autres expériences manipulant les mots préfixés. Le fait qu'aucune différence statistique n'a pu être décelée entre l'ampleur de l'effet d'amorçage identique et l'ampleur de l'effet d'amorçage morphologique dans l'expérience *unaware/**aware*** (alors qu'une différence de 25 msec a néanmoins été relevée) pourrait donc bien être dû à une réduction de l'effet de répétition, peut-être liée à une augmentation de l'intervalle amorce-cible.

L'existence d'une différence méthodologique de taille entre les expériences produisant des effets partiels de facilitation par amorçage morphologique et celle ayant produit des effets complets affaiblit considérablement l'interprétation différentielle qu'en ont donné Stanners, Neiser et Painton (1979) et Stanners, Neiser, Hernon et Hall (1979). En outre, cette différence méthodologique ne relève pas, loin s'en faut, d'un simple détail de procédure. Ainsi que nous allons le montrer dans la section qui suit, le choix d'un intervalle amorce/cible se révèle être déterminant, non seulement dans l'ampleur, mais aussi dans la nature — lexicale ou non — des effets de facilitation induits par les techniques d'amorçage.

C. L'ORIGINE DES EFFETS OBSERVÉS

1. Les effets de facilitation sont-ils bien d'origine lexicale ?

Que l'ampleur des effets d'amorçage morphologique n'atteigne pas, dans certains cas, celle des effets d'amorçage identique peut être lié au fait que l'amorçage identique provoque, dans certaines conditions expérimentales, et plus que l'amorçage morphologique, l'intervention de facteurs facilitants autres que lexicaux. Des processus stratégiques d'une part, et des facteurs épisodiques d'autre part, sont en effet susceptibles d'interférer avec des facteurs lexicaux pour produire des profils de facilitation distincts en fonction, notamment, des conditions expérimentales utilisées. Plusieurs études ont en effet montré que lorsque des précautions étaient prises en vue de réduire la contribution de ces facteurs, l'ampleur des effets d'amorçage morphologique ne différait plus de celui induit par l'amorçage identique.

a) *Les stratégies induites par la technique d'amorçage identique*

Il faut commencer par noter que, d'une manière générale, les expériences utilisant la technique d'amorçage sont de nature à induire, chez les sujets, l'utilisation de stratégies prédictives : les individus, percevant que des mots de la liste proposée peuvent être répétés, élaborent des prédictions quant aux items qui leur seront présentés ultérieurement, ce qui produit un effet de facilitation chaque fois que leurs prédictions sont vérifiées. L'effet facilitateur de ces attentes peut se produire à un niveau pré- et/ou post-lexical : l'accès lexical peut être facilité par la pré-activation des unités dont le sujet prévoit la présentation ; la répétition attendue d'un mot peut aussi accélérer le mécanisme de décision mot/non-mot.

L'intervention de stratégies prédictives a été mise en lumière par Oliphant (1983)[2]. Alors qu'il a obtenu, avec une procédure d'amorçage classique — celle où les sujets doivent émettre une décision lexicale à propos d'un même mot répété dans une liste expérimentale — un effet, classique, de facilitation, il n'a observé aucun effet facilitateur de l'amorçage identique lorsque la procédure expérimentale était telle qu'il n'était pas possible aux sujets de percevoir la répétition de certains mots. Dans cette procédure, les mots-cibles présentés dans la tâche de décision lexicale sont glissés dans les consignes expérimentales que le sujet doit lire à voix haute — ce qui garantit que les représentations lexicales de ces mots sont réellement contactées avant leur seconde présentation dans la tâche de décision lexicale. Etant donné qu'en présentant de cette manière le mot-amorce, aucun effet facilitateur n'est observé, l'effet de répétition classique ne peut être considéré, pour Oliphant, comme un effet automatique de l'exposition récente à un mot. Il dépendrait plutôt de la conscience qu'a le sujet de la répétition et du fait qu'il développe alors des stratégies propres à accélérer le traitement des mots répétés. Par ailleurs, Forster et Davis (1984) ont montré que lorsque le mot-amorce était masqué de telle sorte qu'il ne puisse être perçu par les sujets, l'effet facilitateur de la répétition était considérablement réduit en ampleur et en durée. Dans le même ordre d'idées, Napps (1985; Cité par Fowler, Napps et Feldman, 1985) a observé une réduction de la magnitude des effets d'amorçage identique quand la proportion des mots répétés dans une liste expérimentale n'atteignait que 6 % du nombre total des stimuli présentés[3.]

C'est précisément dans le but de réduire les possibilités d'utilisation des stratégies prédictives que Stanners, Neiser et Painton (1979) ont modifié, dans l'Expérience IV, la structure de la liste expérimentale et, par là-même, l'intervalle amorce/cible. La liste a été construite de manière que tous les mots-amorces soient présentés *avant* tous les mots-cibles, ce qui a eu pour effet d'allonger, comparativement aux autres expériences, l'intervalle entre une amorce et une cible données. Cet intervalle, rappelons-le, passe de 10 items en moyenne dans les expériences ayant produit un effet facilitateur de l'amorçage morphologique inférieur à celui obtenu avec un amorçage identique, à 31 items dans l'Expérience IV. Or, l'effet de répétition se trouve précisément considérablement réduit dans cette expérience, jusqu'à ne plus différer de l'effet produit par l'amorçage morphologique. On peut donc penser que si les effets d'amorçage identique se sont avérés plus importants que ceux produits par amorçage morphologique dans les expériences où l'intervalle amorce-cible n'était que de 10 items, c'est que des effets de répétition de nature stratégique s'y sont ajoutés aux effets purement lexicaux.

Cette interprétation est étayée par les résultats obtenus par Napps (1989), qui a tenté de limiter l'intervention de procédures stratégiques, en présentant aux sujets une liste dans laquelle 6 % seulement des items étaient, d'une manière ou d'une autre, reliés entre eux (soit qu'ils étaient répétés, soit qu'ils étaient morphémiquement ou sémantiquement reliés l'un à l'autre). Il n'a pas observé de différence entre les effets d'amorçage identique et les effets d'amorçage morphologique — et ce, quelle que soit la relation morphologique entre l'amorce et la cible (Expérience I) : la cible étant toujours constituée d'une forme de base, l'amorce en était tantôt une forme fléchie (régulière ou non), tantôt une forme dérivée (suffixée, régulière ou non). Notons aussi qu'aucun effet significatif de l'intervalle amorce-cible n'a été constaté : les effets facilitateurs de l'amorçage identique et de l'amorçage morphologique ne diffèrent pas, que l'intervalle soit de 0, 1 ou 10 items.

b) *La contribution de la mémoire épisodique dans les effets d'amorçage identique et morphologique*

Les effets facilitateurs induits par l'amorçage identique peuvent, dans certaines conditions, être contaminés par des effets d'origine épisodique.

Une certaine facilitation peut en effet provenir du fait que les sujets sont susceptibles de se rappeler explicitement d'avoir vu un item et de se souvenir de la réponse qu'ils y ont donnée. On peut donc penser, en d'autres termes, que la première présentation d'un mot établit une trace mémorielle épisodique qui est contactée quand le même mot est de nouveau présenté, et que cette trace est de nature à faciliter la réponse à un mot-cible. Dans un tel contexte, l'ampleur réduite de l'effet facilitateur produit par un amorçage morphologique, lorsqu'on le compare à l'amorçage identique, peut également être comprise comme résultant de l'intervention de facteurs épisodiques dans la réponse fournie au mot-cible répété.

Un argument de poids plaide en faveur d'une interprétation épisodique de l'effet de facilitation induit par l'amorçage identique : des effets de facilitation ont également été obtenus avec des non-mots. Fowler, Napps et Feldman (1985 ; Expérience I), ainsi que Scarborough *et al.* (1977), ont observé une facilitation des réponses à des non-mots par amorçage identique — effet qui ne peut évidemment pas trouver son origine dans l'activation d'unités lexicales. Or, si une facilitation d'origine épisodique affecte le temps de réponse aux non-mots, elle peut aussi le faire pour les mots. Feldman et Moskovljević (1987 ; Expérience I) obtiennent également un effet de facilitation par amorçage identique avec des non-mots. Ils ont montré aussi que cet effet ne pouvait être réduit à une facilitation de l'analyse perceptuelle, car il apparaît quelles que soient les caractéristiques de surface de la séquence de lettres présentées visuellement (ces auteurs, travaillant dans le domaine serbo-croate, ont eu l'opportunité de présenter l'amorce et la cible en alphabets différents, latin et cyrillique)[4].

Fowler *et al.* (1985 ; Expériences II-IV) ont tenté de réduire la contribution épisodique aux effets de répétition en étendant l'intervalle moyen entre l'amorce et la cible à 48 items (il était de 9 items dans l'Expérience I qui avait montré un effet facilitateur avec des non-mots). Ainsi qu'ils l'attendaient, ils n'observent plus, dans ces conditions, d'effet facilitateur par la répétition de non-mots. En ayant ainsi réduit, selon eux, l'intervention des facteurs épisodiques, ils observent un effet facilitateur de l'amorçage morphologique d'une ampleur égale à celui produit par la répétition. L'effet d'amorçage morphologique est entier, que l'amorce soit une forme fléchie ou dérivée (suffixée) de la cible (Expérience II), quel que soit le degré de recouvrement orthographique et phonologique entre l'amorce et la cible (Expérience III), et quelle que soit la nature de l'apparentement morphologique qui les unit (Expérience IV ; les cibles sont des items affixés amorcés par des items non affixés ou par des items affixés apparentés). Ils en concluent que la diminution de l'effet de facilitation obtenu par l'amorçage morphologique, quand on le compare à l'amorçage identique, doit être attribuée à des contributions épisodiques dans l'amorçage identique.

En résumé, on retiendra des faits exposés jusqu'ici qu'un effet de facilitation (statistiquement) équivalent à celui produit par un amorçage identique peut être obtenu en amorçant un mot donné avec n'importe quel autre mot morphologiquement apparenté, que cet apparentement relève de la dérivation (préfixation ou suffixation) ou de la flexion, d'un processus morphologique régulier ou irrégulier — à condition néanmoins d'utiliser une procédure propre à réduire les effets facilitateurs d'origine stratégique et épisodique contribuant aux effets de répétition.

Notons que ces résultats plaident en faveur d'une interprétation des effets d'amorçage morphologique qui les situerait *après* la localisation d'une entrée lexicale, en dépit du fait que les effets facilitateurs observés s'avèrent statistiquement aussi importants que les effets de la répétition. On ne voit pas en effet comment un accès répété à une même entrée pourrait se produire lorsque le mot-cible constitue une variante morphologique non prévisible du mot-amorce. On pourrait néanmoins maintenir que, même si l'effet d'amorçage morphologique se produit après la localisation d'une entrée lexicale dans certains cas particuliers, cela n'exclut pas qu'il puisse se situer au niveau des procédures d'accès dans les autres cas. Cette distinction reste néanmoins purement spéculative car rien, dans les faits observés, ne la suggère directement : la facilitation par amorçage morphologique apparaît statistiquement équivalente pour tous les types d'affixation.

Interpréter les effets d'amorçage morphologique obtenus dans les expériences ci-dessus comme le produit de mécanismes spécifiquement lexicaux soulève néanmoins une difficulté importante, particulièrement lorsque ces effets sont obtenus avec de très longs intervalles amorce-cible (31 ou 48 items). En effet, pour adopter une formulation neutre par rapport aux différentes conceptions du lexique, les effets de facilitation ne peuvent être compris autrement que par le fait que les informations dispensées par une entrée lexicale demeurent, durant un certain laps de temps, disponibles. Mais, quelque conception du lexique qu'on adopte, elle inclura l'idée que cette disponibilité se doit d'être limitée dans le temps, au risque de produire des effets d'interférence désastreux sur le traitement des unités linguistiques apparaissant ultérieurement. Avec Fowler *et al.* (1985), qui se réfèrent aux hypothèses computationnelles associées aux modèles en réseaux (Dell, 1980, 1984), nous pensons qu'il est peu vraisemblable que, lors de ses opérations habituelles tout au moins, le système lexical traite les unités de telle manière qu'elles demeurent activées durant un laps de temps équivalent à celui pris par la présentation successive de 48 items ![5]

En définitive, la question reste entière de savoir si les effets de facilitation obtenus dans ces expériences relèvent bien de phénomènes localisés dans le lexique. On peut se demander, en corollaire, si les ajustements de procédure prévus par Fowler *et al.* (1985) sont réellement de nature à inhiber l'intervention des facteurs épisodiques. Quant aux facteurs stratégiques, qui dépendent également de la formation de traces mémorielles attachées à des événements singuliers, il semble qu'ils n'ont pas suffisamment été contrôlés. L'intervention de ces facteurs non lexicaux a sans doute pu être minimisée, puisqu'une réduction des effets de répétition a été observée, mais peut-être pas entièrement inhibée.

Or, ces facteurs pourraient être au moins *partiellement* responsables, non seulement des effets d'amorçage identique, mais aussi de ceux produits par l'amorçage morphologique. Il est clair qu'en dépit du nombre d'items intervenant entre l'amorce et la cible, les sujets peuvent encore percevoir que des items morphologiquement apparentés leur sont présentés. Dans les Expériences II et III de Fowler *et al.* (1985), ainsi d'ailleurs que dans l'Expérience IV de Stanners, Neiser et Painton (1979), les amorces étaient toujours constituées par des formes affixées, suivies de cibles qui correspondaient toujours à leur forme de base. Lors de la présentation d'une forme affixée, le sujet peut donc s'attendre à voir apparaître par la suite la forme de base correspondante. Des facteurs épisodiques peuvent aussi intervenir dans l'amorçage morphologique, quoique de manière sans doute plus complexe, étant donné la moins grande similarité formelle existant entre l'amorce et la cible. Mais il n'est pas sans intérêt de noter que les quatre expériences menées par Stanners, Neiser, Hernon et Hall (1979) en vue d'étudier la représentation des mots suffixés, et dans lesquelles l'intervalle amorce/cible était en moyenne de 10 items, révèlent que l'effet d'amorçage morphologique a tendance à être d'autant plus important que la similarité formelle entre l'amorce et la cible est plus importante (nous reviendrons sur ce problème, d'une manière plus générale, au § 2. ci-après). Nous avons relevé les effets de facilitation morphologique suivants en fonction des différents types de paires amorce/cible :

– pour les fléchis réguliers (Expérience I)
  pours/***pour*** : 181 msec, *burned*/***burn*** : 150 msec, *lifting*/***lift*** : 131 msec

– pour les fléchis irréguliers (Expérience II)
*hung/**hang*** et *shook/**shake*** : 39 msec
– pour les dérivés adjectivaux (Expérience III)
*selective/**select*** : 72 msec, *descriptive/**describe*** : 32 msec
– pour les dérivés nominaux (Expérience IV)
*appearance/**appear*** : 83 msec, *destruction/**destroy*** : 42 msec.

La variation dans l'ampleur des effets n'a pas été analysée ni discutée par Stanners, Neiser, Hernon et Hall (1979) mais, en tout état de cause, il paraîtrait difficile d'en rendre compte uniquement par référence aux divers processus morphologiques concernés.

L'interprétation théorique des effets d'amorçage s'avère donc extrêmement complexe. Il semble que les effets produits par l'amorçage identique, comme ceux induits par l'amorçage morphologique, résultent de l'intervention de multiples facteurs — lexicaux, mémoriels et stratégiques — dont les mécanismes d'action, s'ils sont encore largement incompris, paraissent néanmoins sensibles aux conditions expérimentales employées. Les travaux dont nous avons fait état jusqu'ici, faute d'avoir maîtrisé les conditions d'intervention de la mémoire épisodique et des comportements stratégiques, n'apportent, au total, que des informations lacunaires et peu fiables quant aux procédures d'accès et au format de représentation des mots complexes.

c) *L'apport de la technique de l'amorçage masqué*

Les techniques de masquage employées par Forster et Davis (1984) constituent une avancée significative dans la maîtrise des effets non lexicaux induits dans les expériences d'amorçage. Ces techniques visent à masquer la présentation du mot-amorce de manière à en empêcher l'identification consciente. La mise en œuvre de stratégies conscientes de la part du sujet peut ainsi être évitée, et l'intervention de la mémoire épisodique considérablement limitée. Dans les expériences d'amorçage menées selon cette procédure, les sujets effectuent une décision lexicale sur le mot-cible uniquement, présenté immédiatement après le mot-amorce masqué.

La technique de masquage utilisée par Forster et Davis (1984) consiste à présenter le masque visuel avant le mot-amorce (*forward pattern mask*) : le mot-amorce, présenté pendant 60 msec, est précédé par un stimulus factice exposé pendant 500 msec et suivi par le mot-cible exposé également durant 500 msec. En outre, le mot-cible est présenté en majuscules, alors que les deux autres stimuli le sont en minuscules.

Malgré la durée de présentation relativement longue de l'amorce, l'action masquante combinée du stimulus factice et du mot-cible rend l'amorce virtuellement invisible. Ceci, soulignent Forster et Davis, ne garantit pas qu'aucune trace épisodique ne soit formée, mais plutôt qu'elle devient relativement inaccessible. Tout effet éventuel de l'amorce sur le traitement du mot-cible devrait par conséquent être pur de toute contamination épisodique[6].

Les auteurs obtiennent un effet facilitateur de la répétition dans une tâche de décision lexicale utilisant cette procédure et donc, en dépit du fait que l'amorce n'est pas accessible au rappel conscient (Signalons qu'aucun effet de répétition n'a été observé, dans ces conditions, pour les non-mots). Forster et Davis (1984) soutiennent par conséquent que cet effet peut clairement être attribué à un accès répété à la même entrée lexicale et qu'il relève d'un mécanisme différent de celui observé dans des conditions classiques, y compris celles dans lesquelles un nombre important d'items est intercalé entre l'amorce et la cible.

En premier lieu, l'effet de répétition classique semble dépendre de la disponibilité d'une trace mémorielle épisodique formée lors de la première présentation de l'item. Tout ce qui peut diminuer la saillance de cette trace épisodique est de nature à diminuer aussi l'effet de répétition. Ainsi, lorsque, dans des conditions classiques, il n'est pas demandé aux sujets d'effectuer une décision lexicale sur le mot-amorce, l'effet de répétition obtenu devient très marginal (Forster et Davis, 1984 ; Expérience IV) ; lorsque l'amorce est glissée dans les consignes expérimentales, aucun effet de répétition n'est observé (Oliphant, 1983). En second lieu, l'effet facilitateur obtenu par masquage se dissipe très rapidement, à l'inverse de celui obtenu dans des conditions classiques. Les auteurs n'ont détecté aucun effet facilitateur avec un intervalle amorce/cible de 17 items (9 s), alors qu'un effet significatif a été obtenu avec un intervalle de 1 item (17 ms)[7]. On aurait donc bien affaire à des phénomènes distincts, l'un produisant un effet à court terme, l'autre à long terme.

Pour obtenir un effet à long terme, il faut que le mot-amorce soit présenté de manière saillante (par exemple, en demandant aux sujets une réponse à son propos), au contraire de l'effet à court terme. L'effet à long terme serait totalement produit par des facteurs épisodiques affectant l'étape de prise de décision : certaines procédures de contrôle peuvent être abrégées ou négligées puisque le sujet dispose d'une trace mémorielle de la réponse qu'il a fournie auparavant. Au contraire, l'effet à court terme serait bien une conséquence automatique d'un accès répété à la même entrée lexicale, mais, selon Forster et Davis, la facilitation n'interviendrait pas au cours des processus d'accès. En effet, dans le cadre d'un modèle de recherche active (Forster, 1976), on ne pourrait comprendre l'effet de facilitation qu'en postulant que les entrées récemment rencontrées sont promues à une position supérieure dans le chemin d'accès. Mais ceci aurait pour conséquence que les items rares seraient davantage facilités que les items fréquents, puisque ces derniers se situent déjà en tête du chemin d'accès. Or, les effets à court terme sont insensibles à la fréquence (Forster et Davis, 1984; Expériences I, V et VI) — contrairement aux effets classiques, plus importants pour les mots de faible fréquence (Scarborough *et al.*, 1977). Ceci signifie donc que le processus d'accès lui-même n'est pas modifié, et que *l'effet se situe après la localisation d'une entrée*. Forster et Davis font l'hypothèse que la facilitation est due au fait que l'entrée lexicale, une fois localisée, demeure «ouverte» pendant un court laps de temps, de manière à transmettre les informations qu'elle contient vers les processeurs sémantique et syntaxique. Tant qu'une entrée reste ouverte, tout accès ultérieur sera plus rapide puisque qu'il n'est plus nécessaire alors de l'ouvrir. Cet effet facilitateur doit être très court cependant, car il ne doit pas être nécessaire de maintenir une entrée ouverte plus de 1 ou 2 secondes pour l'analyse sémantique et syntaxique.

En bref, si on suit cette modélisation de l'effet de répétition, on ne pourra considérer l'effet facilitateur obtenu par l'amorçage identique comme un effet lexical pur qu'à la condition qu'il ait été détecté avec un intervalle amorce-cible n'excédant pas 1 ou 2 secondes, dans une procédure de masquage de l'amorce où aucune décision ne doit être effectuée à son propos. Parallèlement, tout effet de facilitation par amorçage morphologique qui serait observé selon cette procédure pourrait, lui aussi, relever de phénomènes strictement lexicaux.

En employant la procédure d'amorçage masqué dans une tâche de décision lexicale, Forster, Davis, Schoknecht et Carter (1987) ont observé des effets facilitateurs lorsque l'amorce et la cible étaient morphologiquement apparentées. Les paires amorce/cible étaient constituées soit d'une forme verbale irrégulièrement fléchie et de la forme de base correspondante (*broke*/**break**; *take*/**took**), soit d'un substantif singulier et de son pluriel irrégulier (*teeth*/**tooth**; *woman*/**women**). Point important, cet effet facilitateur de l'amorçage morphologique ne se distinguait pas, dans ces conditions, de celui obtenu par l'amorçage identique. Ce résultat contraste avec celui obtenu, avec une procédure classique, par Stanners, Neiser, Hernon et Hall (1979; Expérience II : *shook*/*shake*), qui n'avaient observé qu'un effet partiel de facilitation.

Nous disposons donc ici d'un élément supplémentaire suggérant que le fait d'obtenir un effet facilitateur partiel ou total de l'amorçage morphologique peut dépendre exclusivement des conditions expérimentales employées, et qu'il est donc hasardeux de fonder sur cette distinction des hypothèses quant aux procédures d'accès et au mode de représentation des diverses catégories de formes complexes.

En outre, qu'un effet facilitateur total ait été observé avec des formes irrégulièrement apparentées suggère que les effets d'amorçage morphologique peuvent trouver leur origine exclusivement dans des mécanismes se situant *après* la localisation d'une entrée lexicale. Dans le contexte du modèle lexical décrit par Forster (1976), *broke* et *break* contactent des entrées différentes dans le fichier d'accès périphérique. Ce ne peut donc être à ce niveau qu'intervient l'effet facilitateur. Celui-ci n'est obtenu que parce que ces entrées distinctes sont toutes deux associées, dans le fichier central, à une entrée commune : cette entrée sera « ouverte » lors de la présentation de *broke*, ce qui va faciliter sa localisation lors de la présentation de *break*.

Grainger, Colé et Segui (1991) ont utilisé la procédure de masquage mise au point par Forster et Davis (1984) avec des formes qui nous intéressent plus particulièrement, puisqu'il s'agit de formes préfixées. Dans l'Expérience I, ils présentent à leurs sujets, dans une tâche de décision lexicale, 12 paires amorce/cible de deux types : tantôt les deux items de la paire sont des mots préfixés (*prénom*/**surnom**), tantôt seule la cible est préfixée (*nom*/**surnom**)[8]. Dans la condition de contrôle, les mêmes mots-cibles sont précédés de mots-amorces qui n'y sont apparentés ni sur le plan orthographique, ni sur le plan sémantique. Ces amorces sont appariées en fréquence et en longueur avec les amorces de la condition morphologique. Par ailleurs, les mots-amorces ont une fréquence d'occurrence plus élevée que celle des mots-cibles correspondants (cf. Segui et Grainger, 1990).

L'analyse des résultats révèle des temps de décision plus courts dans la condition morphologique que dans la condition de contrôle. En outre, le degré de facilitation est comparable quand l'amorce est un autre mot préfixé de la même famille et lorsqu'il correspond à la racine de cette famille. Si on décrit cet effet en terme de préactivation de la cible par l'amorce, ce résultat suggère donc que le degré de préactivation est indépendant du fait que l'amorce corresponde à la racine du mot-cible ou à un mot préfixé formé avec la même racine que le mot-cible.

Ces résultats, obtenus dans des conditions qui réduisent de manière drastique l'intervention de facteurs stratégiques et épisodiques, suggèrent que l'information morphologique se trouve représentée dans le lexique mental et qu'elle est effectivement de nature à influencer le processus de reconnaissance visuelle. Ils ne permettent cependant, pas plus que les précédents, de répondre à la question de savoir si le processus de reconnaissance est facilité par des mécanismes se situant en amont ou en aval de l'accès lexical — autrement dit, si la morphologie se trouve représentée dans les mécanismes d'accès au lexique ou bien plutôt dans l'organisation des unités lexicales. Grainger *et al.* (1991 : 380-381) reconnaissent cette ambiguïté :

> « Within the framework of the whole-word hypothesis of morphological representation, the observed facilitation between morphologically related words can be accomodated by postulating the existence of facilitatory connections among the lexical representations of a given morphological family. Thus the rise in activation level of a given word during prime presentation would result in a rise in activation level of any morphologically related words. The subsequent processing of these related words should then be facilitated. One other possible solution is to postulate that morphology is represented sublexically. (...) Stems and affixes would be critical units subtending visual word recognition and these units would be activated whenever a word containing them is processed. In this way, morphologically related words facilitate each other via the preactivation of the same sublexical units. In serial access models (Taft et Forster, 1975, 1976), facilitation would be obtained by the reapplication of the same analytical procedure involved in isolating the same access code. (...) The present results do not provide a basis for deciding between the sublexical and supralexical hypotheses of morphological representation ».

2. Les effets d'amorçage morphologique observés sont-ils bien d'origine morphologique ?

Nous avons vu jusqu'ici que les données issues des expériences d'amorçage morphologique comportent des ambiguïtés de divers ordres. D'une part, et cela quelle que soit la procédure utilisée, la technique d'amorçage morphologique semble ne pas pouvoir fournir d'information sur la localisation des effets facilitateurs qu'elle induit. Si les résultats obtenus avec ce paradigme suggèrent que la structure morphologique des mots est représentée d'une manière ou d'une autre dans le système lexical, ils n'autorisent aucune interprétation tranchée quant au fait de savoir à quel niveau du système cette structure se trouve représentée. D'autre part, les résultats dégagés avec une procédure classique (amorce non masquée) paraissent affectés par des facteurs non lexicaux, de nature épisodique et/ou stratégique.

A ces ambiguïtés s'en ajoute une autre, plus fondamentale puisqu'elle concerne la nature proprement... morphologique des effets induits par l'amorçage morphologique. La question se pose ainsi de savoir si les effets facilitateurs induits par ce type d'amorçage sont fonctionnellement distincts de ceux induits par l'amorçage sémantique et par l'amorçage orthographique.

Les mots qui possèdent une racine en commun sont en effet apparentés au plan morphologique, mais aussi aux plans orthographique et sémantique. Les effets de facilitation morphémique ne résulteraient-ils donc pas, en réalité, d'effets facilitateurs combinés d'origine sémantique et formelle ? Les relations que paraissent entretenir dans le lexique mental les mots morphologiquement apparentés relèvent-elles bien de relations *spécifiquement* morphologiques, et non pas de l'association convergente de relations sémantiques et orthographiques ?

En utilisant une tâche de décision lexicale, Napps et Fowler (1987; Expérience I) ont contrasté les effets d'amorçage induits sur un mot cible (par exemple, ***rib***) par une amorce identique (*rib*), une amorce morphologiquement apparentée (variante fléchie de la cible : *ribbed*), une amorce formellement mais non sémantiquement apparentée (constituée d'un fragment initial homographe de la cible : *ribbon*) et une amorce non apparentée (*gauge*). Les divers types d'amorces sont pairées du point de vue de leur fréquence et longueur moyennes. L'intervalle amorce-cible va de 350 à 1.650 msec. La proportion de paires amorce-cible formellement ou morphologiquement apparentées a également fait l'objet d'une dimension d'analyse : la moitié des sujets reçoivent une liste composée à 75 % de paires reliées, l'autre moitié une liste dans laquelle 25 % seulement des paires étaient reliées et ce, dans le but d'évaluer l'intervention d'éventuels facteurs stratégiques. Lorsque la proportion des paires reliées est de 75 %, les auteurs observent, outre des effets facilitateurs de même ampleur pour l'amorçage identique et l'amorçage morphologique, un effet facilitateur de l'amorçage formel lorsqu'il est comparé à l'amorçage non relié, moins important toutefois que celui induit par l'amorçage morphologique. En revanche, lorsque la proportion de paires reliées est de 25 %, l'effet facilitateur obtenu par amorçage formel est à la limite de la significativité. Ceci est dû néanmoins à une diminution du temps de réponse pour les cibles non reliées, qui paraissent ainsi avoir subi un effet inhibiteur dans la condition où 75 % des cibles étaient apparentées aux amorces. En fait, seul le temps de réponse aux cibles formellement reliées ne diffère pas d'une condition à l'autre : les cibles identiques et les cibles morphologiquement apparentées sont associées à des temps de décision plus longs dans la condition diminuant l'intervention des facteurs stratégiques. Si seul le temps de réponse aux cibles formellement apparentées ne diffère pas en fonction de cette condition, on doit en déduire, selon les auteurs, que l'amorçage formel ne peut être assimilé ni à l'amorçage morphologique, ni à l'amorçage non relié. La portée de cette conclusion nous paraît toutefois fort faible : elle signale simplement que l'amorçage formel paraît ne pas être dépendant de facteurs stratégiques, au contraire de l'amorçage morphologique, ce qui n'apporte aucune information sur les facteurs lexicaux sous-tendant les deux types d'amorçage.

Dans une seconde expérience (Napps et Fowler, 1987; Expérience II), les auteurs tentent de limiter davantage l'intervention des facteurs stratégiques en réduisant la proportion de paires reliées à 12.5 %. L'intervalle amorce-cible est ici au moins égal à 2.6 msec (entre 0 et 10 items). Ils ne présentent plus, dans ce cas, de paires amorce-cible morphologiquement reliées. Dans ces conditions, les auteurs n'observent aucun effet (ni facilitateur, ni inhibiteur) de l'amorçage formel, pas plus qu'ils n'en relèvent pour l'amorçage non relié (bien qu'un effet facilitateur de la répétition apparaisse toujours). Ceci confirmerait, selon eux, que l'effet d'amorçage formel obtenu dans l'expérience précédente était lié à une inhibition stratégique dans la condition d'amorçage non relié. La conclusion générale qu'ils tirent de ces données est qu'il n'existe pas d'effet d'amorçage formel qui soit attribuable à l'organisation lexicale. Il n'y aurait donc pas lieu de voir dans les effets induits par l'amorçage morphologique une quelconque contribution d'effets induits par des relations interlexicales strictement formelles.

Feldman et Moskovljević (1987; Expérience II) ont monté une expérience similaire, mais en contrôlant davantage la similarité orthographique entre les paires amorce-cible morphologiquement reliées et les paires amorce-cible formellement reliées. Dans cette étude réalisée en serbo-croate, les amorces morphologiquement reliées aux cibles correspondent à une variante diminutive de ces cibles (*stančić*; «petit appartement»/*stan*; «appartement»). Les amorces formellement reliées aux cibles sont constituées d'une forme homographe d'une racine réelle — *stan* — combinée avec une forme homographe d'un suffixe diminutif réel — *-ica*, formant ainsi un pseudo-diminutif — *stanica*; «gare». Pour un même mot-cible (***stan***), les sujets reçoivent donc deux types d'amorces structurellement et orthographiquement similaires, d'une part une variante dérivée (*stančić*) et d'autre part un mot non apparenté morphologiquement (*stanica*). Cette étude prévoit également une condition d'amorçage identique (*stan*/***stan***). L'intervalle amorce-cible s'étend de 7 à 13 items.

En considérant comme base de comparaison le temps de réponse associé à la première présentation du radical *stan*, les auteurs n'observent pas de facilitation lorsque l'amorce est un pseudo-diminutif, alors qu'un effet facilitateur significatif est relevé dans la condition d'amorçage identique et d'amorçage morphologique. Les résultats suggèrent donc, ici aussi, que la seule existence d'une parenté orthographique entre amorce et cible ne peut expliquer les effets induits par l'amorçage morphologique.

Enfin, Henderson, Wallis et Knigth (1984) ont également testé l'effet induit par la parenté formelle entre amorce et cible séparées par un intervalle de 1 ou 4 secondes. Ils ont pour leur part constaté un effet *inhibiteur* de l'amorçage formel : les temps de réponse aux cibles précédées d'une amorce formellement apparentée se sont avérés plus longs que ceux observés aux cibles non apparentées et ce, pour les deux intervalles amorce-cible considérés. Cette observation établirait, de manière indiscutable, que l'effet facilitateur de l'amorçage morphologique qu'ils observent par ailleurs ne peut être attribué à la seule existence d'une relation orthographique entre les mots morphologiquement reliés.

Les travaux que nous venons de rapporter suggèrent tous que les effets d'amorçage morphologique ne peuvent être attribués à la seule parenté formelle des mots d'une même famille morphologique. Les divergences que l'on y décèle quant à la nature des effets induits par l'amorçage formel en rendent cependant l'interprétation difficile. L'amorçage formel produit tantôt un effet facilitateur, tantôt un effet inhibiteur, et parfois aucun effet significatif n'est observé. Il est vrai que ces divergences s'accompagnent de divergences dans les conditions expérimentales employées : la composition des listes expérimentales, l'intervalle amorce/cible, les caractéristiques structurelles mêmes des amorces et des cibles, ainsi que la condition de référence, varient en fonction des études. Or, à la suite de travaux plus récents, il apparaît nettement que l'émergence et la nature des effets induits par l'amorçage formel sont liées, de manière complexe, non seulement aux conditions de présentation de l'amorce (masquée ou non), mais aussi à divers attributs lexicaux des items, tels que la longueur, la fréquence et le nombre de voisins visuels de l'amorce et de la cible.

Par exemple, Evett et Humphreys (1981) ont obtenu un effet facilitateur de l'amorçage orthographique sur l'identification du mot-cible (*file*/*tile*) avec une procédure dans laquelle l'amorce et la cible étaient présentées très brièvement en succession rapide, et où l'amorce était à la fois suivie et précédée d'un masque visuel. Forster et Davis (1984), qui n'ont masqué que l'amorce, n'ont pas observé d'effet facilitateur de l'amorçage orthographique dans une tâche de décision lexicale présentant des items de quatre lettres. Forster, Davis, Schoknecht et Carter (1987) ont répliqué ce résultat avec des items de quatre lettres, mais ont observé un effet facilitateur avec des items plus longs (huit lettres) : ainsi, la présentation masquée de **bamp* ne produit aucun effet significatif sur la reconnaissance de ***camp***, alors que **bontrast* facilite la reconnaissance de ***contrast***. Il semblerait toutefois que le facteur déterminant ces effets différentiels n'est pas la longueur du mot, en tant que telle, mais bien plutôt la «densité du voisinage visuel» du mot : des effets de facilitation ne seraient obtenus que sur des items ayant peu de voisins visuels — les mots courts manifestant, en l'occurrence, une tendance à se situer dans un voisinage visuel plus dense (Forster et Davis, 1991; Forster *et al.*, 1987).

Dans des conditions non masquées, Colombo (1986) n'a obtenu pour sa part d'effets facilitateurs que pour des mots-cibles de fréquence faible. Les mots-cibles de fréquence élevée subissaient au contraire des effets inhibiteurs de l'amorçage orthographique. Humphreys, Evett, Quinlan et Besner (1987) ont cependant montré que des effets facilitants de l'amorçage orthographique (sur l'identification des cibles) ne pouvaient être obtenus que dans des conditions de masquage de l'amorce. Dans de telles conditions, ils n'ont obtenu aucun effet différentiel en fonction de la fréquence de la cible. Forster *et al.* (1987, Expérience I) ont confirmé cette observation avec une tâche de décision lexicale. Enfin, Segui et Grainger (1990) ont montré, dans des expériences en décision lexicale, que ce n'était pas tant la fréquence de la cible qui était déterminante dans la nature de l'effet observé, que les fréquences *relatives* de l'amorce et de la cible. En outre, la nature de l'effet — inhibiteur ou facilitateur — dépendait de la procédure d'amorçage utilisée — masquée ou non. Dans des conditions non masquées (Expérience I), ils ont noté un effet inhibiteur de l'amorçage formel lorsque l'amorce est de fréquence inférieure à la cible (*char/**chat***), alors que lorsque l'amorce est de fréquence supérieure à la cible, aucun effet, ni de facilitation, ni d'interférence, n'est observé. Dans des conditions où l'amorce est masquée (Expérience II), ils ont relevé le profil exactement inverse : l'effet inhibiteur est observé lorsque les amorces sont de fréquence supérieure à celle des mots-cibles (*chat/**char***), et aucun effet n'est relevé lorsque l'amorce est de fréquence plus faible.

Etant donné le nombre et la qualité des facteurs susceptibles de déterminer la nature des effets induits par amorçage formel, il serait vain de chercher à dégager les raisons méthodologiques sous-jacentes aux divergences notées dans les études commentées plus haut. Nous retiendrons néanmoins un point : ces travaux, qui ont tenté de démontrer l'indépendance des mécanismes induits par amorçage morphologique et formel, ont tous utilisé une procédure d'amorçage non masqué, dans laquelle il apparaît que les effets induits sont fortement contaminés par des influences d'origine stratégique et/ou mémorielle. Les résultats obtenus selon cette procédure ne refléteraient donc pas strictement les propriétés d'organisation lexicale des unités formellement apparentées.

C'est là du moins ce que l'on serait conduit à penser si l'on suit l'interprétation que proposent Humphreys *et al.* (1987) ou Segui et Grainger (1990) des effets obtenus dans les deux conditions. Humphreys *et al.* font l'hypothèse que, dans des conditions masquées, l'effet facilitateur de l'amorçage formel résulte d'une activation partielle des représentations formellement apparentées au mot-amorce, qui persisterait durant le traitement du mot-cible. Dans des conditions non masquées, l'existence d'une représentation épisodique interférerait avec le mécanisme de préactivation des voisins visuels. Ceux-ci, partiellement activés lors de la présentation de l'amorce, seraient désactivés dès que l'amorce est explicitement identifiée[9]. En bref, les effets d'amorçage formel masqué sont interprétés comme étant la conséquence d'une préactivation des représentations associées au mot-amorce et à ses voisins visuels, préactivation persistant au cours du traitement du mot-cible. En revanche, les effets obtenus dans des conditions non masquées seraient dus à l'inhibition des unités qui se trouvent simultanément en compétition pour la sélection du mot-amorce (Segui et Grainger, 1990)[10].

A notre connaissance, seuls les résultats issus de l'expérience de Grainger *et al.* (1991; Expérience I) et dont nous avons fait état précédemment, apportent en définitive quelque fondement à la séparation fonctionnelle des effets d'amorçage morphologique et orthographique. Rappelons que, dans des conditions d'amorçage masqué, ces auteurs ont observé que la reconnaissance des mots préfixés était facilitée par la présentation préalable de leur racine ou d'un mot préfixé apparenté (*nom/surnom*; *prénom/surnom*). Point important, dans cette expérience, la fréquence relative des mots-amorces et des mots-cibles a été contrôlée de telle manière que les amorces étaient toujours de fréquence supérieure aux mots-cibles. Or, cette situation serait plutôt de nature à *inhiber* la reconnaissance de la cible lorsque celle-ci est seulement formellement apparentée à l'amorce (Segui et Grainger, 1990). On peut donc penser que les effets facilitateurs de l'amorçage morphologique observés dans ces conditions trouvent leur origine dans des mécanismes indépendants de ceux induits par la seule parenté formelle des mots d'une même famille morphologique. Il faut toutefois introduire quelque réserve dans cette assertion (nous avons décidément affaire à des phénomènes bien complexes...) : Segui et Grainger ont noté des effets inhibiteurs de l'amorce formelle pour des mots de quatre lettres — ici, les mots sont plus longs, donc vraisemblablement moins formellement similaires. En outre, les effets d'inhibition semblent surtout opérer lorsque la ressemblance orthographique entre l'amorce et la cible porte sur le fragment initial (*penché*/***pensif***; Grainger *et al.*, 1991, Expérience II). Grainger *et al.* (1991) soutiennent néanmoins que les effets associés à la morphologie dans la reconnaissance visuelle ne peuvent être réduits à ceux associés à la parenté orthographique. Leur argument essentiel est que, lorsqu'ils mesurent précisément les effets d'amorçage obtenus avec des items dont les fragments initiaux sont identiques (Expérience II), les temps de réponse observés pour des cibles morphologiquement apparentées (*mural*/***muret***) sont plus courts que ceux notés pour des cibles formellement apparentées (*murir*/***muret***). Néanmoins, les temps de réponse observés pour les cibles formellement apparentées à leurs amorces (*murir*/***muret***) ne sont pas significativement plus longs que ceux observés pour des cibles non reliées à leurs amorces (*nanti*/***muret***). L'effet inhibiteur de la parenté orthographique n'est donc pas confirmé (que l'amorce soit ou non plus fréquente que la cible). Ainsi, même si, pour les auteurs,

> «any differences observed between the morphologically and the orthographically related conditions can be unequivocally attributed to morphology» (Grainger *et al.*, 1991 : 378),

les contradictions qui apparaissent dans leurs résultats affaiblissent considérablement la démonstration.

Un autre point, essentiel, reste obscur. Quand bien même on accepterait l'idée que les effets de la morphologie ne peuvent être réduits à ceux de la parenté formelle, l'interrogation subsiste quant à savoir s'ils ne sont pas en réalité assimilables à des effets sémantiques. Dans l'état embryonnaire, tout autant que polémique, de nos connaissances sur les conditions précises dans lesquelles opère la facilitation sémantique (voir, par exemple, Holender (1986) pour une discussion approfondie sur ce point), on ne peut apporter une réponse définitive à cette question.

En fait, Henderson *et al.* (1984) et Napps (1989) affirment tous deux avoir démontré l'indépendance des effets sémantiques et morphologiques, mais les résultats sur lesquels ils s'appuient présentent des ambiguïtés à divers égards. Précisons tout d'abord qu'ils sont issus d'expériences en amorçage réalisées avec une procédure non masquée — et nous avons déjà dit à quel point cette procédure était susceptible de biaiser le traitement des mots-cibles.

En faveur de l'indépendance des deux types d'effets, Henderson *et al.* (1984 ; Expérience I) avancent le résultat suivant : les effets induits par l'amorçage sémantique sont moins durables que ceux induits par l'amorçage morphologique ou identique. En fait, lorsque l'intervalle entre l'amorce et la cible était d'une seconde, ils ont observé des effets facilitateurs tant de l'amorçage morphologique que de l'amorçage sémantique, et, en outre, ces effets ne différaient pas entre eux. Mais, soulignent-ils, aucun effet facilitateur de nature sémantique n'est obtenu avec un intervalle amorce/cible plus long (4 secondes) : les temps de réponse aux cibles précédées d'une amorce sémantiquement apparentée ne diffèrent pas alors des temps relevés pour les cibles précédées d'une amorce non apparentée. Si les deux effets ont ainsi une longévité différente, c'est donc, selon eux, qu'ils sont fonctionnellement distincts, qu'ils ne peuvent être assimilés l'un à l'autre. Or, ainsi que nous en avons longuement discuté auparavant, il semble que seuls les effets à court terme peuvent être attribués à des effets purement lexicaux. La différence de longévité notée par Henderson *et al.* signale donc peut-être simplement la sensibilité différentielle des conditions d'amorçage sémantique et morphologique aux interventions non lexicales.

D'un autre côté, l'expérience de Henderson *et al.* repose sur une méthode de pairage des items qui paraît insuffisamment contrôlée. Les items (amorces et cibles) utilisés dans les deux conditions d'amorçage, sémantique et morphologique, ont été pairés quant au degré de similarité sémantique entre l'amorce et la cible sur la base d'une évaluation subjective : les auteurs ont préalablement demandé à 5 juges d'évaluer sur une échelle à cinq points le degré de parenté sémantique existant entre des paires de mots. Or, on sait que la parenté sémantique connaît plusieurs dimensions (association, synonymie, superordination, etc.). Fonder le contrôle de la parenté sémantique sur une échelle uni-dimensionnelle risque donc fort de rassembler des items par ailleurs différents. On ne saurait pourtant être convaincu de l'indépendance des effets sémantique et morphologique que dans des conditions où les amorces et les cibles utilisées dans les deux types d'amorçage entretiennent entre elles des relations sémantiques de même nature. On a, de plus, des raisons de douter que ce fût le cas des items sélectionnés dans cette expérience, car les auteurs signalent que les paires amorce/cible utilisées pour l'amorçage sémantique étaient issues d'une liste de synonymes et de parasynonymes (Webster, 1976). Or, les mots morphologiquement reliés entre eux n'entretiennent qu'exceptionnellement ce type de relation[11].

Que la nature de la relation sémantique entre l'amorce et la cible constitue probablement un facteur à prendre en compte dans ce type d'expérience apparaît clairement dans les résultats dégagés par Napps (1989 ; Expérience III). En outre, lorsqu'ils sont confrontés aux résultats obtenus par Henderson *et al.*, ils illustrent, s'il en était encore besoin, la complexité des relations entre la nature des effets d'amorçage et leurs conditions d'apparition.

Ainsi, en construisant la liste des stimuli expérimentaux de telle sorte que l'intervention de procédures stratégiques soit minimisée (6.26 % des stimuli seulement sont reliés entre eux), Napps (1989) n'a observé aucun effet significatif de l'amorçage par un mot synonyme (*mistake/error*), alors que l'amorçage par un mot associé (*knife/cut*) produit un effet facilitateur, sur la reconnaissance du mot-cible, d'une ampleur équivalente à celui produit par un amorçage identique (en réalité, la différence entre les deux effets se situe à la limite du seuil de signification). Cette observation est relevée quel que soit l'intervalle amorce/cible considéré (de 0 à 10 items).

Napps (1989 : 736), qui a par ailleurs observé des effets facilitateurs de l'amorçage de formes de base avec des variantes fléchies et dérivées de ces formes (Expériences I et II), tire des résultats obtenus avec l'amorçage synonymique un argument pour soutenir que l'amorçage morphologique ne peut être expliqué par l'intervention d'effets facilitateurs d'origine sémantique :

«There is no difference in semantic relatedness favoring morphemic relatives over synonyms, yet morphemic priming is obtained and synonym priming is not».

La démonstration que les paires synonymiques et les paires morphologiques sont équivalentes, au plan de la relation sémantique qui unit les amorces à leurs cibles, n'est cependant pas plus convaincante ici que précédemment. La parenté sémantique entre les amorces et les cibles a été évaluée, ici aussi, par des juges (23 sujets ont évalué, sur une échelle à 7 points, le degré de relation sémantique entre des paires d'items). En tout état de cause, la conclusion de Napps est éminemment abusive : il ne nous paraît pas justifié — et l'auteur ne le justifie d'aucune manière — de contraster ainsi l'effet produit par des amorces morphologiques à celui produit par des amorces synonymiques, en évacuant de la discussion l'effet facilitateur observé avec des amorces associées.

En définitive, on ne dispose donc à l'heure actuelle d'aucun fait déterminant en faveur de l'idée que les effets induits par l'amorçage morphologique sont fonctionnellement distincts de ceux induits par l'amorçage sémantique et orthographique. De plus, même s'il était démontré que les effets d'amorçage morphologique ne pouvaient être réduits, ni aux effets d'amorçage sémantique, ni aux effets d'amorçage orthographique, il resterait à montrer qu'ils ne sont pas la résultante des effets sémantique et orthographique *combinés*. Autrement dit, en dépit du fait que les expériences en amorçage morphologique suggèrent fortement une organisation morphologique des représentations lexicales, il reste à démontrer que les effets obtenus ne sont pas simplement le reflet d'une organisation lexicale fondée sur les propriétés sémantiques et orthographiques de ces représentations.

Les conditions de contrôle choisies jusqu'ici pour tenter de faire cette démonstration sont inadéquates : on a opposé la condition morphologique, tantôt à la condition orthographique, et tantôt à la condition sémantique — mais jamais aux deux à la fois. Or, il sera toujours possible d'objecter, en cas de différence, que celle-ci est due au fait que seuls les effets orthographiques opèrent dans un cas, ou que seuls les effets sémantiques opèrent dans l'autre — alors que, précisément, l'hypothèse contradictoire soutient que les effets morphologiques résulteraient de la conjugaison des deux. Dans l'idéal donc, la condition de contrôle serait celle dans laquelle les amorces et les cibles seraient formellement *et* sémantiquement reliées, *sans être morphologiquement apparentées*. Il est possible que cette exigence se révèle impraticable (au vu du nombre de contraintes auxquelles devrait se plier la sélection des items), mais elle n'est pas chimérique : nous viennent à l'esprit des paires comme *averti/avisé, commun/courant, réserve/retenue, renâcler/rechigner, étriqué/étroit, effrayant/effroyable, fluide/liquide, hurler/gueuler*, qui rencontrent effectivement cette exigence.

NOTES

[1] Murrell et Morton (1974) avaient déjà auparavant utilisé ce paradigme en vue d'étudier quelle unité de réponse était rendue disponible par les logogènes — morphème ou mot. Nous ne ferons pas état de cette étude dans le détail pour deux raisons. D'une part, seuls les mots suffixés (fléchis et dérivés) ont été étudiés. D'autre part, la procédure expérimentale utilisée comporte deux phases distinctes au cours desquelles des processus de traitement de nature différente sont impliqués, ce qui rend difficile l'interprétation des résultats quant à la localisation des effets obtenus. Au cours de la première phase, les sujets sont confrontés à une tâche mémorielle (ils doivent mémoriser une liste de mots renfermant les mots-amorces). La seconde phase relève d'une tâche d'identification tachistoscopique des mots-cibles.
[2] Cité par Forster et Davis (1984).
[3] L'utilisation de stratégies prédictives a pu également être démontrée avec la procédure d'amorçage sémantique. Tweedy, Lapinski et Schvaneveldt (1977; cité par Friedrich, Henik et Tzelgov, 1991) ont observé que l'ampleur des effets induits par l'amorçage

sémantique dépendait de la proportion des paires de mots reliées dans la liste des stimuli, les effets de facilitation sémantique étant plus importants lorsqu'une forte proportion de mots-amorces étaient suivis par des mots-cibles apparentés.

[4] Nous devons cependant signaler que la littérature est divisée à propos des effets de facilitation induits par l'amorçage identique des non-mots. Certaines études ont rapporté des effets très faibles pour les non-mots (Besner et Swan, 1982; Kirsner et Smith, 1974; Scarborough *et al.* 1977; cités par Forster et Davis, 1984), d'autres pas d'effet du tout (Forbach *et al.* 1974). Mais pour Feustel, Shiffrin et Salasoo (1983), le fait de ne pas observer d'effet de facilitation pour les non-mots dans une tâche de décision lexicale devrait être interprété comme un indice en faveur, et non pas à l'encontre, de l'hypothèse d'une origine épisodique à l'effet de répétition. Ils soulignent que l'on doit s'attendre à des effets faibles ou inexistants parce que l'accès à une trace épisodique peut inhiber la réponse NON requise pour les non-mots. En étudiant le phénomène à l'aide d'une tâche qui ne demande pas d'étape de décision (tâche d'identification de mots et de non-mots en contexte masqué où les variables dépendantes sont constituées par la mesure du seuil d'identification et la proportion de réponses correctes à certains seuils pré-déterminés), ils démontrent l'existence d'effets clairs de répétition pour les non-mots.

[5] Peut-être cette difficulté pourrait-elle être résolue en traitant les effets de facilitation comme des effets de fréquence : la facilitation ne serait pas liée à une activation résiduelle des unités concernées, mais à une diminution permanente du seuil d'activation des logogènes ou à une élévation de leur niveau d'excitation au repos.

[6] En fait, selon cette procédure, les sujets peuvent être conscients de la *présence* de l'amorce, mais non de son *identité*. Forster et Davis (1984) rapportent des performances qui ne dépassent pas la probabilité due au hasard (50 % d'erreurs en moyenne) lorsqu'il est demandé aux sujets si l'amorce est un mot ou non; ils observent aussi 41 % d'erreurs quand il leur est demandé de dire si l'amorce est identique ou non à la cible.

[7] Ceci expliquerait pourquoi Oliphant (1983) n'a pas observé d'effet facilitateur de la répétition lorsque l'amorce est glissée dans les consignes, puisque, dans ces conditions, l'intervalle amorce/cible est considérablement plus long.

[8] Signalons que, dans la même expérience, les auteurs introduisent également 12 paires incluant des mots suffixés (*mural*/**muret**; *mur*/**muret**). Nous ne ferons cependant état que des résultats concernant les mots préfixés.

[9] Segui et Grainger (1990) ajoutent à cette interprétation que, lorsque l'amorce est masquée et qu'elle est de fréquence supérieure à celle de la cible (*chat*/*char*), l'activation de sa représentation entre en forte compétition avec celle du mot-cible. Ceci produit un effet inhibiteur sur la sélection, et donc sur la reconnaissance, de ce mot-cible. Dans des conditions non masquées, en revanche, les mots en forte compétition avec l'amorce (c'est-à-dire ses voisins visuels de fréquence supérieure) doivent être inhibés lors de la reconnaissance explicite de l'amorce — *chat* doit être inhibé pour l'identification de *char* — ce qui explique l'absence d'effet de facilitation pour la reconnaissance de *chat*.

[10] Dans le cadre d'un modèle où l'accès lexical s'élabore par une recherche active, les effets d'amorçage formel sont traités comme un cas particulier des effets d'amorçage identique, où un mot-amorce non identique contacte néanmoins l'entrée du mot-cible (Forster *et al.*, 1987).

[11] On a peu de précisions sur la nature précise des items présentés dans la condition d'amorçage morphologique. Ce que l'on sait, c'est que les deux éléments d'une paire amorce/cible donnée sont formés au départ d'une racine identique et ne se distinguent que par leur suffixe. On trouve parmi ces mots, mais dans des proportions et positions (amorce vs cible) non précisées par les auteurs, des formes de base, des dérivés nominaux et des formes fléchies, à la fois régulières et irrégulières.

Chapitre IV
L'effet de fréquence de la racine

La fréquence d'usage des mots dans la langue influence la rapidité avec laquelle ils sont reconnus. C'est là certainement une des conclusions des plus indiscutables issues des recherches sur la reconnaissance visuelle des mots. En manipulant expérimentalement cet effet bien connu de la fréquence lexicale, des auteurs ont tenté d'établir que les mots préfixés étaient bien identifiés via la forme de leur racine.

La logique de telles expériences peut être résumée comme suit. Si la reconnaissance de *prédire* et *redire*, par exemple, passe effectivement par la localisation de la même entrée DIRE, alors on doit s'attendre à ce que la rapidité d'accès à cette entrée soit liée à la fréquence cumulée de tous les mots formés avec cette racine — *prédire, redire, dire,* etc. Ce ne serait donc pas la fréquence propre (appelée *fréquence de surface*) de *prédire* qui devrait déterminer le temps de reconnaissance de cette unité, mais bien plutôt la fréquence d'occurrence dans la langue de la forme *dire (la fréquence de la racine)*.

A. LES EFFETS OBSERVÉS

En vue de tester cette prédiction, Taft (1979a; Expérience I) monte une expérience de décision lexicale dans laquelle il sélectionne des paires de mots préfixés telles que, dans chacune d'elles, les deux mots ont une fréquence de surface équivalente alors que la fréquence de la racine de l'un est supérieure à celle de l'autre. Si la reconnaissance des mots préfixés passe par une étape d'extraction du préfixe à l'issue de laquelle la recherche de la racine est entreprise, alors les mots préfixés dont la racine a une fréquence supérieure, devront être plus rapidement reconnus. L'auteur oppose, par exemple, dans une même paire, les mots *reproach* et *dissuade*. Tous deux ont une fréquence égale à 3 (selon la liste de Kučera et Francis, 1967). Compte tenu du fait que *approach* a une fréquence de 123 et *persuade* une fréquence de 17, il s'ensuit que la fréquence de la racine de *reproach* est supérieure à celle de *dissuade* (*-proach* : 126 vs *-suade* : 20). Taft s'attend donc, si l'hypothèse de décomposition morphologique est correcte, à ce que *reproach* soit reconnu plus rapidement que *dissuade*, en dépit du fait que leur fréquence d'usage propre est identique.

Signalons que les mots d'une même paire ne sont pas seulement équivalents au plan de leur fréquence de surface, mais aussi au plan du nombre de mots existants formés avec la même racine et dont la fréquence de surface est supérieure à celle du mot sélectionné pour l'expérience. Ainsi, pour *reproach* comme pour *dissuade*, il n'existe qu'un seul mot de fréquence supérieure formé avec la même racine (respectivement, *approach* et *persuade*). Cette variable a été prise en considération de manière à contrôler l'éventuel effet d'interférence que pourrait produire l'existence d'une forme apparentée de fréquence supérieure à celle de la forme présentée. Dans la logique de l'hypothèse de décomposition et du modèle de recherche, on peut en effet penser que, une fois l'entrée PROACH localisée, le mot du paradigme qui présente la fréquence de surface la plus élevée sera examiné en premier lieu (dans l'exemple considéré, *approach*), ce qui peut provoquer un retard dans la reconnaissance de l'item présenté, *reproach*.

Les temps de réponse relevés aux deux ensembles de mots préfixés confirment les prédictions tirées de l'hypothèse de décomposition : les mots préfixés formés d'une racine plus fréquente sont reconnus plus vite que ceux formés d'une racine de fréquence inférieure. Ceci, selon Taft, confirmerait de manière claire les hypothèses formulées par Taft et Forster (1975), à savoir, d'une part, que les mots préfixés font l'objet d'une décomposition prélexicale, et d'autre part, que les racines liées sont représentées dans le lexique (tous les items de l'expérience étaient en effet du type de *dissuade* et *reproach*, c'est-à-dire constitués d'une racine non libre, ici *-suade* et *-proach*).

Taft (1979a) obtient des résultats similaires avec des mots fléchis (Expérience II), et observe en outre, avec ces mots fléchis, que la fréquence de surface d'un mot influence, elle aussi, le temps nécessaire à sa reconnaissance (Expérience III). Dans cette dernière expérience, il contrastait des mots fléchis formés d'une racine de fréquence équivalente, mais qui différaient néanmoins au plan de leur fréquence de surface (situation inverse à celle imaginée dans les Expériences I et II). Dans ces conditions, le temps de reconnaissance s'avère plus court pour le mot fléchi dont la fréquence de surface est plus élevée.

B. L'INTERPRÉTATION DES EFFETS OBSERVÉS

C'est à la suite des données que l'on vient de rapporter, données apparemment contradictoires en ce qu'elles suggèrent qu'à la fois la fréquence de surface et la fréquence de la racine d'un mot préfixé (ou d'un mot fléchi) influencent son temps de reconnaissance, que Taft (1979a) modifie la première version de l'hypothèse de décomposition morphologique. Il la situe en fait dans le modèle lexical proposé par Forster (1976), et dans lequel les représentations servant de codes d'accès dans le fichier périphérique (orthographique) sont distinguées des représentations du fichier principal :

> «In the master file, all forms of a word must be represented in some way, since it is here that all lexical information is provided. Therefore, by definition, each word must be stored separately in some form in the master file. The peripheral file, however, needs only list the stem of the word, since it needs only list sufficient information for the correct entry to be found. In other words, the claim is being made that words are stored in their base forms in the peripheral file, but in their surface forms in the master file. In order to explain the present results, then, one must assume that frequency plays a role in two places : the peripheral file and the master file» (Taft, 1979a : 270).

Ainsi, l'effet de la fréquence de la racine, observé dans les Expériences I et II, émanerait du fichier périphérique, au niveau duquel la représentation utilisée pour la confrontation avec la représentation physique du stimulus correspond à la racine du mot. L'effet de la fréquence de surface d'un mot interviendrait au cours de l'étape de reconnaissance de la combinaison «racine + affixe(s)», opérant sur base de l'information représentée dans le fichier principal : *approach* y sera ainsi reconnu plus vite que *reproach* puisque, dans le fichier principal, la combinaison de *ap-* avec *-proach* est plus fréquente que celle de *re-* avec cette même racine *-proach* (Taft, 1979a : 270).

Il faut remarquer que Taft (1979a) généralise en fait à tous les mots complexes une observation qu'il n'a pourtant relevée qu'à propos des mots fléchis. S'il a bien observé que la fréquence de la racine influençait le temps de reconnaissance des mots préfixés (Expérience I), le rôle de la fréquence de surface n'a été mesuré que pour les seuls mots fléchis (Expérience III). Par conséquent, on ne peut considérer que le modèle qu'il propose soit *strictement* étayé par ses résultats.

Burani et Caramazza (1987) ont, à la suite d'expériences similaires, obtenu les mêmes résultats avec des mots dérivés (suffixés) italiens. D'un côté (Expérience I), ils relèvent un effet de la fréquence de la racine lorsqu'ils contrastent les temps de reconnaissance à des mots dérivés de fréquence de surface identique mais dont la fréquence de la racine diffère : *osservazione* est reconnu plus vite que *illustrazione*, alors que leur fréquence de surface est équivalente; mais *osserv-* est plus fréquent que *illustr-*. D'un autre côté (Expérience II), à fréquence d'occurrence des racines équivalente, les mots dont la fréquence propre est plus élevée sont reconnus plus vite : alors que *communic-* a une fréquence équivalente à celle de *continu-*, *communicazione* est reconnu plus rapidement que *continuazione*, qui est doté d'une fréquence de surface inférieure à celle de *communicazione*.

Burani et Caramazza (1987) proposent de leurs résultats une interprétation différente de celle avancée par Taft (1979a) à propos d'observations similaires. Les données qu'ils obtiennent, ainsi d'ailleurs que celles dégagées par Taft (1979a), confirmeraient, selon eux, le modèle AAM (*Augmented Addressed Morphology*; cf. Première Partie, Chapitre III, pp. 68 sv.). Dans le contexte de ce modèle, la présentation du stimulus *communicazione* va avoir pour conséquence d'activer (de manière passive) le code d'accès correspondant à la forme entière du mot. C'est donc au niveau du système d'accès qu'interviendrait l'effet de la fréquence de surface observé pour cet item. Le code d'accès COMMUNICAZIONE va ensuite activer, dans le lexique orthographique d'entrée, les morphèmes COMMUNIC et AZIONE. Etant donné que la reconnaissance d'un mot n'est achevée que lorsque des représentations sont contactées dans le lexique orthographique, les latences de décision associées à la reconnaissance de *communicazione* seront donc affectées également par la fréquence d'occurrence de la racine *communic-*. Dans le cadre du même modèle AAM, il est possible toutefois, signalent les auteurs, d'envisager que l'effet de fréquence de la racine intervienne en réalité au niveau du système d'accès. Il suffirait de postuler que chaque fois qu'un code d'accès unitaire est activé et qu'il active, en retour, l'entrée-racine correspondante dans le lexique orthographique, l'activation associée à cette unité-racine se propage vers toutes les unités d'accès renfermant cette racine. Ainsi, l'activation de l'unité d'accès OSSERVAZIONE pour le stimulus *osservazione* va à son tour activer, par l'intervention de mécanismes d'activation opérant entre les deux niveaux du système lexical, les unités d'accès correspondant à *osservare, osservatore*, etc. — en conséquence de quoi les seuils de reconnaissance de ces unités d'accès seront abaissés de manière permanente. En d'autres termes, le seuil de reconnaissance de *osservazione* sera moins élevé que celui de *illustrazione*, parce que le premier, et non le second, appartient à un paradigme morphologique qui inclut des unités fréquemment activées (*osservare, osservatore*, etc.) et qu'il bénéficie ainsi de l'activation répétée de ses associés morphologiques.

Il est clair que l'observation selon laquelle la rapidité de reconnaissance d'un mot complexe est affectée tant par sa fréquence de surface que par la fréquence de sa racine est compatible à la fois avec le modèle taftien et le modèle AAM — ce qui s'explique aisément par le fait que les deux modèles postulent la co-existence, dans le système lexical, de représentations correspondant à la forme entière et de représentations correspondant à la forme de la racine d'un mot complexe donné. L'un, le modèle taftien, situe les représentations de la racine dans le système d'accès, au niveau duquel l'autre, le modèle AAM, situe les représentations de la forme entière.

Il apparaît ainsi que les données issues de la manipulation des effets de fréquence sont tout aussi ambiguës que celles issues des expériences en amorçage. Elles ne permettent pas d'établir en tout cas, de manière indiscutable, si la procédure d'accès aux formes complexes opère sur la base d'un code correspondant à leur forme entière ou bien à la forme de leur racine. En outre, ainsi que Burani et Caramazza (1987) l'admettent également, l'effet de la fréquence de la racine peut être compris non seulement par référence à des modèles qui supposent l'existence, à un niveau ou un autre du système lexical, de représentations décomposées, mais aussi par référence à des modèles qui ne postulent *aucune* décomposition du tout. Il suffit que, dans cette perspective, on envisage que les représentations associées aux mots complexes, pour être unitaires, n'en sont pas moins inter-reliées : chaque fois qu'une représentation unitaire donnée serait activée, son activation se propagerait vers toutes les représentations auxquelles elle est reliée. Ceci aurait pour effet d'abaisser, de manière permanente, le seuil d'activation de toutes les représentations associées dans une même famille morphologique.

C. L'ORIGINE DES EFFETS OBSERVÉS

Aux ambiguïtés d'ordre théorique que nous venons d'exposer, s'ajoutent des difficultés d'ordre méthodologique, qui affaiblissent considérablement la portée des résultats obtenus par la manipulation des effets de fréquence. D'abord, on a fait valoir que la fréquence de la racine n'était déterminante que dans des conditions expérimentales qui seraient de nature à favoriser une décomposition stratégique des mots complexes. Ensuite, des doutes sérieux pèsent, à l'heure actuelle, sur la localisation de l'effet classique de la fréquence des mots sur le temps de réponse des sujets dans une tâche de décision lexicale.

1. Les effets de fréquence de la racine sont-ils produits par un mécanisme automatique ou stratégique ?

Les résultats obtenus par Taft (1979a; Expérience I) peuvent avoir été biaisés par le fait que la liste des stimuli soumis aux sujets contenait exclusivement des items préfixés : les 36 mots préfixés (18 paires de mots) étaient présentés avec 35 non-mots distracteurs, eux-mêmes également préfixés[1]. Une telle situation pourrait induire chez les sujets une stratégie de décomposition morphémique qui ne s'appliquerait pas dans des conditions de lecture habituelle (Andrews, 1986; Nagy, Anderson, Schommer, Scott et Stallman, 1989; Rubin *et al.*, 1979).

Que l'intervention de procédures stratégiques puissent révéler des effets de fréquence de la racine peut se comprendre de deux manières. D'un côté, on peut envisager, avec par exemple Stanners, Neiser et Painton (1979), que les racines (mêmes liées), tout comme les mots complexes eux-mêmes, sont représentées dans le lexique. L'accès lexical serait alors d'autant plus susceptible d'opérer via la racine que l'environnement dans lequel sont présentés les stimuli est fortement saturé en stimuli préfixés. D'un autre côté, si on opte pour une conception lexicale où les représentations unitaires associées aux différents membres d'une même famille sont reliées entre elles, une stratégie de décomposition peut être de nature à favoriser la propagation de l'activation entre ces membres associés (Andrews, 1986).

Andrews (1986) a observé que la fréquence de la racine n'affectait les temps de réponse à des mots dérivés (suffixés) que lorsque ceux-ci étaient présentés sur une liste expérimentale contenant également des mots composés (Expériences I et III). Si la procédure d'accès aux mots suffixés n'est influencée par la fréquence de la racine que dans un environnement expérimental donné, c'est donc, conclut Andrews, que la décomposition morphologique n'est qu'une procédure *optionnelle*, et non pas obligatoire comme le soutient Taft (1979a). La présence de mots composés conduirait les sujets à adopter une stratégie de reconnaissance utilisant l'information fournie par les constituants morphémiques des mots. Cette procédure optionnelle aurait pour effet d'exploiter les liens excitatoires associant les représentations lexicales morphologiquement apparentées.

On doit cependant signaler que Nagy *et al.* (1989) ont observé que la rapidité de reconnaissance de mots *monomorphémiques* (par exemple, *spike*) était influencée par la fréquence de leurs associés, fléchis (*spike, spiked*) et dérivés (*spiky*). La liste soumise aux sujets ne contenait pourtant que des mots ou non-mots monomorphémiques. Cette observation ne nous dit rien, il est vrai, des procédures d'accès utilisées pour les mots complexes, mais elle signale à tout le moins que les relations morphémiques associant les représentations lexicales d'une même famille morphologique pourraient influencer les procédures de reconnaissance des mots en l'absence de toute intervention de nature stratégique.

Par ailleurs, les résultats obtenus par Andrews (1986) sont en contradiction avec d'autres, obtenus pour des mots suffixés également, et dans des conditions expérimentales qui ne sont pas passibles des mêmes critiques que celles utilisées par Taft (1979a). Burani et Caramazza (1987) ont ainsi observé un effet de la fréquence de la racine sur la reconnaissance de mots suffixés, alors que la liste expérimentale présentée à un sujet ne contenait que 16 mots dérivés parmi 114 mots non dérivés (mais néanmoins fléchis), auxquels avaient été adjoints 130 non-mots de structure parallèle à celle des mots[2]. De même, Colé, Beauvillain et Segui (1989) ont répliqué les résultats de Taft (1979a) avec des mots suffixés français. Or, la liste qu'ils présentaient aux sujets, pour comporter davantage d'items morphologiquement analysables, relativement aux items non analysables, que celle de Burani et Caramazza (1987), en contenait toutefois bien moins que celle de Taft (1979a) : en vue de limiter la probabilité d'intervention de procédures décompositionnelles de nature stratégique, ces auteurs ont inséré dans leur liste, à côté de leurs 80 mots dérivés testés, 160 mots monomorphémiques[3].

Le tableau se complique néanmoins lorsqu'on considère les résultats obtenus par Colé, Beauvillain et Segui (1989; Expérience I), dans ces mêmes conditions, à propos cette fois de mots préfixés : le temps de reconnaissance des mots préfixés n'était pas affecté par la fréquence de leur racine. Comme la proportion des stimuli analysables relativement aux stimuli inanalysables était sur la liste de Colé *et al.* bien inférieure à celle de la liste de Taft (1979a) — qui était, rappelons-le, exclusivement formée d'items préfixés — on doit donc bien considérer la possibilité que les résultats dégagés par Taft (1979a) en faveur de l'hypothèse de décomposition morphologique aient effectivement été biaisés par la composition de la liste expérimentale. Seidenberg (1984; cité par Seidenberg, 1989) rapporte d'ailleurs lui aussi des résultats suggérant la nature optionnelle de la décomposition en anglais. Il n'a noté un effet significatif de la fréquence de la racine sur la reconnaissance de mots préfixés anglais que lorsqu'un grand nombre de stimuli présentés étaient préfixés. Cette observation n'a pas été répliquée avec une liste moins saturée en préfixés.

Est-ce à dire que, dans des conditions non (ou moins) biaisées, seuls les mots suffixés feraient l'objet d'une décomposition ? La question reste entière, mais nous devons souligner que, pour Colé *et al.* (1989), les mots suffixés, pas plus que les mots préfixés, ne feraient l'objet d'une décomposition avant d'être reconnus. L'effet de la fréquence de la racine, observé dans le cas des mots suffixés, révélerait que l'accès à leurs représentations se fait via la racine, mais ce mécanisme ne serait pas lié à une décomposition préalable du stimulus : il le serait au fait que les procédures d'analyse opéreraient de gauche à droite (Colé, Beauvillain, Pavard et Segui, 1986; Segui et Zubizarretta, 1985; cf. Première Partie, Chapitre III, p. 72). Taft (1985 : 104) soutient d'ailleurs la même hypothèse à propos des mots dérivés suffixés :

> «The actual access code for derived words is seen to be the stem of the word but the means of isolating this access code is via a left-to-right parsing procedure rather than by recognizing the derivational suffix and then stripping it off».

En tout état de cause, les divergences entre les résultats obtenus par Taft (1979a), d'une part, et Colé *et al.* (1989), d'autre part, à propos de mots préfixés pourraient indiquer que l'intervention d'une procédure décompositionnelle est conditionnée à la nature du contexte de présentation des stimuli. D'autres éléments doivent être considérés néanmoins, avant que d'émettre une conclusion ferme à cet égard. Les études de Taft (1979a) et de Colé *et al.* (1989) diffèrent en effet en regard d'autres aspects que celui de la composition de la liste expérimentale — à commencer par le fait que l'expérience de Taft (1979a) portait sur des mots préfixés constitués d'une racine non libre, alors que Colé *et al.* présentaient des mots préfixés dotés d'une racine libre.

On ne peut négliger, dans le même temps, la possibilité que la contradiction entre les résultats de Taft et ceux de Colé *et al.* soit liée à des différences inter-linguistiques. Colé *et al.* (1989) rapportent ainsi une étude de Pavard (1985) qui indique que les formes préfixées sont bien moins fréquentes en français que ne le sont les formes pseudo-préfixées (des formes qui, dans leur segment initial, présentent une séquence de lettres homographe d'un préfixe; par exemple : *décembre*). Le coût qui serait associé à une décomposition prélexicale serait par conséquent tout à fait disproportionné en regard de ses avantages. Il se pourrait donc que l'hypothèse d'une décomposition prélexicale obligatoire reste valide pour les mots préfixés anglais (mais les résultats obtenus par Seidenberg, 1974, ne vont pas dans ce sens), bien qu'elle ne puisse être généralisée aux mots préfixés français.

Le point le plus important à souligner concerne cependant la procédure de pairage des items, qui diffère de manière notable entre les études de Taft (1979a) et de Colé *et al.* (1989). Rappelons que, dans les deux cas, les mots préfixés sélectionnés ont été arrangés en paires. Dans une paire donnée, un des mots est formé d'une racine dont la fréquence d'occurrence est supérieure à celle de la racine constitutive de l'autre mot. Puisque l'on désire, par ce pairage, tester si le premier est ou non reconnu plus rapidement que le second, il s'agit bien évidemment de s'assurer que les deux mots d'une même paire sont équivalents au plan des autres paramètres susceptibles d'influencer leur temps de reconnaissance, le plus évident étant bien sûr celui de la fréquence de surface. Il semble en fait que Taft (1979a) et Colé *et al.* (1989) n'aient pas considéré, dans la procédure de pairage, les mêmes paramètres.

D'abord, Taft (1979a) a sélectionné les deux mots préfixés d'une paire donnée de telle manière qu'ils aient tous deux un même nombre d'associés morphologiques de fréquence supérieure à la leur — paramètre que Colé *et al.* ne signalent pas avoir considéré. Or, il est possible que la présence dans le lexique d'un mot formé avec la même racine mais associé à une fréquence d'usage supérieure à celle du mot présenté produise un effet d'interférence susceptible de retarder la reconnaissance de ce mot. L'effet de la fréquence de la racine sur la reconnaissance d'un mot préfixé serait peut-être, dans ces conditions, moins détectable.

Ensuite, ce qui est désigné, ici et là, par «fréquence de surface» et «fréquence de la racine» semble ne pas recouvrir une réalité identique. La procédure de pairage des items utilisée par Colé *et al.* ne se fonde pas, contrairement à la formulation utilisée (*frequency of the whole word* ou *surface frequency*), sur la fréquence d'occurrence de la forme de surface d'un mot préfixé. Les auteurs ont utilisé les estimations de fréquence établies par le C.N.R.S.-T.L.F (1971), qui ne fournit aucun indice relatif à la fréquence de surface des entrées : la fréquence d'une entrée donnée correspond en réalité à la fréquence cumulée de toutes ses variantes fléchies[4]. Autrement dit, lorsque Colé *et al.* disent avoir apparié la fréquence de surface de *envoler* avec celle de *enchanter*, c'est en réalité la fréquence cumulée de *envoler* + *envolera* + *envolait* + etc. et celle de *enchanter* + *enchantera* + *enchantait* qu'ils ont considérées. Il semble, au contraire, que lorsque Taft (1979a) parle de la fréquence de surface de *reproach* et *dissuade*, il fasse strictement référence à la fréquence de ces formes, et non à la fréquence cumulée de *reproach* + *reproached* + *reproaches* + *reproching* et de *dissuade* + *dissuaded* + *dissuades* + *dissuading*.

Le problème est de savoir lesquels, des résultats de Taft (1979a) ou de ceux de Colé *et al.* (1989), sont susceptibles d'avoir été biaisés par l'adoption d'une mesure qui s'avérerait inappropriée. Quelle mesure faut-il considérer lorsqu'on désire contrôler la fréquence d'usage dans une paire de mots que l'on contraste ? D'un côté, on peut faire valoir qu'en dernière instance, c'est bien sur la forme de surface d'un mot présenté dans une tâche de décision lexicale que les sujets doivent émettre leur décision — c'est bien la forme particulière du mot présenté qui doit être, autrement dit, reconnue. Mais, d'un autre côté, Taft (1979a, Expérience II) a lui-même montré que la fréquence des variantes fléchies d'une forme en influençait significativement le temps de reconnaissance. Selon Cutler (1983), il ne fait aucun doute, compte tenu des données expérimentales rapportées à propos des mots fléchis, que l'appariement en fréquence de stimuli expérimentaux doit être fondé sur la fréquence cumulée des variantes fléchies régulières d'une forme donnée.

Il se pourrait finalement que l'adoption de l'une ou l'autre mesure n'ait en réalité qu'un effet négligeable sur les résultats. Après tout, les deux mesures de fréquence sont nécessairement corrélées, et l'une — la fréquence de surface — est nécessairement toujours inférieure à l'autre — la fréquence cumulée des variantes fléchies de cette forme. Selon les mesures effectuées par Nagy *et al.* (1989) sur les temps de réponse associés à 165 mots monomorphémiques, la corrélation entre le temps de réponse et la fréquence de surface des mots s'est élevée à -.658, et ce coefficient passait à -.695 lorsque la fréquence des variantes fléchies régulières des mots était prise en considération (notons en passant que la prise en considération de la fréquence des variantes dérivées n'apporte que peu d'informations supplémentaires : la corrélation passe alors à -.699). C'est dire que la fréquence de surface d'un mot donné reste un bon prédicateur du temps nécessaire à sa réponse, même si la fréquence cumulée de ses variantes fléchies apparaît comme un indice plus fin.

Ces données sont toutefois issues d'une analyse statistique portant sur un ensemble relativement vaste d'items (165 mots) et on ne peut dire si les items particuliers sélectionnés dans les expériences de Taft et de Colé *et al.* se conforment à ces tendances générales. En particulier, la relation entre les deux mesures n'est peut-être pas comparable dans les deux ensembles de mots préfixés contrastés — ceux dotés d'une racine fréquente et ceux dotés d'une racine moins fréquente. Ainsi, si les mots du type *reproach* sont reconnus plus vite que ceux du type *dissuade* dans l'expérience de Taft, en dépit de leur fréquence de surface équivalente, ce n'est peut-être pas tant parce que les racines du type *-proach* sont plus fréquentes que les racines du type *-suade*, mais peut-être plutôt parce que la fréquence cumulée des variantes fléchies des mots de la catégorie *reproach* (ou certains d'entre eux) serait plus élevée que celle de la catégorie *dissuade*[5]. Une question parallèle pourrait se poser à l'encontre des résultats de Colé *et al.* : si les performances aux mots du type *envoler* ne diffèrent pas de celles observées pour le type *enchanter*, alors que la fréquence des racines du type *voler* est supérieure à celle des racines du type *chanter*, ne serait-ce pas que la fréquence de surface réelle des mots du type *envoler* (ou seulement certains d'entre eux) est inférieure à celle des mots du type *enchanter* ? Si tel était le cas, l'effet (facilitateur) éventuel qui serait induit par la fréquence plus élevée de la racine *voler* pourrait bien se voir réduit, sinon annulé[6].

Quant à l'autre paramètre de fréquence concerné dans ce type d'expériences, et qui fait lui l'objet de la manipulation, Taft (1979a) parle de *stem frequency* et Colé *et al.* (1989) de *root frequency*, et il semble bien que ces formulations renvoient aussi à des comptages différents. Pour déterminer la fréquence de la racine *-proach*, il semble que Taft se borne à additionner les fréquences respectives de *approach* et *reproach* — sans considérer les autres variantes dérivées (et fléchies) de cette racine (*reproachful, reproachfully, approachable*, etc.). Il semble au contraire que Colé *et al.* aient sommé les fréquences de tous les membres d'un même paradigme, et que, pour estimer la fréquence de la racine du mot *découper*, ils aient additionné les fréquences respectives non pas seulement, comme Taft le ferait, de *couper, recouper* et *découper*, mais aussi celles de *coupure, coupeur, découpeur, découpage, découpe*, etc. Si nous ne pouvons que le supposer, c'est que les auteurs sont peu explicites sur ce point, et l'exemple qu'ils donnent ne concerne que les mots suffixés (la fréquence de la racine pour le mot *jardinier* est la somme des fréquences de *jardin, jardinage, jardiner*, etc.). Dans quelle mesure et dans quel sens les résultats obtenus dans les deux études auraient pu être influencés par les choix différents sous-tendant l'estimation de la fréquence de la racine, nous ne saurions le dire avec précision[7]. Nous ferons remarquer néanmoins que la fréquence de la racine des mots préfixés, dans l'étude de Taft, est uniquement déterminée par la fréquence de surface cumulée des *autres mots préfixés* formés sur la base de la même racine. Un coup d'œil aux items sélectionnés par Colé *et al.* nous suggère que, pour ces items, la fréquence de la racine est certainement davantage affectée, dans l'ensemble, par la fréquence des *mots suffixés* formés avec cette racine, que par celle des autres mots préfixés : bon nombre de mots présentés connaissent davantage d'associés suffixés que préfixés (*indigné, rechercher, endetté*, etc.); dans l'ensemble des mots dont la fréquence de la racine est élevée, plus de la moitié d'entre eux ne connaissent aucun associé préfixé (11/20).

Cette discussion, il est vrai, pose davantage de questions qu'elle ne propose de pistes explicatives pour les divergences observées entre les résultats. Il importait néanmoins, selon nous, de souligner ces divergences dans la procédure de sélection des items, fût-ce uniquement pour illustrer à quel point la manipulation expérimentale des effets de fréquence s'avère délicate. En particulier, parce qu'elle exige qu'on réponde d'abord à la question suivante : la fréquence de quelle(s) forme(s), parmi toutes celles avec lesquelles un mot donné peut être mis en relation, s'agit-il de prendre en considération ? Le paradoxe, c'est que la réponse à cette question, si on veut qu'elle ne soit pas arbitraire, dépend en réalité du mode d'organisation des entrées lexicales — et donc en fait, de la réponse à la question que l'on se pose en réalisant ce type d'expérience. On se trouve donc dans une situation où les effets manipulés ne se fondent que sur des mesures dont la validité n'est qu'hypothétique. Ainsi par exemple, comment justifier que Taft ne prenne pas en considération la forme *approachable* dans le calcul de la fréquence de la forme h-*proach*, si ce n'est qu'il fait (implicitement) l'hypothèse, non vérifiée, que les formes suffixées ne font pas l'objet d'une décomposition prélexicale ? A l'inverse, si Colé *et al.* considèrent que la fréquence de la racine *coup-* dans le mot *découper* dépend de la fréquence de *coupeur*, et non pas seulement de celle de *couper* et *recouper*, c'est sans doute qu'ils postulent (toujours implicitement), et peut-être sans fondement, que toutes les formes morphologiquement apparentées à un mot (fléchies, préfixées, dérivées) sont regroupées sous une entrée commune. En outre — et bien que cet aspect n'apparaisse jamais dans les travaux cités — comment la décision peut-elle être prise, dans de tels comptages, de considérer ou non les formes apparentées irrégulières — si ce n'est en fonction de la conception que l'on se fait a priori de la manière dont ces formes sont représentées dans le lexique mental ?

On doit regretter, en tout état de cause, que les expérimentateurs ayant manipulé les effets de fréquence se soient si peu préoccupés de ces difficultés et n'aient pas au moins explicité clairement comment et sur la base de quels postulats ont été effectués les comptages.

2. Les effets de fréquence observés dans une tâche de décision lexicale ont-ils bien une origine lexicale ?

Nous l'avons dit, c'est aujourd'hui une observation bien établie que la fréquence d'usage d'un mot dans la langue influence les performances des sujets dans diverses tâches impliquant la reconnaissance visuelle des mots. Jusqu'il y a peu, il existait dans la littérature un accord, à notre connaissance unanime, sur le fait que cet effet fréquentiel affectait le processus d'accès lexical. C'est la raison pour laquelle les modèles de reconnaissance lexicale qui ont été développés ces dernières années prévoient tous, sans exception, l'un ou l'autre mécanisme susceptible de rendre compte de cet effet de la fréquence des mots sur la rapidité avec laquelle ils sont reconnus.

Une série de publications plus récentes ont eu pour effet d'ébranler considérablement les certitudes quant à la localisation de l'effet de fréquence observé plus spécialement dans des tâches de décision lexicale.

Morton (1982) a ainsi défendu l'idée que l'effet de fréquence observé dans des tâches de décision lexicale devait être attribué à la structure des composants sémantique et associatif du système cognitif. Les décisions lexicales sont basées sur le produit d'opérations situées dans le système cognitif, dans lequel les mots fréquents auraient des associations plus fortes et plus riches. Cette position trouve son origine dans les observations suivantes.

Si l'effet de la fréquence, observé dans des expériences en décision lexicale, intervenait bien au niveau du système logogène (le système d'identification des unités lexicales), on devrait observer une interaction entre cet effet et celui produit par la lisibilité du stimulus[8]. Or, on a montré que, dans une tâche de décision lexicale, ces effets étaient en réalité additifs (Becker et Killion, 1977 ; Stanners, Jastrzembski et Westbrook, 1975), ce qui suggère que les deux facteurs — fréquence et lisibilité — affectent des processus différents.

Selon Morton (1982), c'est là un indice de ce que l'effet de la fréquence des mots observé dans ce type de tâche provient de processus situés dans le système cognitif, alors que l'effet du facteur «lisibilité du stimulus» intervient au niveau du système logogène. On doit donc s'attendre à ne pas observer d'interaction entre les facteurs de fréquence et de lisibilité.

En d'autres termes, Morton (1982) rejette les effets de fréquence observés dans les tâches de décision lexicale dans des processus se situant *après* l'identification ou l'accès lexical. En substance, c'est la même idée que l'on retrouve dans les travaux de Balota et Chumbley (1984, 1985), à la suite desquels s'est véritablement engagée une controverse quant à la localisation des effets de fréquence observés dans les tâches de décision lexicale.

Le problème provient essentiellement du fait que le temps de décision lexicale est bien entendu déterminé, non pas seulement par les propriétés du système d'accès, mais également par celles d'autres processus intervenant après cet accès et à l'issue desquels le sujet se forme une conclusion à propos du stimulus présenté. Mais, avant d'aller plus loin, nous voudrions souligner, avec Bradley et Forster (1987), que cette distinction entre processus opérant avant et après l'accès lexical, pour être théoriquement fondée, risque néanmoins d'être exploitée aux seules fins de réconcilier une théorie avec des faits discordants :

> « There is, of course, an inevitable danger that a distinction between access and recognition[9] might totally protect any theory of lexical access from disconfirmation, since any unwelcome facts about language performance can be attributed to the recognition system. That danger does not argue against the stand adopted here, but against its inappropriate use : the distinction between access and recognition is vacuous, and should be discarded, only if it were to achieve nothing other than saving a theory » (Bradley et Forster, 1987 : 110).

Il nous paraît précisément qu'en situant les effets de fréquence observés dans les tâches de décision lexicale au niveau des processus postlexicaux, la motivation principale de Morton (1982) a été de défendre, contre des faits rapportés par ailleurs, le modèle des logogènes — d'autant que son argumentation n'est en réalité étayée par aucun fait nouveau. En revanche, c'est sur la base de données expérimentales que Balota et Chumbley (1984) ont mis en évidence l'influence déterminante du type de tâche proposée aux sujets sur les effets de fréquence observés.

Balota et Chumbley (1984) ont comparé l'effet de diverses variables lexicales, dont la fréquence d'occurrence, dans trois tâches impliquant un accès lexical. Dans la première (tâche de vérification catégorielle, Expérience I), les sujets doivent décider le plus rapidement possible si un mot donné (par exemple, *robin* ou *sofa*) relève ou non d'une catégorie sémantique (*bird*, par exemple). Les mêmes mots sont ensuite présentés à des sujets dans une tâche de décision lexicale (Expérience II) et une tâche de lecture à voix haute (Expérience III). L'analyse de régression multiple, menée sur la base des mêmes facteurs prédicteurs dans les trois expériences, fait apparaître que la fréquence des mots n'a pas d'effet significatif sur le temps de vérification, alors qu'elle affecte le temps de décision lexicale et, dans une moindre mesure, le temps de lecture à voix haute. L'effet de la fréquence lexicale semble donc dépendant de la nature de la tâche. Or, soulignent les auteurs, si la fréquence lexicale était réellement une variable déterminante dans la structuration et l'accès au lexique, elle ne devrait pas affecter différemment les performances à des tâches qui requièrent toutes un accès lexical.

Etant donné que les effets de fréquence ne sont pas significatifs dans la tâche de vérification, et qu'ils sont bien moins importants dans la tâche de lecture que dans la tâche de décision lexicale, c'est donc, concluent Balota et Chumbley, qu'une part importante des effets de fréquence observés dans une tâche de décision lexicale doit être attribuée à des processus spécifiques à cette tâche, et indépendants de ceux impliqués dans l'accès lexical. Les effets de fréquence interviendraient au niveau des processus de décision, que Balota et Chumbley proposent de modéliser comme suit.

Les auteurs commencent par postuler que les sujets utilisent des informations telles que la significativité (*meaninfulness*) et la fréquence avec laquelle ils ont rencontré auparavant les stimuli présentés, en vue de faciliter leur tâche de discrimination entre les mots et les non-mots. Une première étape du processus de décision consiste alors à déterminer rapidement la valeur du stimulus présenté à l'égard de ces deux dimensions (*familiarity-meaningfulness value*, FM value). Si cette valeur est très élevée (plus exactement, si elle excède un seuil-critère supérieur prédéterminé) ou très faible (si elle n'excède pas la valeur d'un seuil-critère inférieur), le sujet pourra émettre, sur cette seule base, une réponse rapide : la réponse « mot » dans le premier cas, « non-mot » dans le second. Si cette valeur est intermédiaire, une deuxième étape sera nécessaire, par laquelle le sujet évaluera de manière plus analytique la séquence de lettres présentée : par exemple, le sujet peut avoir besoin de comparer la séquence graphique présentée à celle d'un mot représenté dans son lexique mental.

Si la tâche de décision lexicale produit d'importants effets de fréquence lexicale, c'est que les mots de fréquence faible sont associés à des valeurs FM plus faibles que les mots de fréquence élevée. En effet, dans le cas des mots de fréquence faible, une analyse globale (1re étape) ne pourra que rarement déboucher sur une valeur FM suffisamment élevée pour enclencher une décision rapide. L'étape analytique sera donc plus souvent nécessaire pour les mots de fréquence faible que pour les mots de fréquence élevée. Ainsi, le temps de réponse à un mot donné serait surtout déterminé, dans une tâche de décision lexicale, par la probabilité qu'un stimulus génère une valeur FM au moins égale au seuil-critère supérieur.

Ces données ont soulevé une difficulté de taille pour tous les modèles de reconnaissance visuelle qui, s'appuyant pour une grande part sur les résultats d'expériences en décision lexicale, ont envisagé des mécanismes d'accès lexical fondés sur les propriétés fréquentielles des mots. Et ceci, en dépit du fait que les observations relevées par Balota et Chumbley (1984) ne doivent pourtant pas être comprises comme des faits *réfutant* catégoriquement l'hypothèse que les procédures d'accès lexical sont sensibles à la fréquence des mots :

> «It is important to reiterate here that we are not arguing that word frequency has no impact on lexical access. Our data do not support that conclusion, and our model takes no position with respect to such a claim» (Balota et Chumbley, 1984 : 355).

On comprendra mieux cependant l'effet que ces données ont provoqué dans la littérature, lorsqu'on aura signalé qu'elles se sont progressivement inscrites dans un tableau critique plus fondamental. D'abord, la tâche de décision lexicale n'a plus été la seule à être mise en cause. Balota et Chumbley (1985) ont également émis de sérieuses réserves sur l'origine lexicale des effets de fréquence observés dans les tâches de lecture à voix haute. Lorsqu'un délai est fixé entre la présentation du stimulus et le moment où le sujet doit le produire à voix haute, des effets significatifs de fréquence apparaissent encore (lorsque ce délai est de 650 et 900 msec). Or, dans de telles conditions, les sujets ont eu amplement le temps d'identifier le mot avant d'en initier la production orale. L'effet de fréquence ne peut donc être attribué aux processus d'accès, il ne peut être lié qu'à des processus plus tardifs, qui seraient d'ailleurs également responsables d'une part des effets de fréquence observés dans la lecture à voix haute non retardée[10]. Ensuite, sont venus s'y ajouter les résultats rapportés par McCann et Besner (1987) et McCann, Besner et Davelaar (1988). Ces auteurs ont observé que l'effet classique de la présentation d'un pseudohomophone[11] dans une tâche de lecture à voix haute et dans une tâche de décision lexicale n'était affecté en aucune manière par la fréquence du mot homophone. Comme «l'effet homophone» ne peut se comprendre qu'en considérant qu'une entrée dans le lexique phonologique est activée, les auteurs en concluent que le mécanisme d'accès aux entrées du lexique phonologique (et sans doute aussi, généralisent-ils, au lexique orthographique) n'est pas sensible à la fréquence d'occurrence des mots.

Pour revenir à la question qui nous occupe, il va sans dire que les observations de Balota et Chumbley (1984) ne peuvent manquer de soulever de sérieuses difficultés à l'interprétation des résultats des travaux morphologiques basés sur la manipulation des effets de fréquence. Si les effets de fréquence obtenus dans une tâche de décision lexicale s'avèrent ne pas refléter (ou ne refléter que partiellement) les propriétés du système lexical, alors les résultats de ces expériences ne nous apprennent rien, ni des mécanismes d'accès utilisés pour les mots complexes, ni de la manière dont sont exprimées les relations morphologiques dans le lexique.

La discussion à propos de la localisation des effets de fréquence est néanmoins loin d'être close. Que la fréquence affecte différentiellement les performances en fonction de la nature de la tâche ne paraît pas être une loi absolue. Il semble que ce n'est pas la tâche elle-même qui est déterminante et qu'on doit considérer qu'il existe une interaction entre la nature de la tâche et la nature des stimuli présentés.

Landauer, Ross et Didner (1979; cités par Monsell *et al.*, 1989) ont observé un effet significatif de la fréquence dans les tâches de décision lexicale, mais aussi de lecture et de catégorisation sémantique. Monsell *et al.* (1989; Expérience I) ont également observé, avec une tâche de catégorisation sémantique, un effet fréquentiel similaire à celui obtenu avec une tâche de décision lexicale. La tâche de catégorisation sémantique consiste à demander aux sujets de se prononcer sur la catégorie d'appartenance du mot présenté, ici «personne» ou «inanimé». Cette tâche requiert, tout comme celle de vérification catégorielle de Balota et Chumbley (1984), une récupération du sens, mais serait de nature à diminuer la complexité du traitement réalisé après l'identification du mot.

Paap *et al.* (1987) ont par ailleurs observé que la tâche de lecture à voix haute produisait un effet fréquentiel équivalent à celui obtenu avec une tâche de décision lexicale, à condition que l'expérience en lecture soit montée de manière à contraindre l'accès lexical. C'est, selon eux, la tâche de lecture classique qui minimise le rôle de la fréquence dans les processus d'accès lexical — et non pas la tâche de décision lexicale qui est de nature à l'amplifier, comme le soutiennent Balota et Chumbley (1984, 1985). En effet, on doit tenir compte de ce que la lecture à voix haute d'un mot fait intervenir deux processus (sans doute parallèles) de nature différente et dont les produits peuvent être confondus : l'un de ces processus consiste à localiser une entrée dans le lexique orthographique, entrée qui adressera les représentations sémantiques au départ desquelles sera récupérée la forme phonologique correspondante; l'autre consiste à construire une forme phonologique par transcodage *direct* des graphèmes en phonèmes. L'effet fréquentiel sera donc d'autant plus atténué que les stimuli présentés autoriseront l'utilisation de cette voie non lexicale d'accès à la forme phonologique. Monsell *et al.* (1989; Expérience III) adoptent la même position. Ils ont également observé des effets comparables de la fréquence dans une tâche de lecture et une tâche de décision lexicale, lorsque les mots présentés aux sujets dans la tâche de lecture étaient tels que les sujets devaient obligatoirement utiliser la voie lexicale pour parvenir à une production correcte. Enfin, ces auteurs n'ont pas observé d'effet significatif de la fréquence dans une tâche de lecture retardée — ce qui contredit également les résultats de Balota et Chumbley (1985).

Avec Paap *et al.* (1987) et Monsell *et al.* (1989), nous pensons qu'on ne dispose encore d'aucun élément vraiment convaincant pour rejeter l'idée que la rapidité de l'accès lexical, au moins dans la modalité visuelle, est influencée par la fréquence des mots. Ceci n'exclut pas bien entendu la possibilité qu'*une part* des effets de fréquence obtenus dans les expériences de décision lexicale soit liée au fait que les processus décisionnels sont eux-mêmes influencés par la même variable. Mais dans quelle mesure l'intervention de ces processus est-elle susceptible de biaiser les résultats obtenus ?

Il est impossible de répondre à cette question dans l'état actuel de nos connaissances. Mais, en tout état de cause, si on examine plus avant la nature des processus décisionnels tels qu'ils sont en tout cas modélisés par Balota et Chumbley, on est amené à penser qu'ils ne sont susceptibles de biaiser de manière importante les résultats que dans des conditions limitées.

Il faut commencer par souligner que, contrairement à la manière dont on y fait généralement référence dans la littérature, les processus décisionnels dont parlent Balota et Chumbley ne sont pas des processus intervenant *après* l'accès lexical, mais bien plutôt *avant* ou *en même temps* que les processus d'accès lexical. En effet, la première étape du processus de décision consiste à évaluer le stimulus présenté selon la dimension «familiarité/significativité». Si la valeur ainsi estimée n'est ni suffisamment élevée pour permettre une réponse «mot» rapide, ni suffisamment faible pour autoriser rapidement une réponse «non-mot», c'est alors seulement qu'il sera nécessaire d'évaluer le stimulus de manière plus analytique avant d'arriver à une décision. Nous comprenons que cette seconde étape relève, elle, de processus spécifiquement lexicaux et que donc, l'accès lexical n'est entrepris qu'à ce moment. Il est vrai que les choses ne sont pas aussi explicites dans la formulation qu'en donnent Balota et Chumbley (1984 : 352) :

> «If this FM value falls between the upper and lower criteria, then the subject needs more information before a decision can be made. The necessary information is obtained by

performing a more analytic evaluation of the letter string. For example, the subject may actually need to check the spelling of the letter string against the spelling of a word contained in the subject's lexicon».

Mais, dans une autre publication (Chumbley et Balota, 1984 : 600), la formulation fait plus précisément référence à l'accès lexical :

«We assume that when the FM value is very large or very small, a lexical decision response can be initiated on the basis of the composite information even before the subject has determined that the stimulus is a word by finding a match of the visual and/or phonological features of the stimulus with the internal representation of one of the word candidates. (...) Thus, if lexical access is defined as accomplishment of a satisfactory match to a single word, we do not assume that lexical access necessarily precedes the word/nonword decision».

Ceci étant précisé, la portée des observations de Balota et Chumbley nous paraît se réduire. De notre point de vue, elles signalent surtout que, dans une tâche de décision lexicale, les mots très fréquents, d'une part, et les non-mots très dissemblables des mots d'autre part, ne seraient pas soumis (ou seraient moins susceptibles de l'être) aux processus afférents à la deuxième étape de leur modèle, celle de l'accès lexical : la seule évaluation de la «familiarité» du stimulus peut constituer une information suffisante pour accepter des mots très familiers ou très fréquents et rejeter des non-mots très dissemblables des mots. Selon ce modèle, on devra donc penser que les temps de réponse obtenus à ces stimuli ne refléteront pas les propriétés du système lexical. Rien n'interdit cependant de continuer à penser que les temps de réponse restent des données fiables à cet égard dans le cas de tous les autres stimuli.

Il est un autre aspect du modèle de décision de Balota et Chumbley qui nous paraît être de nature à en dédramatiser la portée. Ces auteurs soutiennent que les sujets tentent d'utiliser une information composite comme celle de la «familiarité/significativité» en vue d'émettre une réponse rapide. La nature précise de cette information n'est pas claire. Balota et Chumbley (1984 : 352) semblent associer fréquence et familiarité,

«The subject makes a quick check to determine if the stimulus is producing any meaning or is very familiar, that is, "Have I seen this stimulus frequently?"»

alors que c'est de tout autre chose qu'il s'agit ailleurs (Chumbley et Balota, 1984 : 600) :

«The basic idea is that when a word or nonword stimulus is presented, it evokes an FM value because of its orthographic and phonological similarity to the internal representations of one or more words. (...) The degree of similarity to the stored representation(s) determines the strengh of the FM response».

Mais quelle que soit la nature précise de l'information utilisée pour l'estimation de la valeur FM, le point important est de se demander *où* le sujet est censé trouver cette information — si ce n'est, ainsi qu'on peut le lire dans la citation ci-dessus, dans son lexique mental ?

Or, si l'information sur laquelle se fonde la décision est fournie par le lexique, c'est donc que le processus de décision est *guidé* par les processus d'identification lexicale. Selon qu'on envisage ces processus comme des mécanismes de recherche ou des mécanismes passifs, on sera amené à l'une des deux observations suivantes. Dans le premier cas, on sera amené à conclure que si le sujet a récupéré de telles informations dans son lexique, c'est qu'un accès lexical a eu lieu. On se demandera donc, avec Paap *et al.* (1987 : 230), pourquoi le sujet n'utiliserait pas alors tout simplement, pour sa réponse, l'information ainsi dispensée par le contact avec une entrée lexicale :

> «If information about the frequency and meaning of a word is stored with its lexical entry, then why should a lexical decision depend on an evaluation of this information rather than the simple fact that a stored pattern has been matched ? (The only answer that occurs to us would be to assume that the decision process has access to the frequency and meaning information, but not to the fact that recognition has occurred. The answer does not strike a lot of force)».

Dans le deuxième cas, on considérera plutôt l'alternative signalée par Paap *et al.* Les processus d'identification lexicale fondés sur des mécanismes d'activation passive permettent en effet d'envisager aisément que certaines informations lexicales soient disponibles avant l'identification lexicale proprement dite, qui correspond à la sélection d'une seule unité parmi toutes celles partiellement activées.

Pour Monsell *et al.* (1989) par exemple, de tels processus d'identification peuvent fournir une estimation de la familiarité d'une unité, indépendamment du fait qu'une unité donnée ait ou non été identifiée (sélectionnée). En effet, non seulement un détecteur associé à un mot de fréquence élevée atteint plus rapidement le seuil d'identification qu'un détecteur associé à un mot de fréquence inférieure, mais il «collecte» aussi de l'activation plus rapidement. Quand un non-mot est présenté, les détecteurs de mots similaires (ses voisins orthographiques) vont être partiellement activés, quoiqu'aucun n'atteindra le seuil d'identification. Monsell *et al.* (1989 : 46) soutiennent donc que

> «(...) subjects may be influenced by this information in making correct nonword decisions because of the effects of degree of resemblance to words. It follows that before unique identification, there is information potentially available to a paralexical decision process that, for high-frequency words, should bias the decision toward «word» before the letter string has been uniquely identified. The result could be to make lexical

decision more sensitive to frequency than a task in which determination of the response depends on unique identification alone».

Cette modélisation peut sembler, à première vue, fort proche de celle proposée par Balota et Chumbley, puisqu'elle renferme l'idée que des décisions peuvent être prises avant qu'un stimulus ait été effectivement identifié. Un point important, cependant, les distingue. Selon le modèle de Balota et Chumbley, le processus de décision est vu comme un processus *distinct* de celui de l'accès lexical, même s'il suit une estimation de la familiarité basée sur des informations lexicales. Monsell *et al.* défendent au contraire que le processus de décision ne tire son estimation de la familiarité que des processus d'identification en cours. De plus, si ces processus d'identification peuvent servir de base à une estimation de la familiarité, c'est qu'*ils sont eux-mêmes sensibles à la fréquence*. Par conséquent,

 «the frequency sensitivity of decision process is but one reflection, and any measure more dependant on unique identification is another, of the frequency sensitivity of identification» (Monsell *et al.*, 1989 : 67).

En bref, quel que soit le modèle d'accès lexical de référence, on est conduit à observer que les informations utilisées par le sujet pour émettre sa décision ne peuvent lui être fournies que par celles exprimées, d'une manière ou d'une autre, par le système lexical lui-même. Si le temps de décision lexicale est influencé par la fréquence des mots, ce n'est donc pas à un processus non-lexical qu'il faut l'attribuer, mais bien aux processus d'accès lexical eux-mêmes.

NOTES

[1] Mais les listes utilisées dans les Expériences II et III ne contenaient que 50 % d'items (mots ou non-mots) fléchis.
[2] Notons qu'il s'agit ici cependant de mots suffixés italiens et non pas anglais.
[3] Si on envisage l'ensemble des items soumis aux sujets, il s'avère néanmoins que la proportion d'items morphologiquement analysables, relativement aux items non analysables, est plus importante. Les 240 mots sont présentés avec 240 non-mots, dont la moitié (120) sont du type «monomorphémique», alors que l'autre moitié renferme soit une racine réelle, soit un préfixe ou un suffixe réel. Par conséquent, sur les 480 stimuli (mots et non-mots) de la liste expérimentale, 200 items sont dotés d'une structure morphologique alors que seuls 280 d'entre eux sont inanalysables.
[4] A l'exception toutefois des deux formes participiales des verbes, listées chacune sous une étiquette distincte des autres formes fléchies.

⁵ Rappelons, à titre illustratif, la critique formulée par Cutler (1983) à l'encontre des résultats de Taft et Forster (1975; Expérience I) : la différence observée entre les deux catégories d'items pouvait être essentiellement expliquée par un artefact de cette nature (voir Chapitre I, note 6, p. 127).
⁶ On pourrait faire valoir que la fréquence de la racine s'est néanmoins révélée pertinente dans le cas des mots suffixés, pourtant pairés selon la même procédure. Cette asymétrie pourrait cependant trouver une explication dans le fait que les mots préfixés présentés aux sujets étaient constitués exclusivement de verbes, alors que ce sont des adjectifs et des substantifs que l'on trouve parmi les mots suffixés. On peut penser que la distinction entre fréquence de surface et fréquence cumulée des variantes fléchies est plus déterminante dans le cas des verbes que des adjectifs ou substantifs et ce, d'autant que les adjectifs et substantifs sélectionnés pour l'expérience, et présentés sous la forme du masculin singulier, ne connaissent que dans certains cas seulement une variante féminine et/ou plurielle.
⁷ Il est sûr cependant que l'on peut déboucher sur des estimations profondément divergentes selon que l'on adopte l'un ou l'autre critère de comptage. Considérons par exemple la paire d'items *recracher—reclasser* sélectionnée par Colé et al., et les estimations qui y seraient associées selon le relevé du C.N.R.S.-T.L.F. Ces deux mots ont une fréquence de surface équivalente (respectivement 72 et 63). La fréquence cumulée de -cracher (*recracher* + *cracher* = 1867) est supérieure à celle de -classer (*reclasser* + *classer* + *déclasser* = 1466). On débouche cependant sur un rapport inverse lorsque l'on considère le paradigme complet des racines concernées. Ainsi, la fréquence de -crach- (*cracher* + *recracher* + *crachement* + *crachoir* + *crachat*, etc.) serait alors égale à 2836, tandis que celle de -class- (*reclasser* + *classer* + *déclasser* + *classement* + *classeur*, etc.) atteindrait 12196.
⁸ Selon le modèle des logogènes, un mot est identifié lorsque le logogène qui y est associé a collecté suffisamment d'informations (sensorielles et/ou contextuelles) pour pouvoir être déchargé. C'est ainsi que la lisibilité du stimulus est de nature à affecter la rapidité avec laquelle l'information sensorielle accroît l'activation du logogène correspondant. Puisque, par ailleurs, on postule que la fréquence d'un mot affecte la quantité d'informations nécessaire à la décharge du logogène (les mots plus fréquents nécessitant moins d'informations), le modèle prédit que la fréquence et la lisibilité du stimulus présenté devraient apparaître comme des facteurs en interaction.
⁹ Les auteurs désignent ici par «recognition» les processus opérant après l'accès lexical.
¹⁰ Voir cependant les commentaires critiques de Bradley et Forster (1987), Monsell, Doyle et Haggard (1989) et de Paap, McDonald, Schvaneveldt et Noel (1987) à l'égard de la méthodologie expérimentale et de l'interprétation de ces résultats.
¹¹ Dans une tâche de décision lexicale, des non-mots homophones d'un mot (par exemple, en français, **fame*) sont rejetés plus lentement que des non-mots non homophones (**fule*). Cette observation, établie pour la première fois par Rubenstein, Lewis et Rubenstein (1971), a été interprétée comme une indication de ce que la reconnaissance des mots écrits passe obligatoirement par une étape préalable de conversion de la séquence orthographique en une représentation phonologique.

Chapitre V
L'effet de la pseudo-préfixation

A. EFFET DE LA PSEUDO-PRÉFIXATION ET EFFET DU CONTEXTE

Nous avons déjà signalé à plusieurs occasions que la composition d'une liste expérimentale était susceptible d'influencer les procédures d'accès utilisées par les sujets. En particulier, lorsque la liste des stimuli présentés est fortement saturée en stimuli préfixés, on peut penser que les sujets utiliseront alors une procédure d'accès décomposée, qu'ils n'utiliseraient pas dans des conditions habituelles de lecture.

Rubin, Becker et Freeman (1979) ont expérimentalement manipulé la composition de leurs listes en vue de tester cette hypothèse. Ils soumettent à leurs sujets les mêmes items dans deux conditions. Dans la condition « préfixée », les 40 items-mots expérimentaux sont présentés avec 60 autres mots préfixés et 80 non-mots dont le segment initial correspond également à un préfixe (par exemple, *prefine*). Dans la condition « non préfixée », aucun des 60 mots et des 80 non-mots adjoints aux mots expérimentaux ne renferme un préfixe.

Les mots expérimentaux sont constitués pour moitié de mots préfixés formés d'une racine libre (par exemple, *disappear, mistake, remark*), et pour moitié de mots pseudo-préfixés, c'est-à-dire de mots dont le segment initial est homographe d'un préfixe, sans constituer pour autant un véritable préfixe (par exemple, *dismal, misery, remedy*). Les deux types de mots sont bien entendu sélectionnés de telle manière qu'ils soient équivalents par ailleurs (fréquence, longueur et syllabe initiale).

En choisissant d'opposer les mots préfixés aux mots pseudo-préfixés, Rubin *et al.* suivent la logique suivante. Selon l'hypothèse de décomposition morphologique prélexicale (Taft et Forster, 1975), les mots pseudo-préfixés, comme les mots préfixés, vont faire l'objet d'une segmentation prélexicale. Au plan de leurs propriétés orthographiques de surface, rien ne distingue en effet les deux types de mots. Une fois l'élément préfixal extrait, le modèle prévoit une recherche pour la représentation de la racine ainsi isolée. Ceci débouchera bien entendu sur un échec dans le cas des mots pseudo-préfixés : il n'existe aucune représentation associée au segment *-mal* de *dismal*. Une recherche additionnelle sera alors nécessaire, qui sera fondée cette fois sur la forme entière du stimulus, *dismal*. On devra donc s'attendre à ce que les mots pseudo-préfixés prennent plus de temps à être reconnus que les mots préfixés. En outre, cet effet de la pseudo-préfixation devra être observé quel que soit le contexte de présentation des stimuli, puisque la décomposition prélexicale est censée s'appliquer de manière automatique dans le modèle de Taft et Forster. Elle ne saurait donc être sensible à la proportion d'items préfixés contenus dans la liste expérimentale.

Les résultats dégagés par Rubin *et al.* ne confirment pas tous les aspects de l'hypothèse taftienne. D'une part, l'effet de la pseudo-préfixation est bien observé lorsque les mots pseudo-préfixés sont présentés sur la liste saturée en items préfixés. Mais, d'autre part, les temps de réponse aux mots préfixés ne diffèrent pas de ceux notés pour les mots pseudo-préfixés sur la liste dominée par des stimuli non préfixés. Les auteurs en concluent que la décomposition morphologique

> «may be more the exception than the rule for word recognition. While it may be a strategy that is available to the reader, there appears to be no necessity for words to be decomposed into their morphological constituents prior to recognition» (Rubin *et al.*, 1979 : 765).

Cette conclusion nous paraît néanmoins fondée sur une interprétation incorrecte des résultats de l'analyse statistique. Si celle-ci indique bien l'existence d'une interaction «condition x type de mots», elle révèle aussi un effet significatif *principal* de la condition *et* un effet significatif *principal* du type de mots : les réponses sont en moyenne plus rapides dans la condition «non préfixée» et elles sont plus rapides en moyenne pour les mots préfixés que pour les mots pseudo-préfixés. L'existence d'une interaction significative signale que la différence observée dans la condition «préfixée» entre les mots préfixés et pseudo-préfixés

(719 msec vs 805 msec; différence = 86 msec) est plus importante que la différence observée dans la condition « non préfixée » (636 vs 671; différence : 35 msec). Elle ne signale pas que la différence entre les deux types de mots n'est significative que dans une condition[1]. En d'autres termes, si l'analyse des résultats indique bien que la composition de la liste a une influence sur les performances des sujets, l'interprétation de cette influence est cependant bien moins claire que Rubin *et al.* ne le prétendent.

Par ailleurs, le fait que les délais de réponse se sont avérés plus courts, pour les deux types de mots, dans la condition « non préfixée » est peut-être un indice de ce que les résultats obtenus dans cette condition sont artefactuels. Rappelons que, dans cette condition, les sujets doivent émettre une décision lexicale à propos de mots qui, tous, présentent dans leur segment initial une forme d'apparence préfixale, alors qu'une telle forme n'apparaissait *jamais* à l'initiale des non-mots. Dans un tel contexte, les sujets peuvent fort bien fonder leur réponse sur la seule présence, dans un stimulus donné, d'une forme préfixale, sans avoir à contacter au préalable la représentation lexicale correspondante (Taft, 1981). Que les délais de réponse associés aux mots soient plus courts précisément dans la condition « non préfixée » que dans la condition « préfixée » constitue une indication de ce que les sujets ont adopté une telle stratégie.

B. EFFET DE LA PSEUDO-PRÉFIXATION, PARADIGME EXPÉRIMENTAL ET STIMULI DE CONTRÔLE

Les résultats observés par Rubin *et al.* dans la condition « préfixée » (les mots préfixés y sont reconnus plus vite que les mots pseudo-préfixés) soulèvent également des problèmes d'interprétation. Comparer des temps de réponse à des mots préfixés et pseudo-préfixés n'est pas en réalité un test valide du coût éventuel de la pseudo-préfixation et ce, pour trois raisons.

D'abord, un autre paramètre est confondu avec celui que l'on manipule, à savoir le nombre de morphèmes présents dans le stimulus (Henderson *et al.*, 1984). Dans l'hypothèse où les représentations associées aux mots préfixés seraient unitaires mais analysées ou bien organisées en « familles » morphologiques, on peut penser que les mots préfixés bénéficieront d'un effet facilitateur par comparaison aux mots pseudo-préfixés car davantage d'unités seront activées en cas de présentation d'un mot préfixé. Ensuite, les mots préfixés et pseudo-préfixés ont été appariés quant à leur fréquence de surface, mais il se peut que la fréquence de la racine ait influencé également le temps d'accès pour les mots préfixés (sans qu'une décomposition prélexicale ait été effectuée pour autant ; cf. p. 171), et que ce soit là la raison pour laquelle ils ont été plus rapidement reconnus (Taft, 1981). Enfin, si on se réfère aux différentes étapes du modèle de reconnaissance proposé par Taft et Forster (cf. Figure 2, p. 116), il n'est pas sûr qu'on puisse en dériver la prédiction selon laquelle les temps de réponse pour les mots pseudo-préfixés seront plus longs que les temps de réponse pour les mots préfixés (Henderson *et al.*, 1984). En effet, ce ne sont pas les *mêmes* étapes de traitement qui sont concernées dans les deux cas. Les mots préfixés sont reconnus, d'après ce modèle, à la suite des étapes suivantes : (1) extraire le préfixe ; (2) rechercher la racine ; (3) tester la validité de la combinaison préfixe + racine. Les opérations qui devraient être réalisées pour les mots pseudo-préfixés seraient : (1) extraire le préfixe ; (2) rechercher la racine ; (3) rechercher la forme entière et (4) vérifier que l'item est une forme libre. Ainsi, même si les mots pseudo-préfixés doivent, selon ce modèle, faire l'objet d'une opération supplémentaire comparativement aux mots préfixés (au total 4 opérations au lieu de 3), il reste qu'à l'issue de l'étape (2), les deux types de mots sont soumis à des traitements de nature différente. Dans l'ignorance où nous sommes du temps nécessaire au déroulement des opérations (3) et (4) appliquées aux mots pseudo-préfixés, comparativement à celui nécessaire à l'opération (3) appliquée aux mots préfixés, il ne peut donc être dérivé de ce contraste aucune prédiction temporelle rigoureuse.

Pour toutes ces raisons, l'effet de la pseudo-préfixation devrait plutôt être testé en opposant aux mots pseudo-préfixés, qui sont en réalité des mots monomorphémiques, d'autres mots monomorphémiques qui ne seraient pas pseudo-préfixés. Non seulement on éviterait ainsi les biais éventuels liés au nombre de morphèmes et à la fréquence de la racine, mais on introduirait aussi davantage de rigueur dans les prédictions temporelles. Les mots monomorphémiques non pseudo-préfixés ne seront en effet soumis qu'aux opérations qui consistent à rechercher, dans le lexique, la représentation associée à la forme entière du stimulus et à en vérifier le statut de forme libre. En revanche, les mots pseudo-préfixés seront soumis à deux étapes additionnelles («extraire le préfixe» et «rechercher la racine») situées avant la recherche fondée sur la forme entière. On peut donc plus strictement prédire un déficit temporel pour les mots pseudo-préfixés comparativement aux mots non pseudo-préfixés, puisque les premiers seront soumis aux mêmes tests que les seconds, plus deux tests *additionnels*.

Taft (1981 ; Expérience I) a tenté, dans un premier temps, de répliquer les résultats obtenus par Rubin *et al.* dans la condition «préfixée» en sélectionnant les items de manière à éliminer l'influence possible de la fréquence de la racine sur le temps de reconnaissance des mots préfixés. Les mots préfixés qu'il soumet aux sujets sont tous «monogames», c'est-à-dire formés d'une racine qui n'entre dans aucune autre formation préfixée (par exemple, *intrigue* ou *replica*). Puisque la racine n'est, dans ces cas, jamais associée à d'autres préfixes, sa fréquence est la même que celle du mot dans lequel elle apparaît : la fréquence de la racine ne peut donc biaiser les résultats obtenus aux mots préfixés[2]. Les 25 mots préfixés ainsi sélectionnés sont présentés avec 25 mots pseudo-préfixés (par exemple, *instrument* ou *regime*) et 50 non-mots renfermant tous un préfixe. L'analyse des résultats confirme les observations que Rubin *et al.* avaient établies dans la condition «préfixée» : dans une liste saturée en formes préfixales, les temps de réponse pour les mots pseudo-préfixés sont significativement plus longs que ceux relevés pour les mots préfixés.

Dans un deuxième temps, Taft (1981; Expérience II) tente de montrer que l'effet de la pseudo-préfixation peut aussi être observé dans un contexte expérimental non biaisé quant à la proportion des stimuli préfixés présentés. Il soumet alors aux sujets les mêmes mots préfixés et pseudo-préfixés que ceux de l'Expérience I, mais dans une tâche de lecture à voix haute cette fois. Cette tâche présente l'avantage de ne pas nécessiter la présence de non-mots préfixés. Taft observe ici encore que le temps de lecture pour les mots pseudo-préfixés est plus long que pour les mots préfixés. Or, souligne-t-il, l'intervention d'une décomposition de nature stratégique est hautement improbable dans ce cas, puisque les sujets sont soumis à autant de mots préfixés que pseudo-préfixés. Si deux procédures d'accès aux mots préfixés étaient également disponibles, les sujets n'auraient eu aucune raison d'adopter préférentiellement la procédure décomposée plutôt que la procédure unitaire.

Le choix que fait Taft d'utiliser dans ces deux expériences des mots préfixés «monogames» ne va toutefois pas sans poser de problèmes. Divers auteurs (Henderson, 1985; Henderson *et al.*, 1984; Smith, Meredith, Pattison et Sterling, 1984) se sont montrés réticents à considérer comme des mots préfixés des items tels que *intrigue* ou *replica*. Il est vrai que de telles formes ne se conforment pas à un critère opérationnel essentiel utilisé pour établir le caractère préfixé d'une forme, à savoir la récurrence de la racine supposée dans au moins une autre forme, affixée ou non. Taft (1981) a en réalité différencié les mots préfixés des mots pseudo-préfixés sur la base de l'évaluation de 10 juges. Ceux-ci ont été invités à signaler quels mots, parmi un ensemble de mots qui commençaient tous par des lettres formant un préfixe et dont le fragment restant n'était pas récurrent, pouvaient être considérés comme réellement préfixés. Mais, ainsi qu'il le note,

> « this task proved quite difficult, since the usual criterion for deciding whether a word is prefixed or not is to see if other words exist that contain the same stem. Since items were designed specifically to have unique "stems", this criterion could not be used. Instead, raters seemed to decide whether the "prefix" contributed any meaning to the word. For example, REPLICA would have been considered as prefixed since RE conveys some of the concept of duplication » (Taft, 1981 : 292).

De notre point de vue, le fait qu'une forme d'apparence préfixale puisse être associée à un sens qui contribue précisément à celui de l'unité qui la renferme ne suffit pas pour établir le caractère préfixé de cette unité — il faut encore que le fragment restant soit pourvu de signification, ce qui ne semble pas être le cas dans les mots préfixés « monogames ». On aurait peut-être affaire alors à des mots à statut intermédiaire (des mots complexes non construits, selon la terminologie de Corbin, 1987; cf. Première Partie, Chapitre II; note 5, p. 55). *Replica* ne peut être considéré comme un mot préfixé, bien que ses propriétés le distinguent aussi du mot plus « typiquement » pseudo-préfixé *regime*, pas plus que ne seraient préfixés, par exemple en français, *démolir* ou *précoce* (qui se distinguent pourtant aussi de *détail* et *présence*). Toute la question est bien sûr de savoir si, et comment, de telles distinctions sont représentées dans le lexique mental. Les résultats rapportés par Taft indiqueraient que ces distinctions sont psychologiquement pertinentes, puisque les mots du type *replica* sont traités plus rapidement que ceux du type *regime*. Il n'est pas sûr cependant que cette différence reflète effectivement un effet de la pseudo-préfixation et que, donc, elle puisse être considérée comme une indication indiscutable de l'existence d'une procédure d'extraction du préfixe. Henderson (1985) suggère que, en dépit du fait que *plica* n'est pas, selon lui, une racine réelle et qu'il ne peut donc être associé à aucune représentation, *re* peut activer certains des traits sémantiques que renferme *replica*, notamment le concept de répétition. Ce mécanisme pourrait alors avoir eu pour effet de faciliter la reconnaissance de *replica*[3].

Notons que si on suit la logique de cette interprétation alternative, on devrait considérer que les résultats de Taft indiquent, non pas que la reconnaissance des mots pseudo-préfixés subit un ralentissement dû à une segmentation inappropriée, mais plutôt que la reconnaissance de *certains* mots pseudo-préfixés — ceux dont la forme préfixale peut être associée à un sens qui participe au sens de la forme globale du mot — peut, dans certaines conditions au moins, être facilitée.

Taft (1981) rapporte toutefois les résultats d'une troisième expérience dans laquelle le problème lié au choix des mots préfixés ne se pose plus.

Il monte une expérience de lecture à voix haute dans laquelle aucun mot (ni non-mot) préfixé n'est présenté aux sujets (Expérience III). Aux mots pseudo-préfixés utilisés dans les expériences précédentes, Taft oppose ici des mots monomorphémiques non pseudo-préfixés (*humane, banana, graffiti*, etc.). Il observe de nouveau ici des temps de latence plus longs pour la lecture des mots pseudo-préfixés. Taft (1981) soutient donc que l'accès aux mots pseudo-préfixés n'opère pas immédiatement sur la base de leur forme entière, et qu'ils sont d'abord traités comme des mots préfixés, quel que soit le contexte dans lequel ils sont présentés. La procédure d'extraction de la forme préfixale doit donc être considérée comme une procédure obligatoire et non pas comme une procédure facultative ou stratégique.

Les deux dernières expériences de Taft (1981), parce qu'elles recourent à la tâche de lecture à voix haute, renferment néanmoins aussi quelques ambiguïtés. Outre que seule la dernière repose sur un contraste autorisant un test valide de l'effet de la pseudo-préfixation, la tâche de lecture à voix haute n'apporte des renseignements fiables quant aux mécanismes d'accès lexical qu'à la condition que les mots présentés aux sujets requièrent effectivement, pour être produits, l'utilisation de la voie lexicale. L'accès à la forme phonologique d'un mot au départ de sa forme visuelle peut en effet opérer sur la base d'un transcodage direct des graphèmes en phonèmes, en tout cas pour les mots à orthographe régulière. Pour convaincre tout à fait, Taft (1981) aurait donc dû s'assurer que cette voie non lexicale n'était pas utilisable, en ne présentant que des mots à orthographe irrégulière — ce qu'il n'a pas fait. D'un autre côté, même si on exclut ce problème, les résultats obtenus avec une tâche de lecture à voix haute restent difficilement interprétables. Cette tâche met en œuvre des représentations situées dans des sous-composants lexicaux distincts — représentations dans le lexique orthographique d'entrée d'abord, dans le lexique phonologique de sortie ensuite — et il est bien difficile de savoir avec certitude à quel niveau se situe l'effet de pseudo-préfixation observé.

A notre connaissance, deux études seulement ont mesuré l'effet de la pseudo-préfixation dans une tâche de décision lexicale sur la base d'un contraste valide — c'est-à-dire en opposant aux mots pseudo-préfixés (qui sont des mots monomorphémiques) des mots-contrôles également monomorphémiques.

L'étude de Henderson *et al.* (1984; Expérience II) visait ainsi à tester l'effet éventuel de la pseudo-affixation (pseudo-préfixation et pseudo-suffixation) dans une tâche de décision lexicale comprenant, pour ce qui est des items qui nous intéressent plus particulièrement ici, 10 mots pseudo-préfixés (ex : *desire*), 10 mots préfixés (*permit*) et 10 mots-contrôles (monomorphémiques non pseudo-préfixés : *orange*). Les mots pseudo-préfixés et préfixés ont été appariés quant à leur fréquence et longueur, mais ne renferment pas les mêmes formes préfixales. Selon les auteurs, la proportion des mots affixés dans l'ensemble de la liste expérimentale était proche de celle que l'on trouve dans les textes habituels (ils ne précisent pas cependant comment ils ont établi cette estimation). En fait, la liste contient au total 140 items, dont 40 mots affixés et 20 non-mots «affixés» (donc 60 items munis d'un affixe, préfixe ou suffixe) d'une part, et 30 mots et 50 non-mots non affixés, d'autre part (donc, 80 items non affixés).

L'analyse des résultats fait apparaître que les réponses sont significativement plus rapides pour les mots préfixés que pour les mots pseudo-préfixés. Les latences pour les mots pseudo-préfixés et contrôles ne diffèrent cependant pas entre elles[4]. Puisque, selon les auteurs, c'est le contraste entre mots pseudo-préfixés et mots-contrôles qui est déterminant pour le test de l'effet de pseudo-préfixation, ils en concluent que le modèle de Taft et Forster (1975) n'est pas confirmé, du moins dans sa formulation originale. Si Henderson *et al.* émettent cette réserve, c'est qu'ils veulent souligner par là que leurs résultats ne réfutent pas nécessairement *tous* les modèles de décomposition : c'est avant tout le caractère sériel des processus de reconnaissance postulés par Taft et Forster qui devrait être rejeté. L'effet de la pseudo-préfixation ne serait observé, dans le contexte du modèle taftien, que dans la mesure où les diverses opérations appliquées aux mots pseudo-préfixés s'organisent de manière *sérielle*. Si le modèle est reformulé de telle manière que la recherche décomposée opère *en parallèle* avec la recherche unitaire, aucun effet de pseudo-préfixation ne devrait alors être attendu.

On peut toutefois s'interroger sur la portée réelle des résultats dégagés dans cette expérience : permettent-ils de *rejeter* l'hypothèse taftienne, compte tenu qu'un effet stable de la pseudo-préfixation n'a pu être détecté, alors que 10 items seulement ont été sélectionnés par condition ?

Les résultats que nous avons obtenus (Pillon, 1992; Expérience III) confirment nettement, quant à eux, le modèle taftien, y compris en son aspect sériel. Dans une tâche de décision lexicale, nous avons en effet observé que les mots pseudo-préfixés (p.e. *dégoter, recruter*) étaient reconnus avec un retard temporel, comparativement à des mots-contrôles (ni préfixés, ni pseudo-préfixés; p.e. *capoter, modérer*). En outre, ces

deux types d'items (18 mots pseudo-préfixés et 18 mots-contrôles) avaient été soumis aux sujets
- soit dans le contexte d'une liste fortement saturée en items (mots et non-mots) non analysables (52 items pseudo-préfixés, donc analysables, vs 272 items non analysables)[5];
- soit dans le contexte d'une liste fortement saturée en items analysables (272 items analysables vs 52 items non analysables).

Or, nous n'avons pas observé d'effet significatif, ni du contexte de présentation des items expérimentaux, ni de l'interaction «Contexte» x «Type de mots» : le retard temporel que subit la reconnaissance des mots pseudo-préfixés est observé, de manière stable, dans les deux contextes de présentation. Contrairement à la thèse défendue par Rubin *et al.* (1979), il n'apparaît donc pas, à la lumière de ces résultats, que l'effet de la pseudo-préfixation soit la conséquence de l'utilisation *stratégique* d'une procédure de décomposition, qui serait induite par la sur-représentation, dans la liste expérimentale, de mots préfixés.

C. L'INTERPRÉTATION DE L'EFFET DE LA PSEUDO-PRÉFIXATION

L'importance de ce résultat doit être soulignée. L'observation d'un effet de la pseudo-préfixation (dans les conditions où les items de contrôles sont des items monomorphémiques) est sans doute, parmi l'ensemble des faits qui peuvent suggérer une influence de la structure des mots sur les mécanismes de reconnaissance, celui qui renferme le moins d'ambiguïté à l'égard de la mise à l'épreuve de l'hypothèse de décomposition prélexicale. Du même coup, elle permet de départager les explications alternatives qui ont pu être proposées à propos d'effets moins univoques, tels que les effets produits par l'amorçage morphologique ou les effets de fréquence de la racine. En particulier, l'effet produit par la pseudo-préfixation peut, de manière univoque, être interprété en faveur d'une représentation *sublexicale* de la morphologie des mots.

Ce test de la pseudo-préfixation présente en effet l'avantage empirique de contraster exclusivement des mots *monomorphémiques*. Il permet ainsi d'exclure l'influence éventuelle de relations morphologiques qui seraient représentées, d'une manière ou d'une autre, dans le lexique propre, et donc de situer plus clairement l'effet observé au niveau des procédures d'accès. Ce test permet aussi d'exclure une interprétation dans le cadre d'un modèle d'adressage «mixte» (p.e. le modèle AAM de

Caramazza *et al.*) : comment la pseudo-préfixation pourrait-elle produire en effet un accroissement du temps de traitement, si une procédure d'accès unitaire était menée parallèlement à une procédure décomposée ? Puisque les mots pseudo-préfixés sont des mots monomorphémiques, associés donc à des représentations unitaires dans le système d'accès comme dans le lexique propre, la procédure d'accès unitaire conduirait à localiser ces représentations de la même manière et avec la même rapidité qu'elle le ferait pour n'importe quel autre mot monomorphémique (toutes autres propriétés étant équivalentes par ailleurs). Par conséquent, les performances notées pour les mots pseudo-préfixés ne devraient pas différer de celles observées pour les mots-contrôles monomorphémiques.

Le test de la pseudo-préfixation nous paraît en outre un outil intéressant pour l'étude expérimentale des conditions requises pour le déclenchement de la procédure d'extraction du préfixe. Il est clair que le concept même de «préfixe» est largement sous-spécifié dans le modèle taftien et que la question reste ouverte de savoir quelles propriétés doivent caractériser des séquences orthographiques données pour être reconnues comme des préfixes et donc extraites du stimulus.

En français, il existe en effet un nombre considérable de «préfixes» différents, lorsqu'on adopte, pour les identifier, des critères strictement linguistiques. Si tous ces «préfixes» devaient être retenus, on serait dans une situation difficile pour l'hypothèse taftienne : le nombre de «pseudo-préfixes» serait tout aussi important, et donc aussi les cas de pseudo-préfixation, qui sont coûteux du point de vue computationnel. Une étude statistique exhaustive manque à ce propos, mais on peut pressentir que le coût associé à la pseudo-préfixation serait démesuré par rapport à ses avantages dans les cas où une séquence orthographique donnée correspondra bien plus fréquemment à un pseudo-préfixe qu'à un préfixe (toujours selon des critères d'analyse linguistique). Nous songeons, par exemple, au cas du préfixe privatif *a-*, qui connaît par ailleurs de nombreuses variantes allomorphiques (*at-*, *an-*, *ar-*, *as-*, etc.). Tous les mots renfermant une de ces formes à leur initiale feraient-ils donc l'objet d'une décomposition ? L'hypothèse la plus vraisemblable serait plutôt qu'une séquence donnée ne serait extraite du stimulus au cours de la procédure d'accès, qu'à la condition qu'elle corresponde à un préfixe avec une probabilité au moins égale à celle d'un pseudo-préfixe. D'autres variables, telles que le nombre de mots formés avec un préfixe donné, ou la disponibilité du préfixe en synchronie, pourraient également être envisagées.

NOTES

[1] Nous faisons état ici des résultats obtenus à l'Expérience I, dans laquelle le facteur «sujets» est traité comme un facteur niché dans le facteur «condition» (la moitié des sujets sont soumis à une condition, l'autre moitié à l'autre condition). Nous devons néanmoins ajouter que l'Expérience II, en tout point similaire à la précédente à l'exception du fait que les facteurs «condition» et «sujets» y sont croisés (chaque sujet est soumis aux deux conditions), révèle que l'effet principal du type de mot est à la limite du seuil de signification ($p < .1$); les résultats indiquent aussi, comme dans l'Expérience I, un effet principal de la condition et une interaction significative des facteurs «condition» et «type de mots». Dans l'ensemble donc, les résultats rapportés par Rubin *et al.* sont mitigés et, par là-même, difficilement interprétables.

[2] L'auteur introduit un contrôle supplémentaire dans cette expérience : les mots préfixés et pseudo-préfixés sont associés en paires dans lesquelles les deux items ont, outre une fréquence de surface et une longueur équivalentes, un schéma d'accentuation identique. Les mots préfixés anglais ont en effet tendance à être accentués sur la première syllabe qui suit le préfixe, alors que les mots pseudo-préfixés sont le plus souvent accentués sur leur syllabe initiale. Cette différence phonétique n'avait pas été contrôlée par Rubin *et al.* (1979).

[3] Il n'est peut-être pas sans intérêt de rappeler ici que Stanners, Neiser et Painton (1979; Expérience I) avaient aussi choisi d'utiliser des mots préfixés «monogames» (*retrieve*), qu'ils amorçaient par la présentation préalable du radical (*trieve*) et d'un mot formé du même préfixe (*remit*). Les effets facilitateurs qu'ils ont observés avec de telles formes ne différaient pas en amplitude de ceux observés avec des mots-cibles préfixés «polygames» à radical libre ou lié (cf. Chapitre III, p. 138).

[4] C'est là du moins ce que nous comprenons sur la base du rapport fort embrouillé qui est fait des résultats. Les auteurs commencent ainsi par préciser les résultats de l'analyse de variance avec le facteur «Sujets» en facette aléatoire. Ceux-ci indiquent que les temps de réponse sont significativement plus courts pour les mots préfixés que pour les mots pseudo-préfixés et les mots-contrôles. Compte tenu qu'aucune précision n'est apportée quant à la différence existant entre ces deux derniers types de mots, nous supposons qu'elle est non significative. Le détail des résultats de l'analyse avec le facteur «Items» en facette aléatoire n'est pas rapporté. Les auteurs se bornent à signaler plus loin que la différence entre mots préfixés et mots-contrôles n'est pas significative dans l'analyse «Items», mais ils ne disent rien de la différence entre mots préfixés et pseudo-préfixés dans cette analyse. Si l'on doit comprendre par là que cette différence est donc significative dans l'analyse «Items», on aboutit au profil de résultats suivant : seule la différence entre mots préfixés et pseudo-préfixés est généralisable par rapport aux deux dimensions aléatoires.

[5] Cette liste ne contenait donc AUCUN mot préfixé, ni aucun non-mot «préfixé» (c'est-à-dire aucun non-mot qui aurait été formé d'un fragment préfixal et d'un fragment-racine).

Chapitre VI
Synthèse et conclusions

L'impression générale qui émerge, au terme de cette revue de la littérature, est sans doute que le nombre considérable de travaux consacrés à la mise à l'épreuve de l'hypothèse taftienne a en définitive peu fait avancer la question. Qu'elles soient ou non compatibles avec cette hypothèse, la plupart des observations rapportées renferment quelque ambiguïté d'une nature ou d'une autre : c'est tantôt le choix des stimuli expérimentaux qui peut être mis en cause, tantôt les conditions expérimentales employées, tantôt encore l'univocité de l'interprétation proposée.

A. LES STIMULI EXPÉRIMENTAUX

Selon le paradigme et la logique expérimentale adoptés, les auteurs ont envisagé de mesurer les performances en reconnaissance sur des nonmots, dotés ou non d'un préfixe (Taft et Forster, 1975 ; Expériences I et II), sur des mots préfixés (c'est le cas des expériences ayant testé le coût computationnel de la préfixation, des expériences d'amorçage et des expériences portant sur les effets de fréquence), sur des mots monomorphémiques inanalysables (Taft et Forster, 1975 ; Expérience II : *vent*) ou, enfin, sur des mots monomorphémiques pseudo-préfixés (dans les expériences testant l'effet de la pseudo-préfixation). En réalité, le choix de chacun de ces types de stimuli comporte des limitations.

1. Les non-mots

On connaît mal les mécanismes, nécessairement en partie extra-lexicaux, impliqués dans le traitement des non-mots. Généraliser au traitement des mots les observations relevées à leur propos ne va donc pas sans risque. De notre point de vue, les effets morphologiques observés avec des stimuli non-mots ne peuvent toutefois être rejetés *a priori* comme des faits non pertinents. Ces effets se doivent d'être expliqués dans le cadre général des modèles de reconnaissance. L'hypothèse de décomposition prélexicale pourrait s'avérer inexacte pour en rendre compte, mais une explication alternative *motivée* doit alors en être proposée.

2. Les mots préfixés

Paradoxalement, ce sont les expériences dont la logique dépend de la manipulation du caractère préfixé des mots qui sont les plus vulnérables.

On sait que la sélection des items ne saurait être guidée par des critères linguistiques qui feraient l'unanimité (cf. Première Partie, Chapitre II). De toute façon, dans la pratique, aucun des expérimentateurs dont nous avons rapporté les travaux ne s'est inspiré de quelque étude morphologique que ce soit. Pour considérer un item comme un mot préfixé (ou pseudo-préfixé), certains ont eu recours aux informations fournies dans des dictionnaires généraux (Stanners, Neiser, Hernon et Hall, 1979; Stanners, Neiser et Painton, 1979; Taft et Forster, 1975), d'autres se sont fiés à leurs intuitions (Rubin *et al.*, 1979) ou à celles d'un groupe restreint de sujets (Taft, 1981). Dans presque tous les cas néanmoins, les résultats collectés par ces procédures ont été modulés par une liste de critères additionnels propres à chacun. En outre, si l'application de certains de ces critères laisse peu de place à la subjectivité (par exemple, la distinction entre racine libre et racine liée), ce ne peut être le cas pour la plupart : sur quelles bases décide-t-on que la forme préfixale contribue ou ne contribue pas du tout au sens du mot ? Comment être sûr qu'une forme récurrente a, partout, un sens identique ? Comment classer toutes ces formations dans lesquelles le sens de l'affixe et de la racine, pour concourir au sens général du mot, n'en épuise pas pour autant toutes les caractéristiques sémantiques ? Bref, non seulement les critères appliqués d'une étude à l'autre sont différents, mais il est probable aussi que les mêmes critères n'ont pas été appliqués partout de manière identique.

Cette disparité est peut-être à l'origine des divergences dans les résultats. Mais ce qui est plus embarrassant, c'est que l'absence de critères unanimement reconnus a pour effet d'affaiblir virtuellement tout résultat, quel qu'il soit : lorsque aucun effet de la préfixation n'est détecté (par exemple, lorsque aucun accroissement du coût computationnel n'a pu être mesuré ou lorsque la fréquence de la racine n'a pas influencé les temps de reconnaissance), il peut toujours être objecté que les mots supposés préfixés ne l'étaient pas, en réalité, si l'on se réfère à des critères de classification autres que ceux utilisés. La critique n'est pas exclue non plus lorsque, au contraire, un effet de la préfixation apparaît dans les résultats. Ainsi, par exemple, Henderson (1985 : 50) émet des doutes sérieux à propos du mode de sélection des stimuli dans la plupart des expériences réalisées dans le champ de la morphologie :

> «How is the experimenter to decide, a priori, whether a word should be classified as affixed ? (...) it is patently insatisfactory to argue back from the experimental outcome to a justification of the stimulus classification».

Il est évident qu'aucun critère établi a priori ne saurait être indiscutable. Cette difficulté méthodologique risque donc, à première vue, d'être insurmontable. En effet, pour être valides, les critères devraient être *psychologiquement* motivés. Or, on ne saurait les déterminer qu'après avoir établi avec précision comment la morphologie des mots est psychologiquement représentée — programme qui constitue précisément l'objet des études en question !

Si on se trouve confronté à cette quadrature du cercle, c'est essentiellement du fait que les modèles décompositionnels en général, et l'hypothèse taftienne en particulier, sont insuffisamment précisés. Dans aucune des publications de Taft et de ses collaborateurs, on ne trouve spécifiées les conditions auxquelles devraient se conformer les mots pour être «psychologiquement» préfixés. L'hypothèse concerne les procédures de traitement appliquées aux mots préfixés, mais elle ne précise pas ce qu'est un mot préfixé. Il est cependant un moyen de sortir de cette impasse : en mettant à l'épreuve l'hypothèse, l'expérimentateur doit y adjoindre un postulat *explicite* quant à la nature des items concernés par la procédure de décomposition (ce qui n'a pas été fait jusqu'ici). Il devra ensuite considérer que c'est l'hypothèse telle qu'il l'a ainsi formulée qui sera confirmée ou réfutée par les résultats.

3. Les mots monomorphémiques

Tester une hypothèse ayant trait aux procédures d'accès utilisées pour les mots *préfixés* en manipulant les caractéristiques de mots *monomorphémiques* (soit tout à fait inanalysables, soit pseudo-préfixés) ne peut au mieux conduire, il est vrai, qu'à une confirmation indirecte de l'hypothèse. De notre point de vue, la manipulation d'items de cette sorte présente pourtant un avantage considérable, en ceci qu'ils ne soulèvent pas de problèmes d'identification aussi délicats que les mots préfixés.

B. LES CONDITIONS EXPÉRIMENTALES

La tâche de décision lexicale, qui est celle la plus communément utilisée dans les expériences que nous avons rapportées, présente un inconvénient majeur. Elle requiert des sujets qu'ils établissent une discrimination entre des stimuli lexicaux et non lexicaux sous des contraintes temporelles importantes. C'est dire qu'on doit s'attendre à ce qu'ils tentent d'utiliser (consciemment ou non) tout moyen susceptible de faciliter ou d'accélérer l'accomplissement de cette tâche. Si des précautions particulières ne sont pas prises en vue de réduire l'efficience ou la disponibilité de ces procédures stratégiques, elles risquent donc d'interférer avec celles que l'on suppose mesurer, à savoir les procédures d'accès lexical. Or, de nombreux travaux se sont précisément révélés peu convaincants, pour n'avoir pas prêté suffisamment attention aux conditions expérimentales susceptibles de favoriser l'utilisation de stratégies.

Le problème de l'intervention de stratégies prédictives se pose de la manière la plus aiguë dans les expériences d'amorçage, puisque dans ces expériences, certains (sinon la plupart) des items sont répétés, soit sous une forme identique, soit sous une forme morphologiquement apparentée. Or, tout porte à croire que les effets de facilitation induits par l'amorçage (identique ou morphologique) sont largement dépendants des conditions expérimentales utilisées. Celles-ci peuvent en effet favoriser l'intervention de comportements stratégiques (en fonction, notamment, de l'intervalle amorce/cible ou de la proportion de paires amorce/cible reliées). Faute d'avoir maîtrisé ces conditions, la plupart des résultats obtenus avec ce paradigme peuvent être suspectés de ne révéler en rien les propriétés procédurales ou organisationnelles du lexique mental.

Certaines conditions expérimentales peuvent par ailleurs favoriser l'utilisation de procédures d'accès lexical inhabituelles ou stratégiques. L'utilisation d'une procédure de décomposition, telle qu'elle est suggérée par l'effet de fréquence de la racine observé dans l'étude de Taft (1981) ou de Rubin *et al.* (1979), peut avoir été induite par la sur-représentation d'items préfixés dans la liste expérimentale. Un déséquilibre dans les caractéristiques des mots et des non-mots peut lui-même susciter des stratégies de réponse adaptées (cf. l'absence totale de non-mots préfixés dans la condition «non préfixée» de l'expérience de Rubin *et al.*).

Enfin, le contrôle insatisfaisant des propriétés lexicales et/ou orthographiques des stimuli présentés expose de nombreux résultats à la critique. Ainsi en va-t-il, par exemple, des résultats obtenus par Taft et Forster (1975) avec des non-mots, pour lesquels le facteur de similarité lexicale n'aurait pas été contrôlé de manière valide. Il reste toutefois à préciser quelle mesure objective serait la plus valide pour le contrôle de ce facteur. La fréquence d'usage des mots présentés constitue aussi une variable insuffisamment maîtrisée dans la plupart des études : quelle mesure de fréquence s'agit-il de prendre en considération pour estimer la fréquence d'occurrence d'un mot ou d'une racine dans la langue ? Nous avons soulevé le problème à propos d'études dans lesquelles il s'avérait le plus délicat, c'est-à-dire là où la fréquence d'usage des racines constituait précisément la variable indépendante (Taft, 1979a; Colé et al., 1989). Il se pose néanmoins aussi pour toutes les autres, dans lesquelles la fréquence d'usage des mots était au nombre des variables non manipulées.

C. L'INTERPRÉTATION DES RÉSULTATS

L'interprétation des résultats issus de la plupart des études traitant de la morphologie paraît décidément particulièrement délicate. D'un côté, lorsque aucun effet de la structure morphologique n'est détecté, on ne peut le plus souvent pas en déduire, de manière catégorique, que la morphologie n'est pas représentée dans le lexique : il se peut que l'inférence établie quant au(x) phénomène(s) associé(s) à l'affixation ne soit pas correcte (cf. l'absence de coût computationnel associé à la préfixation). D'un autre côté, l'observation d'un effet supposé de la structure morphologique des items (mots ou non-mots) n'implique pas nécessairement que cet effet soit bien un phénomène associé à l'affixation. Ainsi, il reste à démontrer que les effets d'amorçage morphologique ne sont pas en réalité réductibles à des effets combinés d'origine sémantique et orthographique. Enfin, même lorsque les résultats peuvent être raisonnablement interprétés en faveur de l'existence, dans le lexique, de relations spécifiques unissant les mots morphologiquement apparentés, ils peuvent encore renfermer quelque ambiguïté en ce qui concerne les procédures d'accès utilisées pour les mots complexes.

Les effets d'amorçage morphologique, comme les effets de fréquence de la racine, s'inscrivent tous deux dans le cadre de paradigmes expérimentaux qu'on ne maîtrise qu'imparfaitement (où se situent les effets d'amorçage et les effets de fréquence ?). De surcroît, ces effets peuvent être modélisés de manière multiple, et en particulier, sans qu'il soit nécessaire de postuler une procédure d'accès décomposée pour les mots préfixés.

La facilitation observée entre des mots morphologiquement reliés peut être expliquée par l'existence de connexions excitatrices reliant les représentations lexicales unitaires d'une même famille morphologique. L'augmentation du niveau d'activation d'un mot présenté en amorce peut augmenter l'activation des mots qui y sont reliés, et donc en faciliter la reconnaissance ultérieure. Le même mécanisme est capable de rendre compte aussi de l'effet de fréquence de la racine : si, chaque fois qu'il est rencontré, un mot préfixé diffuse son excitation aux autres mots dotés de la même racine, les seuils d'activation de tous les mots préfixés d'une famille donnée, quelle que soit leur fréquence d'usage propre, seront abaissés de manière permanente. Les effets d'amorçage morphologique et ceux produits par la fréquence de la racine peuvent aussi trouver place dans un modèle lexical de recherche active, qui n'inclurait pas non plus de procédure de décomposition prélexicale automatique. Ce modèle devrait cependant prévoir la *possibilité* qu'une procédure d'accès décomposée pour les mots préfixés intervienne de manière optionnelle et/ou parallèle à une procédure de recherche unitaire.

Une dernière hypothèse serait encore compatible avec ces observations : l'accès aux mots préfixés se ferait via l'accès à leur racine, mais la décomposition ne prendrait place qu'à la suite d'une recherche fondée sur la forme entière du mot. Si, comme le soutient Pavard (1985), la pseudo-préfixation est un phénomène plus fréquent en français que la préfixation, un tel mécanisme paraît plausible pour le français en tout cas. Il semble cependant qu'il faille rejeter cette explication pour l'anglais. Elle impliquerait en effet des temps de reconnaissance plus longs pour les mots préfixés que pour les mots monomorphémiques, ce qui ne correspond pas aux faits observés : non seulement la préfixation ne semble pas allonger le temps de reconnaissance (cf. les études ayant mesuré un éventuel accroissement du coût computationnel; Chapitre II), mais un bénéfice, au profit des mots préfixés, a été relevé par Cutler (1983), Henderson *et al.* (1984) et Taft, Forster et Garrett (1974).

En définitive, seul le paradigme expérimental fondé sur l'effet de la pseudo-préfixation est à même d'apporter une confirmation non équivoque de l'hypothèse de décomposition prélexicale, mais ceci, à deux conditions. D'abord, il s'agit de mesurer cet effet dans des conditions expérimentales propres à exclure l'utilisation d'une procédure de décomposition de nature stratégique. Ensuite, le test doit être appliqué sur des stimuli appropriés : les performances aux mots pseudo-préfixés (qui sont des mots monomorphémiques) doivent être contrastées avec celles portant sur d'autres mots monomorphémiques. Puisque seuls des mots monomorphémiques sont ainsi impliqués, aucune interprétation du type de celles qui postulent une représentation intralexicale, plutôt que sublexicale, de la morphologie ne peut être invoquée pour rendre compte d'un effet éventuel de la pseudo-préfixation. Cet effet ne pourrait non plus être modélisé dans le cadre d'hypothèses prévoyant une double procédure d'adressage, unitaire et décomposée, opérant en parallèle ou de manière optionnelle : dans des conditions expérimentales qui excluraient l'efficacité potentielle d'une procédure stratégique de décomposition, les mots pseudo-préfixés seraient susceptibles d'être reconnus à l'issue d'une procédure unitaire, au même titre que tout autre mot monomorphémique, et les performances en reconnaissance devraient donc être insensibles à la pseudo-préfixation. Les données récemment dégagées (Pillon, 1992) vont donc bien dans le sens d'une confirmation de l'hypothèse taftienne.

Une conclusion...
provisoire

Nous avons dit dans l'introduction de cet ouvrage que le sujet devait disposer, à propos des mots de sa langue, d'informations concernant leurs propriétés sémantiques, syntaxiques et formelles (phonologiques et orthographiques). Les dimensions sémantique et syntaxique n'ont pas été directement abordées ici. Mais, à propos de la représentation des propriétés formelles des mots dans le lexique mental (plus précisément, dans le lexique orthographique d'entrée), nous pouvons avancer les deux propositions qui suivent :

a) La forme des mots complexes est, pour certains d'entre eux au moins, associée à un code correspondant à leur forme entière. Il a été démontré[1] en effet que le temps de reconnaissance d'un mot complexe était affecté par la fréquence d'usage de la forme entière de ce mot. Cette observation a été établie à propos de mots *suffixés* : Burani et Caramazza (1987) ont ainsi observé que le mot (italien) *communicazione* était plus rapidement reconnu que *continuazione*, alors que le premier était plus fréquent que le second et que les racines concernées (*communic-* et *continu-*) étaient de fréquence équivalente; Taft (1979a) a noté le même phénomène pour des mots fléchis anglais.

b) La forme de certains mots complexes au moins est morphologiquement « analysée ». L'effet de la pseudo-préfixation (Pillon, 1992) constitue une indication de ce que la forme orthographique des mots préfixés est analysée en PRÉF + RACINE dans le sous-système de reconnaissance visuelle des mots : celui-ci renferme des unités de reconnaissance correspondant à des préfixes et des unités correspondant à des racines, mais il ne renferme pas d'unité correspondant à la forme complète d'un mot préfixé. Seule l'existence d'unités de représentation codant les préfixes permet d'expliquer le retard que subit l'identification visuelle des mots pseudo-préfixés.

Il convient de remarquer que les réserves que nous formulons avec les propositions a) et b) ci-dessus (la forme de *certains* mots complexes...) ne doivent pas être prises pour des réserves de pure forme : elles renvoient au contraire à des restrictions de fond, mais qu'il n'est malheureusement pas possible de spécifier davantage. Nous entendons certes nous garder du danger des généralisations trop hâtives — les faits observés ne concernent pas toutes les catégories de mots complexes, mais seulement certaines d'entre elles. Mais nous entendons aussi rappeler qu'à l'intérieur même de ces catégories, des différences structurelles importantes peuvent se dessiner, qui ont probablement une pertinence psychologique. En outre, nous voudrions suggérer par ces réserves que le lexique mental n'est pas un répertoire immuable d'entrées lexicales, fixées une fois pour toutes dans leur forme : un mot complexe peut, dans un premier temps, être intégré au lexique sans y être analysé, et ne connaître qu'ensuite une représentation analysée ; inversement, un mot complexe donné peut ne pas être associé pour un temps à un code individuel, et faire ensuite l'objet d'une représentation séparée. C'est une évidence qu'il faut peut-être rappeler : le lexique mental ne fait pas l'objet d'un apprentissage programmé. Il constitue donc une entité dynamique et mouvante dans sa construction et son organisation, qui sont, de surcroît, essentiellement fonction de l'expérience linguistique individuelle. Les données qui «alimentent» le système ne se présentent pas, en tout cas, sous un format morphémique, l'individu rencontre des mots, non des morphèmes. Les unités morphémiques ne peuvent avoir un statut dans le lexique mental que dans la mesure où celui-ci renferme l'information nécessaire et suffisante pour dégager la structure des mots qui y sont intégrés, c'est-à-dire dans la mesure où des généralisations peuvent en être extraites. Dans les premiers stades de l'acquisition de la langue, on peut ainsi penser que les mots (et sans doute aussi, des unités plus larges que les mots) sont intégrés «en bloc» au répertoire lexical. L'augmentation progressive du répertoire conduira à des généralisations, et donc à des décompositions, qui s'établiront probablement selon des rythmes différents pour chacun des mécanismes morphologiques représentés. Une fois la généralisation acquise, on peut penser que les mots nouveaux qui s'y conforment pourront directement être intégrés au lexique sous une forme analysée[2].

Considérés dans leur ensemble, les faits expérimentaux que nous avons examinés peuvent par ailleurs être interprétés en faveur de l'idée qu'un des principes organisateurs de l'ensemble lexical repose sur le codage des relations morphologiques entre les mots. L'effet d'amorçage morphologique (particulièrement lorsqu'il est observé avec la technique d'amorçage masqué), l'effet de fréquence de la racine et l'effet de la pseudo-préfixation sont autant d'indices suggérant que le lexique mental ne code pas seulement la forme superficielle des mots complexes et leur structure morphémique — qu'il code aussi les régularités qui en émergent. On peut avancer ainsi que les représentations associées aux mots dotés d'une racine commune sont groupées autour de cette racine, soit parce que c'est à travers elle que s'établit l'identification de tous les membres de la famille (hypothèse de décomposition morphémique pré-lexicale), soit que des liaisons excitatrices privilégiées relient entre eux les membres d'une même famille[3].

Que de telles informations morphologiques soient codées dans le lexique mental ne peut cependant être considéré, à ce jour, comme un fait indiscutablement établi. La question se pose en effet de savoir si, après tout, les effets morphologiques observés ne pourraient être expliqués dans le cadre d'un modèle lexical qui ne représenterait pas l'information morphologique, de quelque manière et à quelque niveau que ce soit. La réponse à cette question est à l'évidence négative si l'on se réfère à un modèle unitaire «classique». Elle est bien moins claire, cependant, si l'on se situe dans le contexte des modèles connexionnistes ou d'activation parallèle.

Selon Seidenberg (1987, 1989; Seidenberg et McClelland, 1989), le fait que des unités sublexicales, telles que les morphèmes, mais aussi les syllabes, influencent (parfois) le processus de reconnaissance des mots peut être expliqué dans le contexte d'un modèle de type connexionniste qui ne prévoit ni analyse ou décomposition préalable du stimulus, ni de représentations spécifiques associées à ces unités : par exemple, dans le cadre du modèle d'activation parallèle de McClelland et Rumelhart (1981) où seules les lettres et les mots sont associés à des unités de représentation (des «nœuds»), ou bien du modèle de Seidenberg (1989), qui comporte des «nœuds» correspondant aux lettres, aux groupements de lettres et aux mots; ou bien encore dans le cadre du modèle plus distribué de Seidenberg et McClelland (1989), dans lequel ni les mots, ni même les lettres ne correspondent à des unités de représentation spécifiques[4].

L'argumentation de Seidenberg peut être résumée comme suit. Tout stimulus renferme des informations liées à la redondance orthographique, que le processus de reconnaissance lexicale peut exploiter. Le concept de redondance orthographique renvoie à la distribution particulière des combinaisons de lettres dans le lexique : les mots ne sont pas constitués d'une concaténation arbitraire de lettres, seules certaines combinaisons de lettres sont possibles, et parmi celles-ci, certaines sont plus fréquentes que d'autres. Ainsi, par exemple, les digrammes intra-syllabiques ont une fréquence supérieure, en général, à celle des digrammes inter-syllabiques. La fréquence séquentielle des digrammes peut fournir ainsi, de manière indirecte, une indication des frontières syllabiques. De même, les préfixes manifestent une tendance générale à être marqués en termes de redondance orthographique : ils correspondent à des combinaisons de lettres qui apparaissent dans de nombreux mots, et les digrammes situés à l'intérieur d'un préfixe ont une fréquence d'occurrence plus élevée que les digrammes situés à la frontière entre le préfixe et la racine (phénomène que Seidenberg désigne par *trough pattern*, que nous traduirons par *profil dépressionnaire*). Ce type d'information est directement exploité, dans les modèles connexionnistes de reconnaissance lexicale, au travers de la structure des connexions dans le lexique. Les lettres qui, durant le processus d'activation parallèle, auront été mutuellement renforcées via la structure d'interconnexions du réseau lexical vont former des « coalitions » — des unités sublexicales. Compte tenu des faits liés à la redondance orthographique, le processus d'activation parallèle isolera des unités sublexicales qui correspondront le plus souvent — mais pas nécessairement — à des unités telles que les syllabes et les morphèmes. Ces unités peuvent donc émerger du processus de reconnaissance, mais elles ne sont pas directement représentées et aucune routine d'analyse n'est prévue pour leur récupération.

Ajoutons que, selon Seidenberg, les seules structures sublexicales susceptibles d'influencer les processus de reconnaissance sont celles définies par la redondance orthographique. Ceci implique que des syllabes ou des morphèmes non marqués par la redondance orthographique n'auront aucune influence sur les processus de reconnaissance et que, à l'inverse, des unités sublexicales ne correspondant pas à des syllabes ou à des morphèmes peuvent influencer ces processus. Ceci expliquerait la divergence des résultats obtenus dans les expériences consacrées au rôle de ces unités sublexicales dans la reconnaissance visuelle : des effets « syllabiques » et « morphémiques » ne seraient en fait constatés que dans les cas où les mots présentés étaient marqués au plan de la redondance orthographique (Seidenberg, 1987, 1989).

En bref, selon Seidenberg, les « effets morphologiques » (parfois) observés dans des expériences de décision lexicale ou de lecture à voix haute ne sont en réalité que le produit de phénomènes strictement liés aux propriétés *orthographiques* des mots morphologiquement complexes, propriétés qui se trouvent être corrélées avec leurs propriétés structurales. Il précise, en outre :

> « This view would be shown to be incorrect if it were the case that (...) other units affect processing whether they are marked by orthographic redundancy or not » (Seidenberg, 1987 : 260).

Ceci signifie que l'hypothèse défendue ne saurait être falsifiée que s'il était démontré qu'un effet morphologique apparaît également pour des stimuli non marqués par la redondance orthographique. Le problème, cependant, est que ce concept est insuffisamment précisé, ainsi que Seidenberg l'admet lui-même :

> « The main limitation of the account I have offered is that there is no specification of exactly which aspects of orthographic redundancy are relevant to processing. The reason for this is obvious : Orthographic redundancy reflects a complex set of facts about the distribution of letter patterns in the lexicon : measures such as bigram frequency, the frequency of a series of bigrams, or positional letter frequency capture very little of this structure » (Seidenberg, 1987 : 260).

En pratique, il paraît donc impossible de monter une expérience de manière à exclure la confusion possible des propriétés orthographiques et des propriétés morphologiques, ou bien de démontrer que des effets morphologiques observés ne sont pas réductibles aux effets de redondance orthographique. D'ailleurs, l'auteur ajoute :

> « This is perhaps a case in which computational modelling provides a useful alternative to traditional experimental approaches. Instead of deriving statistics that summarise aspects of orthographic redundancy, we can simulate the structure of the lexicon itself » (Seidenberg, 1987 : 260).

Or, à ce jour, aucune simulation n'a été publiée qui permettrait de confirmer la thèse défendue[5].

Il est un autre aspect de la thèse défendue par Seidenberg qui la rend infalsifiable, en tout cas expérimentalement. Seidenberg soutient que toute unité marquée par la redondance orthographique aura un « effet » sur le traitement du stimulus, mais, il ne spécifie pas *quel effet particulier* sera associé à cette propriété. Seidenberg (1987) se contente de signaler :

> « Prefixes should tend to act as processing units because of their orthographic properties » (Seidenberg, 1987 : 260).

Mais quelle serait précisément la conséquence, sur les performances des sujets dans une tâche donnée, du fait que les préfixes fonctionneront comme des unités de traitement ? Cette question ne trouve pas de réponse plus claire par la suite :

> «Consider a morphologically-based parsing operation such as prefix stripping (Taft, 1979a). Our claim is that stem morpheme should function as a perceptual unit only if it is salient from the point of view of the connection structure of the lexicon. Thus, we might expect to obtain such effects when the stem morpheme is itself a common word in the language (e.g. REWRITE, DERIDE) but not if it is an uncommun item (e.g. REVISE, DEPLOY). Similarly, "prefix stripping" should occur when the boundary between prefix and stem is marked in the orthography (e.g. PRETEND) but not if it is not (e.g. PREAMBULE). Thus, readers are not obliged to strip prefixes and search for stems, but these units may emerge under some circumstances» (Seidenberg, 1989 : 98).

Mais quel effet, précisément, produira l'émergence de ces unités sur les performances des sujets ? L'effet de fréquence de la racine observé par Taft dans la publication citée en référence, et dont Seidenberg ne fait pas état, peut-il être prédit par les seuls faits de redondance orthographique ? Il faut le souligner, lorsque Seidenberg (1987, 1989) et Seidenberg et McClelland (1989) parlent des «effets» de la structure morphémique des stimuli, ils ne se réfèrent *jamais* aux effets effectivement observés (effets d'amorçage morphologique, effets de la fréquence de la racine ou effets de la pseudo-préfixation), pas plus qu'ils ne se réfèrent avec précision à l'une ou l'autre des données rapportées dans la littérature. Bref, la position n'est nullement étayée par une méta-analyse des résultats publiés et ne peut donc prétendre constituer une explication *alternative* à ces résultats[6].

La position soutenue par Seidenberg a donc essentiellement un caractère programmatique. Elle renferme, en tout cas dans sa formulation actuelle, bien trop d'imprécisions pour constituer une hypothèse testable. Pour le devenir, elle se devra de préciser (1) la nature des propriétés orthographiques des stimuli qui joueraient un rôle déterminant dans les procédures de reconnaissance ; et (2) les conditions dans lesquelles ces propriétés seraient de nature à faciliter ou à ralentir ces procédures.

Quoi qu'il en soit, la possibilité que les seules propriétés orthographiques des stimuli soient responsables des effets morphologiques observés ne peut être négligée. D'autant que cette question de l'indépendance des effets orthographiques et des effets morphologiques renvoie, en fin de compte, à une interrogation plus générale en psychologie du langage — celle de savoir quel type d'informations se trouve exploité par le système de traitement des stimuli linguistiques. Il est raisonnable de penser que les principes de stockage et les procédures de récupération des informations lexicales sont tributaires de la structure informationnelle de la langue. Mais sur quels aspects structurels en particulier le système de traitement du langage s'appuie-t-il ? Le système d'identification visuelle des mots par exemple exploite-t-il les informations issues de la structure *statistique* superficielle (combinatoire des lettres) de la langue ? Ou bien ce système prend-il aussi en considération ces informations émanant des corrélations entre caractéristiques formelles et sémantiques des unités lexicales — des informations de nature morphologique ?

On le voit, une avancée dans le domaine de la représentation de la morphologie des mots dans le lexique mental ne manquera pas de faire progresser notre compréhension des relations entre structure linguistique et structure des systèmes de traitement du langage.

NOTES

[1] Sous réserve des ambiguïtés liées à la localisation des effets de fréquence observés dans les tâches de décision lexicale.
[2] Ceci suggère que l'âge d'acquisition, autant ou plus que la fréquence d'usage d'un mot, pourrait constituer une des variables déterminant son format de représentation.
[3] Une telle structure organisationnelle, jointe à une représentation «analysée» de la forme des mots plurimorphémiques, peut suffire à implémenter ces généralisations que les linguistes conçoivent comme des «règles» de formation. Il n'est pas nécessaire en effet d'envisager un codage *explicite* de ces «règles» — elles peuvent émerger automatiquement de l'information morphologique dispensée par la structure décomposée sous laquelle sont codées les formes complexes et par les relations qui les unissent.
[4] La représentation de la forme orthographique d'un mot est traitée comme une succession de triplets de lettres (la séquence BANC y serait traitée comme l'ensemble des triplets _BA, BAN, ANC et NC_). Cela permet de spécifier la position relative de chacune des lettres dans le mot et donc, leur contexte. Chaque triplet est alors encodé sous la forme d'un profil distribué d'activation au travers d'un ensemble d'unités, qui participent chacune à la représentation de plusieurs triplets. Chacune de ces unités, il y en a 400, est associée à un tableau contenant une liste de 10 lettres initiales possibles, de 10 lettres médianes possibles et de 10 lettres terminales possibles. Quand l'unité est activée, cela indique qu'un des 1 000 triplets possibles qui peuvent en être extraits (en sélectionnant un membre de la première liste de 10, un membre de la seconde et un membre de la troisième liste) est présent dans le stimulus présenté. Chaque triplet active en fait plus ou moins 20 unités. Mais la probabilité que deux séquences de trois lettres données activent exactement le même ensemble d'unités est en fait égale à 0.
[5] Le modèle distribué de la reconnaissance des mots présenté par Seidenberg et McClelland (1989) a fait l'objet d'une simulation, mais il présente peu d'intérêt pour la question qui nous occupe, puisque seuls des mots monosyllabiques et monomorphémiques étaient concernés par la simulation.
[6] Seidenberg (1989 : 59-69) présente, il est vrai, une revue succincte des travaux expérimentaux consacrés à la morphologie. L'essentiel de ses commentaires critiques porte cependant sur la question de la généralisabilité des résultats issus d'expériences en décision lexicale. On ne trouve, dans cette revue, aucune allusion aux effets possibles de la redondance orthographique.

Bibliographie

Aitchison, J. (1987), *Words in mind. An introduction to the mental lexicon*, Oxford : Basil Blackwell.
Allport, A. et Funnell, E. (1981), Components of the mental lexicon, *Philosophical transactions of the Royal Society of London*, *295*, 397-410.
Anderson, S.R. (1982), Where's morphology, *Linguistic Inquiry*, *13*, 571-612.
Andrews, S. (1986), Morphological influences on lexical access : lexical or nonlexical effects, *Journal of Memory and Language*, *25*, 726-740.
Anshen, F. et Aronoff, M. (1981), Morphological productivity and phonological transparency, *Canadian Journal of Linguistics*, *26*, 63-72.
Anshen, F. et Aronoff, M. (1988), Producing morphologically complex words, *Linguistics*, *26*, 641-655.
Aronoff, M. (1976), *Word formation in generative grammar*, Linguistic Inquiry Monograph 1, Cambridge, Mass : MIT Press.
Balota, D.A. et Chumbley, J.I. (1984), Are lexical decisions a good measure of lexical access ? The role of word frequency in the neglected decision stage, *Journal of Experimental Psychology : Human Perception and Performance*, *10*, 340-357.
Balota, D.A. et Chumbley, J.I. (1985), The locus of word-frequency effects in the pronunciation task : lexical access and/or production ? *Journal of Memory and Language*, *24*, 89-106.
Beard, R.E. (1981), The plural as a lexical derivation (word formation), *Annual Meeting of the Linguistic Society of America*.
Becker, C.A. et Killion, T.H. (1977), Interaction of visual and cognitive effects in word recognition, *Journal of Experimental Psychology : Human Perception and Performance*, *3*, 389-401.
Besner, D. et Swan, M. (1982), Models of lexical access in visual word recognition, *Quartely Journal of Experimental Psychology*, *34*, 313-325.
Bradley, D.C. (1981), Lexical representation of derivational relation, *in* M. Aronoff et M.L. Kean (Eds), *Juncture*, Saratoga, CA : Anma Libri, 37-55.
Bradley, D.C. et Forster, K.I. (1987), A reader's view of listening, *Cognition*, *25*, 103-134.
Briem, J. et Loewenthal, K. (1968), Immediate recall of nominalizations and adjectivalizations, *Psychonomic Science*, *11*, 209.

Burani, C. et Caramazza, A. (1987), Representation and processing of derived words, *Language and Cognitive Processes, 2,* 217-227.
Butterworth, B. (1983), Lexical representations, *in* B. Butterworth (Ed.), *Language production (Vol. 2),* London : Academic Press, 257-294.
Bybee, J.L. (1985), *Morphology. A study of the relation between meaning and form,* Amsterdam/Philadelphia : John Benjamins Publishing Company.
Caramazza, A., Laudanna, A. et Romani, C. (1988), Lexical access and inflectional morphology, *Cognition, 28,* 297-332.
Caramazza, A., Miceli, G., Silveri, M.C. et Laudanna, A. (1985), Reading mechanisms and the organization of the lexicon : evidence from acquired dyslexia, *Cognitive Neuropsychology, 2,* 81-114.
Chiss, J.-L., Filliolet, J. et Maingueneau, D. (1978), *Linguistique française. Initiation à la problématique structurale,* Paris : Hachette.
Chomsky, N. (1970), Remarks on nominalization, *in* R. Jacobs et P. Rosenbaum (Eds), *Readings in English transformational grammar,* Waltham, Mass. : Blaisdell, 184-221.
Chomsky, N. et Halle, M. (1968), *The sound pattern of English,* New York : Academic Press.
Chumbley, J.I. et Balota, D.A. (1984), A word's meaning affects the decision in lexical decision, *Memory and Cognition, 12,* 590-606.
Clark, H.H. et Clark, E.V. (1977), *Psychology and language : an introduction to psycholinguistics,* New York : Harcourt, Brace, Jovanovich.
C.N.R.S.-T.L.F. (1971), *Dictionnaire des fréquences,* Paris : Didier.
Colé, P., Beauvillain, C., Pavard, B. et Segui, J. (1986), Organisation morphologique et accès au lexique, *L'Année psychologique, 86,* 349-365.
Colé, P., Beauvillain, C. et Segui, J. (1989), On the representation and processing of prefixed and suffixed derived words : a differential frequency effect, *Journal of Memory and Language, 28,* 1-13.
Colombo, L. (1986), Activation and inhibition with orthographically similar words, *Journal of Experimental Psychology : Human Perception and Performance, 12,* 226-234.
Coltheart, M., Davelaar, E., Jonasson, J.T. et Besner, D. (1977), Access to the internal lexicon, *in* S. Dornic (Ed.), *Attention and performance VI,* Hillsdale, NJ : Erlbaum, 535-555.
Corbin, D. (1976), Le statut des exceptions dans le lexique, *Langue française, 30,* 90-110.
Corbin, D. (1984), Quelques principes descriptifs de la compétence lexicale, *Recherches sur le français parlé, 5,* 241-262.
Corbin, D. (1987), *Morphologie dérivationnelle et structuration du lexique,* Tübingen : Niemeyer.
Cutler, A. (1980), Errors of stress and intonation, *in* V. Fromkin (Ed.), *Errors in linguistic performance : slips of the tongue, ear, pen and hands,* New York : Academic Press, 67-80.
Cutler, A. (1981), Degrees of transparency in word formation, *Canadian Journal of Linguistics, 26,* 73-76.
Cutler, A. (1983), Lexical complexity and sentence processing, *in* G.B. Flores d'Arcais et R.J. Jarvella (Eds), *The process of language understanding,* London : Wiley, 43-79.
Cutler, A., Mehler, J., Norris, D. et Segui, J. (1983), A language-specific comprehension strategy, *Nature, 304,* 159-160.
Cutler, A., Mehler, J., Norris, D. et Segui, J. (1986), The syllable's differing role in the segmentation of French and English, *Journal of Memory and Language, 25,* 385-400.
Dell, G. (1980), *Phonological and lexical encoding in sentence production : an analysis of naturally occurring and experimentally elicited speech errors,* Doctoral dissertation, University of Toronto.
Dell, G.S. (1984), *A spreading activation theory of retrieval in sentence production,* Cognitive science technical report, Rochester, NY : University of Rochester.
Dell, G.S. (1986), A spreading-activation theory of retrieval in sentence production, *Psychological Review, 93,* 283-321.

Dell, G.S. et Reich, P.A. (1980), Toward a unified model of slips of the tongue, *in* V.A. Fromkin (Ed.), *Errors in linguistic perfomance : Slips of the tongue, ear, pen, and hands*, New York : Academic Press, 273-286.
Dell, G.S. et Reich, P.A. (1981), Stages in sentence production : an analysis of speech error data, *Journal of Verbal Learning and Verbal Behavior, 20*, 611-629.
Evett, L.J. et Humphreys, G.W. (1981), The use of abstract graphemic information in lexical access, *Quartely Journal of Experimental Psychology, 33*, 325-350.
Feldman, L.B. et Fowler, C.A. (1987), The inflected noun system in Serbo-Croatian : lexical representation of morphological structure, *Memory and Cognition, 15*, 1-12.
Feldman, L.B. et Moskovljevič, J. (1987), Repetition priming is not purely episodic in origin, *Journal of Experimental Psychology : Learning, Memory and Cognition, 13*, 573-581.
Feustel, T.C., Shiffrin, R.M. et Salasoo, A. (1983), Episodic and lexical contributions to the repetition effect in word identification, *Journal of Experimental Psychology : General, 112*, 309-346.
Forbach, G.B., Stanners, R.F. et Hochhaus, L. (1974), Repetition and practice effects in a lexical decision task, *Memory and Cognition, 2*, 337-339.
Forster, K.I. (1976), Accessing the mental lexicon, *in* E.C.T. Walker et R.J. Wales (Eds), *New approaches to language mechanisms*, Amsterdam : North-Holland, 257-287.
Forster, K.I. (1985), Lexical acquisition and the modular lexicon, *Language and Cognitive Processes, 1*, 87-108.
Forster, K.I. et Davis, C. (1984), Repetition priming and frequency attenuation in lexical access, *Journal of Experimental Psychology : Learning, Memory and Cognition, 10*, 680-698.
Forster, K.I., et Davis, C. (1991), The density constraint on form-priming in the naming task : interference effects from a masked prime, *Journal of Memory and Language, 30*, 1-25.
Forster, K.I., Davis, C., Schoknecht, C. et Carter, R. (1987), Masked priming with graphemically related forms : repetition or partial activation ? *The Quartely Journal of Experimental Psychology, 39A*, 211-251.
Fowler, C.A., Napps, S.E. et Feldman, L. (1985), Relations among regular and irregular morphologically related words in the lexicon as revealed by repetition priming, *Memory and Cognition, 13*, 241-255.
Friedrich, F., Henik, A. et Tzelgov, J. (1991), Automatic processes in lexical access and spreading activation, *Journal of Experimental Psychology : Human Perception and Performance, 17*, 792-806.
Garrett, M.F. (1980), Levels of processing in sentence production, *in* B. Butterworth (Ed.), *Language production (Vol. 1)*, London : Academic Press, 177-220.
Garrett, M.F. (1982), Production of speech : observations from normal and pathological language use, *in* A.W. Ellis (Ed.), *Normality and pathology in cognitive functions*, London : Academic Press, 19-76.
Gibson, E.J. et Guinet, L. (1971), Perception of inflections in brief visual presentation of words, *Journal of Verbal Learning and Verbal Behavior, 10*, 182-189.
Gilbert, P. (1973), Le néologisme en français contemporain, *Le Français dans le Monde, 94*, 11-15.
Grainger, J., Colé, P. et Segui, J. (1991), Masked morphological priming in visual word recognition, *Journal of Memory and Language, 30*, 370-384.
Henderson, L. (1985), Toward a psychology of morphemes, *in* A.W. Ellis (Ed.), *Progress in the psychology of language*, London : Erlbaum, 15-72.
Henderson, L., Wallis, J. et Knight, D. (1984), Morphemic structure and lexical access, *in* H. Bouma et D.G. Bouwhuis (Eds), *Attention and performance X. Control of language processes*, London : Erlbaum, 211-226.
Hockett, C.F. (1958), *A course in modern linguistics*, New York : Macmillan.
Holender, D. (1986), Semantic activation without conscious identification in dichotic listening, parafoveal vision, and visual masking : a survey and appraisal, *The Behavioral and Brain Sciences, 9*, 1-66.
Hudson, R. (1984), *Word grammar*, Oxford : Basil Blackwell.

Humphreys, G.W., Evett, L.J., Quinlan, P.T. et Besner, D. (1987), Orthographic priming : qualitative differences between priming from identified and unidentified primes, *in* M. Coltheart (Ed.), *Attention and performance XII. The Psychology of reading*, Hillsdale, NJ : Erlbaum, 201-219.
Jackendoff, R. (1975), Morphological and semantic regularities in the lexicon, *Language*, 51, 639-671.
Jensen, J.T. (1990), *Morphology. Word structure in generative grammar*, Amsterdam/Philadelphia : John Benjamins Publishing Company.
Juilland, A. (1965), *Dictionnaire inverse de la langue française*, La Haye : Mouton.
Just, M.A. et Carpenter, P.A. (1971), Comprehension of negation with quantification, *Journal of Verbal Learning and Verbal Behavior*, 10, 244-253.
Kintsch, W. (1972), Abstract nouns : imagery versus lexical complexity, *Journal of Verbal Learning and Verbal Behavior*, 11, 59-65.
Kintsch, W. (1974), *The representation of meaning in memory*, Hillsdale, NJ : Erlbaum.
Kirsner, K. et Smith, M. (1974), Modality effects in word recognition, *Memory and Cognition*, 2, 637-640.
Klima, E.S. (1964), Negation in English, *in* J.A. Fodor et J.J. Katz (Eds), *The structure of language*, Englewood Cliffs, NJ : Prentice-Hall.
Kučera, H. et Francis, W.N. (1967), *Computational analysis of present-day American English*, Providence : Brown University Press.
Landauer, T.K., Ross, B.H. et Didner, R.S. (1979), *Processing visually presented single words : a reaction times analysis*, Murray Hill, NJ : Bell Laboratories Technical Memorandum.
Laudanna, A., Badecker, W. et Caramazza, A. (1989), Priming homographic stems, *Journal of Memory and Language*, 28, 531-546.
Laudanna, A. et Burani, C. (1985), Address mechanisms to decomposed lexical entries, *Linguistics*, 23, 775-792.
Lukatela, G., Carello, C. et Turvey, M.T. (1987), Lexical representation of regular and irregular inflected nouns, *Language and Cognitive Processes*, 2, 1-17.
Lukatela, G., Gligorijević, B., Kostić, A. et Turvey, M.T. (1980), Representation of inflected nouns in the internal lexicon, *Memory and Cognition*, 8, 415-423.
Lukatela, G., Mandić, Z., Gligorijević, B., Kostić, A., Savić, M. et Turvey, M.T. (1978), Lexical decision for inflected nouns, *Language and Speech*, 21, 166-173.
MacKay, D.G. (1976), On the retrieval and lexical structure of verbs, *Journal of Verbal Learning and Verbal Behavior*, 15, 162-182.
MacKay, D.G. (1978), Derivational rules and the internal lexicon, *Journal of Verbal Learning and Verbal Behavior*, 17, 61-71.
MacKay, D.G. (1979), Lexical insertion, inflection, and derivation : creative processes in word production, *Journal of Psycholinguistic Research*, 8, 477-499.
Manelis, L. et Tharp, D.A. (1977), The processing of affixed words, *Memory and Cognition*, 4, 53-61.
Matthews, P. (1974), *Morphology*, Cambrigde : Cambridge University Press.
McCann, R.S. et Besner, D. (1987), Reading pseudohomophones : implications for models of pronunciation assembly and the locus of word frequency effects in naming, *Journal of Experimental Psychology : Human Perception and Performance*, 13, 13-24.
McCann, R.S., Besner, D. et Davelaar, E. (1988), Word recognition and identification : do word-frequency effects reflect lexical access ? *Journal of Experimental Psychology : Human Perception and Performance*, 14, 693-706.
McClelland, J.L. et Rumelhart, D.E. (1981), An interactive activation model of context effects in letter perception : Part 1. An account of basic findings, *Psychological Review*, 88, 375-407.
Miceli, G. et Caramazza, A. (1988), Dissociation of inflectional and derivational morphology, *Brain and Language*, 35, 24-65.
Molino, J. (1985), Où en est la morphologie ? *Langages*, 78, 5-40.
Monsell, S., Doyle, M.C. et Haggard, P.N. (1989), Effects of frequency on visual word recognition tasks : where are they ? *Journal of Experimental Psychology : General*, 118, 43-71.

Morton, J. (1969), The interaction of information in word recognition, *Psychological Review*, 76, 165-178.
Morton, J. (1982), Disintegrating the lexicon : an information processing approach, *in* J. Mehler, E.C.T. Walker et Garrett, M. (Eds), *Perspectives on mental representation*, Hillsdale, NJ : Erlbaum, 89-109.
Murrell, G.A. et Morton, J. (1974), Word recognition and morphemic structure, *Journal of Experimental Psychology*, 102, 963-968.
Nagy, W., Anderson, R.C., Schommer, M., Scott, J.A. et Stallman, A.C. (1989), Morphological families in the internal lexicon, *Reading Research Quartely, Vol. XXIV*, 262-282.
Napps, S. (1985), *Morphological, semantic and formal relations among words and the organization of the mental lexicon.* Doctoral dissertation, Dartmouth College.
Napps, S.E. (1989), Morphemic relationships in the lexicon : are they distinct from semantic and formal relationships ? *Memory and Cognition*, 17, 729-739.
Napps, S.E. et Fowler, C.A. (1987), Formal relationships among words and the organization of the mental lexicon, *Journal of Psycholinguistic Research*, 16, 257-272.
Norman, D.A. et Shallice, T. (1980), Attention to action : willed and automatic control of behavior, *CHIP Technical Report*, La Jolla : Center for Human Information Processing, University of California, San Diego.
Oliphant, G.W. (1983), Repetition and recency effects in word recognition, *Australian Journal of Psychology*, 35, 393-403.
Paap, K.R., McDonald, J.E., Schvaneveldt, R.W. et Noel, R.W. (1987), Frequency and pronounceability in visually presented naming and lexical decision tasks, *in* M. Coltheart (Ed.), *Attention and performance XII. The psychology of reading*, Hillsdale, NJ : Erlbaum, 221-243.
Paivio, A. (1969), Mental imagery in associative learning and memory, *Psychological Review*, 76, 241-263.
Pavard, B. (1985), *Etude computationnelle de l'activité de lecture*, Colloque INSERM, CNRS, Paris.
Peterson, R.J. et LaBerge, D. (1976), Contextual control of letter perception, *Memory and Cognition*, 5, 205-213.
Pillon, A. (1992), *La structure des mots dans le lexique mental*, Thèse de doctorat (non publiée), Université de Mons-Hainaut, Belgique.
Pinchon, J. (1986), *Morphosyntaxe du français. Etude de cas*, Paris : Hachette.
Quemada, B. (1971), A propos de la néologie. Essai de délimitation des objectifs et des moyens d'action, *La Banque des Mots*, 2, 137-150.
Rey-Debove, J. (1984), Le domaine de la morphologie lexicale, *Cahiers de Lexicologie*, 45, 3-19.
Richardson, J.T.E. (1975a), Imagery, concreteness, and lexical complexity, *Quartely Journal of Experimental Psychology*, 27, 211-223.
Richardson, J.T.E. (1975b), Concreteness and imageability, *Quartely Journal of Experimental Psychology*, 27, 235-249.
Richardson, J.T.E. (1976), The effects of stimulus attributes upon latency of word recognition, *British Journal of Psychology*, 67, 315-325.
Richardson, J.T.E. (1977), Lexical derivation, *Journal of Psycholinguistic Research*, 6, 319-336.
Romaine, S. (1983), On the productivity of word formation rules and limits of variability in the lexicon, *Australian Journal of Linguistics*, 3, 177-200.
Rubenstein, H.R., Lewis, S.S. et Rubenstein, M.A. (1971), Evidence for phonemic recoding in visual word recognition, *Journal of Verbal Learning and Verbal Behavior*, 10, 645-657.
Rubin, G.S., Becker, C.A. et Freeman, R.H. (1979), Morphological structure and its effect on visual word recognition, *Journal of Verbal Learning and Verbal Behavior*, 18, 757-767.
Rumelhart, D.E. et McClelland, J.L. (1982), An interactive activation model of context effects in letter perception : Part 2. The contextual enhancement effect and some tests and extensions of the model, *Psychological Review*, 89, 60-94.
Scalise, S. (1988), Inflection and derivation, *Linguistics*, 26, 561-581.

Scarborough, D.L., Cortese, C. et Scarborough, H. (1977), Frequency and repetition effects in lexical memory, *Journal of Experimental Psychology : Human Performance and Perception*, *3*, 1-17.

Schwartze, C. (1970), Suppletion und Alternanz in Französischen, *Linguistische Berichte*, *6*, 21-34.

Segui, J. (1989), Psycholinguistique sans linguistique : un pari perdu, *Bulletin de Psychologie*, *390*, 504-512.

Segui, J. et Beauvillain, C. (1988), Modularité et automaticité dans le traitement du langage : l'exemple du lexique, *in* P. Perruchet (Ed.), *Les automatismes cognitifs*, Bruxelles : Mardaga, 13-25.

Segui, J. et Grainger, J. (1990), Priming word recognition with orthographic neighbors : effects of relative prime-target frequency, *Journal of Experimental Psychology : Human Perception and Performance*, *16*, 65-76.

Segui, J. et Zubizarreta, M.-L. (1985), Mental representation of morphologically complex words and lexical access, *Linguistics*, *23*, 759-774.

Seidenberg, M.S. (1984), If there's no « bread » in *sweetbread*, is there « liver » in *deliver* ? Meeting of the Psychonomic Society, San Antonio, TX.

Seidenberg, M.S. (1987), Sublexical structures in visual word recognition : access units or orthographic redundancy ?, *in* M. Coltheart (Ed.), *Attention and performance XII. The psychology of reading*. Hillsdale, NJ : Erlbaum, 245-263.

Seidenberg, M.S. (1989), Reading complex words, *in* G.N. Carlson et M.K. Tanenhaus (Eds), *Linguistic structure in language processing*, Dordrecht : Kluwer Academic Publishers, 53-105.

Seidenberg, M.S. et McClelland, J.L. (1989), A distributed, developmental model of word recognition and naming, *Psychological Review*, *96*, 523-568.

Shallice, T. (1981), Phonological agraphia and the lexical route in writing, *Brain*, *104*, 413-429.

Sherman, M.A. (1973), Bound to be easier ? The negative prefix and sentence comprehension, *Journal of Verbal Learning and Verbal Behavior*, *12*, 76-84.

Sherman, M.A. (1976), Adjectival negation and the comprehension of multiply negated sentences, *Journal of Verbal Learning and Verbal Behavior*, *15*, 143-157.

Smith, P.T., Meredith, T., Pattison, H.M. et Sterling, C. (1984), The representation of internal word structure in English, *in* L. Henderson (Ed.), *Orthographies and reading*, London : Erlbaum.

Smith, P.T. et Sterling, C.M. (1982), Factors affecting the perceived morphemic structure of written words, *Journal of Verbal Learning and Verbal Behavior*, *21*, 704-721.

Snodgrass, J.D. et Jarvella, R.J. (1972), Some linguistic determinants of word classification times, *Psychonomic Science*, *27*, 220-222.

Spencer, A. (1988), Morpholexical rules and lexical representation, *Linguistics*, *26*, 619-640.

Stanners, R.F. et Forbach, G.B. (1973), Analysis of letter strings in word recognition, *Journal of Experimental Psychology*, *98*, 31-35.

Stanners, R.F., Jastrzembski, J.E. et Westbrook, A. (1975), Frequency and visual quality in a word-nonword classification task, *Journal of Verbal Learning and Verbal Behavior*, *14*, 259-264.

Stanners, R.F., Neiser, J.J., Hernon, W.P. et Hall, R. (1979), Memory representation for morphologically related words, *Journal of Verbal Learning and Verbal Behavior*, *18*, 399-412.

Stanners, R.F., Neiser, J.J. et Painton, S. (1979), Memory representation for prefixed words, *Journal of Verbal Learning and Verbal Behavior*, *18*, 733-743.

Stemberger, J.P. (1985a), An interactive activation model of language production, *in* A.W. Ellis (Ed.), *Progress in the psychology of language*, London : Erlbaum, 143-186.

Stemberger, J.P. (1985b), *The lexicon in a model of speech production*, New York : Garland.

Stemberger, J.P. et MacWhinney, B. (1986), Frequency and the lexical storage of regularly inflected forms, *Memory and Cognition*, *14*, 17-26.

Taft, M. (1979a), Recognition of affixed words and the word frequency effect, *Memory and Cognition*, *7*, 263-272.

Taft, M. (1979b), Lexical access via an orthographic code : the Basic Orthographic Syllabic Structure (BOSS), *Journal of Verbal Learning and Verbal Behavior, 18,* 21-39.
Taft, M. (1981), Prefix stripping revisited, *Journal of Verbal Learning and Verbal Behavior, 20,* 289-297.
Taft, M. (1985), The decoding of words in lexical access : a review of the morphographic approach, *in* D. Besner, T.G. Waller et G.E. Mackinnon (Eds), *Reading research : Advances in theory and practice, Vol. 5,* New York : Academic Press, 83-123.
Taft, M. (1986), Lexical access codes in visual and auditory word recognition, *Language and Cognitive Processes, 1,* 49-60.
Taft, M. (1987), Morphographic processing : the BOSS re-emerges, *in* M. Coltheart (Ed.), *Attention and performance XII. The psychology of reading,* Hillsdale, NJ : Erlbaum, 265-279.
Taft, M. (1988), A morphological-decomposition model of lexical representation, *Linguistics, 26,* 657-667.
Taft, M. et Forster, K.I. (1975), Lexical storage and retrieval of prefixed words, *Journal of Verbal Learning and Verbal Behavior, 14,* 638-647.
Taft, M. et Forster, K.I. (1976), Lexical storage and retrieval of polymorphemic and polysyllabic words, *Journal of Verbal Learning and Verbal Behavior, 15,* 607-620.
Taft, M., Forster, K.I. et Garrett, M.F. (1974), *Lexical storage of derived words,* First Experimental Psychology Conference, Monash University.
Taft, M., Hambly, G. et Kinoshita, S. (1986), Visual and auditory recognition of prefixed words, *The Quartely Journal of Experimental Psychology, 38A,* 351-366.
Tweedy, J.R., Lapinski, R.H. et Schavaneveldt, R.W. (1977), Semantic-context effects on word recognition : influence of varying the proportion of items presented in an appropriate context, *Memory and Cognition, 5,* 84-89.
Webster's collegiate thesaurus (1976), Cambridge, Mass. : Merriam.
Webster's ninth new collegiate dictionary (1985), Springfield, Mass. : Merriam-Webster.

Table des matières

Introduction 5

PREMIÈRE PARTIE
OÙ ET COMMENT EST REPRÉSENTÉE LA MORPHOLOGIE
DES MOTS DANS LA MÉMOIRE DES INDIVIDUS ?
Considérations théoriques

Chapitre I
Position du problème.. 13

Chapitre II
L'hypothèse du listage exhaustif dans sa version radicale :
les arguments et leurs limites 23

A. LE SAVOIR MORPHOLOGIQUE NE RELÈVE PAS
   DE LA COMPÉTENCE LINGUISTIQUE................................. 24

1. L'argument 24
a) Les intuitions morphologiques des locuteurs ont une origine incertaine 24
b) La créativité lexicale relève d'une aptitude extra-linguistique 25

2. Les limites de l'argument.. 27

B. L'INFAISABILITÉ PSYCHOLOGIQUE D'UNE HYPOTHÈSE
   (DÉ)COMPOSITIONNELLE 30

1. L'accroissement du coût computationnel 31
a) L'argument 31
b) Les limites de l'argument 33

2. L'imprédictibilité sémantique des formations dérivées 34
a) L'argument 34
b) Les limites de l'argument 36
c) Imprédictibilité sémantique et régularité morphologique 41

3. L'imprédictibilité formelle des mots dérivés........................ 43
a) La concurrence des affixes 44
b) L'allomorphie 45

4. L'applicabilité non automatique des mécanismes dérivationnels 47
a) L'argument 47
b) Les limites de l'argument 48

C. POUR UNE REPRÉSENTATION LEXICALE DU SAVOIR
   MORPHOLOGIQUE 52

Chapitre III
La représentation des informations morphologiques :
quelques modèles de compromis 57

A. RÉGULARITÉS MORPHOLEXICALES ET LISTAGE EXHAUSTIF 58

1. Les régularités morpholexicales codées comme des informations
   «subsidiaires» 58
   a) Des règles de redondance reliant des entrées pleinement spécifiées.... 58
   *b) La structure morphémique des mots représentée dans une annexe
   lexicale* 60

2. Des informations morphologiques directement impliquées
   dans les processus de reconnaissance visuelle des mots complexes 64
   *a) Une procédure de reconnaissance guidée par l'information
   morphologique* 64
   b) Une procédure d'accès unitaire pour des représentations décomposées 68
   c) Des représentations en faisceaux aux représentations en réseaux........ 71

3. Des formes complexes générées par des règles dans un lexique exhaustif 77
   a) Une double voie d'accès pour les formes complexes 77
   b) Des règles de dérivation enclenchées par la structure de phrase 79

B. LES VERSIONS « FAIBLES » DE L'HYPOTHÈSE
   COMPOSITIONNELLE 82

1. L'influence des paramètres de fréquence et de régularité sur le format
   de représentation des mots complexes 83

2. La distinction computationnelle entre processus dérivationnels et
   processus flexionnels 86
   *a) Les composants flexionnel et dérivationnel : deux composants lexicaux
   distincts* 87
   b) La flexion comme un mécanisme syntaxique 88
   c) Comment distinguer processus flexionnels et dérivationnels ? 94

Chapitre IV
Synthèse et implications 101

DEUXIÈME PARTIE
LES PROCÉDURES DE RECONNAISSANCE VISUELLE
DES MOTS DÉRIVÉS
Une revue de la littérature expérimentale

Préambule 109

Chapitre I
Les faits initiaux 111

A. LES DONNÉES À L'ORIGINE DE L'HYPOTHÈSE
DE DÉCOMPOSITION MORPHOLOGIQUE PRÉLEXICALE 111

1. Les non-mots *juvenate* ou *dejuvenate* sont rejetés moins rapidement que les non-mots *pertoire* ou *depertoire* 112

2. Les mots homographes d'une racine liée (*vent*) sont reconnus moins rapidement que les mots sans homographe lié (*fruit*) 114

3. Le modèle explicatif 115

B. AMBIGUÏTÉS ET LIMITES DES RÉSULTATS RAPPORTÉS PAR TAFT ET FORSTER 117

1. Deux variables mal contrôlées : le degré de ressemblance lexicale et la fréquence d'occurrence des fragments non-mots 118

2. La valeur de l'interprétation proposée 120

a) Les résultats obtenus par Taft et Forster nous informent-ils sur les procédures de reconnaissance utilisées pour les mots ? 120
b) A quel moment intervient la décomposition morphologique ? 122
c) La décomposition morphologique est-elle obligatoire ? 124

Chapitre II
Décomposition morphémique et reconnaissance des mots : quels sont les effets attendus ? 129

A. LE COÛT COMPUTATIONNEL DE LA PRÉFIXATION 129

B. VERS DES PRÉDICTIONS PLUS ÉLABORÉES 133

Chapitre III
Les effets de l'amorçage morphologique 137

A. LES EFFETS OBSERVÉS 137

1. Amorçage morphologique et format de représentation des mots préfixés 137

2. Amorçage morphologique et procédure de reconnaissance des mots préfixés 140

B. L'INTERPRÉTATION DES EFFETS OBSERVÉS 143

C. L'ORIGINE DES EFFETS OBSERVÉS 146

1. Les effets de facilitation sont-ils bien d'origine lexicale ? 146

a) Les stratégies induites par la technique d'amorçage identique 147
b) La contribution de la mémoire épisodique dans les effets d'amorçage identique et morphologique 148
c) L'apport de la technique de l'amorçage masqué 152

2. Les effets d'amorçage morphologique observés sont-ils bien d'origine morphologique ? 156

Chapitre IV
L'effet de fréquence de la racine 167

A. LES EFFETS OBSERVÉS 167

B. L'INTERPRÉTATION DES EFFETS OBSERVÉS 169

C. L'ORIGINE DES EFFETS OBSERVÉS 171
1. Les effets de fréquence de la racine sont-ils produits par un mécanisme automatique ou stratégique ? 172
2. Les effets de fréquence observés dans une tâche de décision lexicale ont-ils bien une origine lexicale ? 179

Chapitre V
L'effet de la pseudo-préfixation 189

A. EFFET DE LA PSEUDO-PRÉFIXATION ET EFFET DU CONTEXTE 189

B. EFFET DE LA PSEUDO-PRÉFIXATION, PARADIGME EXPÉRIMENTAL ET STIMULI DE CONTRÔLE 191

C. L'INTERPRÉTATION DE L'EFFET DE LA PSEUDO-PRÉFIXATION 197

Chapitre VI
Synthèse et conclusions 201

A. LES STIMULI EXPÉRIMENTAUX 201
1. Les non-mots 202
2. Les mots préfixés 202
3. Les mots monomorphémiques 203

B. LES CONDITIONS EXPÉRIMENTALES 204

C. L'INTERPRÉTATION DES RÉSULTATS 205

Une conclusion... provisoire 209

Bibliographie 217

CHEZ LE MÊME ÉDITEUR

PSYCHOLOGIE ET SCIENCES HUMAINES
collection publiée sous la direction de MARC RICHELLE

1 Dr Paul Chauchard : LA MAITRISE DE SOI. *9ᵉ éd.*
7 Paul-A. Osterrieth : FAIRE DES ADULTES. *16ᵉ éd.*
9 Daniel Widlöcher : L'INTERPRETATION DES DESSINS D'ENFANTS. *9ᵉ éd.*
11 Berthe Reymond-Rivier : LE DEVELOPPEMENT SOCIAL DE L'ENFANT ET DE L'ADOLESCENT. *9ᵉ éd.*
22 H. T. Klinkhamer-Steketée : PSYCHOTHERAPIE PAR LE JEU. *3ᵉ éd.*
24 Marc Richelle : POURQUOI LES PSYCHOLOGUES? *6ᵉ éd.*
25 Lucien Israel : LE MEDECIN FACE AU MALADE. *5ᵉ éd.*
26 Francine Robaye-Geelen : L'ENFANT AU CERVEAU BLESSE. *2ᵉ éd.*
27 B.F. Skinner : LA REVOLUTION SCIENTIFIQUE DE L'ENSEIGNEMENT. *3ᵉ éd.*
29 J.C. Ruwet : ETHOLOGIE : BIOLOGIE DU COMPORTEMENT. *3ᵉ éd.*
38 B.-F. Skinner : L'ANALYSE EXPERIMENTALE DU COMPORTEMENT. *2ᵉ éd.*
40 R. Droz et M. Rahmy : LIRE PIAGET. *3ᵉ éd.*
42 Denis Szabo, Denis Gagné, Alice Parizeau : L'ADOLESCENT ET LA SOCIETE. *2ᵉ éd.*
43 Pierre Oléron : LANGAGE ET DEVELOPPEMENT MENTAL. *2ᵉ éd.*
45 Gertrud L. Wyatt : LA RELATION MERE-ENFANT ET L'ACQUISITION DU LANGAGE. *2ᵉ éd.*
49 T. Ayllon et N. Azrin : TRAITEMENT COMPORTEMENTAL EN INSTITUTION PSYCHIATRIQUE
52 G. Kellens : BANQUEROUTE ET BANQUEROUTIERS
55 Alain Lieury : LA MEMOIRE
58 Jean-Marie Paisse : L'UNIVERS SYMBOLIQUE DE L'ENFANT ARRIERE MENTAL
59 Jacques Van Rillaer : L'AGRESSIVITE HUMAINE
61 Jérôme Kagan : COMPRENDRE L'ENFANT
62 Michel S. Gazzaniga : LE CERVEAU DEDOUBLE
64 X. Seron, J.L. Lambert, M. Van der Linden : LA MODIFICATION DU COMPORTEMENT
65 W. Huber : INTRODUCTION A LA PSYCHOLOGIE DE LA PERSONNALITE. *2ᵉ éd.*
66 Emile Meurice : PSYCHIATRIE ET VIE SOCIALE
67 J. Château, H. Gratiot-Alphandéry, R. Doron et P. Cazayus : LES GRANDES PSYCHOLOGIES MODERNES
68 P. Sifnéos : PSYCHOTHERAPIE BREVE ET CRISE EMOTIONNELLE
69 Marc Richelle : B.F. SKINNER OU LE PERIL BEHAVIORISTE
70 J.P. Bronckart : THEORIES DU LANGAGE
71 Anika Lemaire : JACQUES LACAN. *2ᵉ éd. revue et augmentée.*
72 J.L. Lambert : INTRODUCTION A L'ARRIERATION MENTALE
73 T.G.R. Bower : DEVELOPPEMENT PSYCHOLOGIQUE DE LA PREMIERE ENFANCE
74 J. Rondal : LANGAGE ET EDUCATION
75 Sheila Kitzinger : PREPARER A L'ACCOUCHEMENT
76 Ovide Fontaine : INTRODUCTION AUX THERAPIES COMPORTEMENTALES
77 Jacques-Philippe Leyens : PSYCHOLOGIE SOCIALE. *2ᵉ éd.*
78 Jean Rondal : VOTRE ENFANT APPREND A PARLER
79 Michel Legrand : LE TEST DE SZONDI
80 H.J. Eysenck : LA NEVROSE ET VOUS
81 Albert Demaret : ETHOLOGIE ET PSYCHIATRIE
82 Jean-Luc Lambert et Jean A. Rondal : LE MONGOLISME
83 Albert Bandura : L'APPRENTISSAGE SOCIAL
84 Xavier Seron : APHASIE ET NEUROPSYCHOLOGIE
85 Roger Rondeau : LES GROUPES EN CRISE?

86 J. Danset-Léger : L'ENFANT ET LES IMAGES DE LA LITTERATURE ENFANTINE
87 Herbert S. Terrace : NIM. UN CHIMPANZE QUI A APPRIS LE LANGAGE GESTUEL
88 Roger Gilbert : BON POUR ENSEIGNER?
89 Wing, Cooper et Sartorius : GUIDE POUR UN EXAMEN PSYCHIATRIQUE
90 Jean Costermans : PSYCHOLOGIE DU LANGAGE
91 Françoise Macar : LE TEMPS, PERSPECTIVES PSYCHOPHYSIOLOGIQUES
92 Jacques Van Rillaer : LES ILLUSIONS DE LA PSYCHANALYSE. 2ᵉ éd.
93 Alain Lieury : LES PROCEDES MNEMOTECHNIQUES
94 Georges Thinès : PHENOMENOLOGIE ET SCIENCE DU COMPORTEMENT
95 Rudolph Schaffer : COMPORTEMENT MATERNEL
96 Daniel Stern : MERE ET ENFANT, LES PREMIERES RELATIONS
97 R. Kempe & C. Kempe : L'ENFANCE TORTUREE
98 Jean-Luc Lambert : ENSEIGNEMENT SPECIAL ET HANDICAP MENTAL
99 Jean Morval : INTRODUCTION A LA PSYCHOLOGIE DE L'ENVIRONNEMENT
100 Pierre Oleron et al. : SAVOIRS ET SAVOIR-FAIRE PSYCHOLOGIQUES CHEZ L'ENFANT
101 Bernard I. Murstein : STYLES DE VIE INTIME
102 Rondal/Lambert/Chipman : PSYCHOLINGUISTIQUE ET HANDICAP MENTAL
103 Brédart/Rondal : L'ANALYSE DU LANGAGE CHEZ L'ENFANT
104 David Malan : PSYCHODYNAMIQUE ET PSYCHOTHERAPIE INDIVIDUELLE
105 Philippe Muller : WAGNER PAR SES REVES
106 John Eccles : LE MYSTERE HUMAIN
107 Xavier Seron : REEDUQUER LE CERVEAU
108 Moreau/Richelle : L'ACQUISITION DU LANGAGE
109 Georges Nizard : ANALYSE TRANSACTIONNELLE ET SOIN INFIRMIER
110 Howard Gardner : GRIBOUILLAGES ET DESSINS D'ENFANTS, LEUR SIGNIFICATION
111 Wilson/Otto : LA FEMME MODERNE ET L'ALCOOL
112 Edwards : DESSINER GRACE AU CERVEAU DROIT
113 Rondal : L'INTERACTION ADULTE-ENFANT
114 Blancheteau : L'APPRENTISSAGE CHEZ L'ANIMAL
115 Boutin : FORMATION ET DEVELOPPEMENTS
116 Húsen : L'ECOLE EN QUESTION
117 Ferrero/Besse : L'ENFANT ET SES COMPLEXES
118 R. Bruyer : LE VISAGE ET L'EXPRESSION FACIALE
119 J.P. Leyens : SOMMES-NOUS TOUS DES PSYCHOLOGUES?
120 J. Château : L'INTELLIGENCE OU LES INTELLIGENCES?
121 M. Claes : L'EXPERIENCE ADOLESCENTE
122 J. Hayes et P. Nutman : COMPRENDRE LES CHOMEURS
123 S. Sturdivant : LES FEMMES ET LA PSYCHOTHERAPIE
124 A. Pomerleau et G. Malcuit : L'ENFANT ET SON ENVIRONNEMENT
125 A. Van Hout et X. Seron : L'APHASIE DE L'ENFANT
126 A. Vergote : RELIGION, FOI, INCROYANCE
127 Sivadon/Fernandez-Zoïla : TEMPS DE TRAVAIL, TEMPS DE VIVRE
128 Born : JEUNES DEVIANTS OU DELINQUANTS JUVENILES?
129 Hamers/Blanc : BILINGUALITE ET BILINGUISME
130 Legrand : PSYCHANALYSE, SCIENCE, SOCIETE
131 Le Camus : PRATIQUES PSYCHOMOTRICES
132 Lars Fredén : ASPECTS PSYCHOSOCIAUX DE LA DEPRESSION
133 Mount : LA FAMILLE SUBVERSIVE
134 Magerotte : MANUEL D'EDUCATION COMPORTEMENTALE CLINIQUE
135 Dailly/Moscato : LATERALISATION ET LATERALITE CHEZ L'ENFANT
136 Bonnet/Tamine-Gardes : QUAND L'ENFANT PARLE DU LANGAGE
137 Bruyer : LES SCIENCES HUMAINES ET LES DROITS DE L'HOMME

138 Taulelle : L'ENFANT A LA RENCONTRE DU LANGAGE
139 de Boucaud : PSYCHOLOGIE DE L'ENFANT ASTHMATIQUE
140 Duruz : NARCISSE EN QUETE DE SOI
141 Feyereisen/de Lannoy : PSYCHOLOGIE DU GESTE
142 Florin et al. : LE LANGAGE A L'ECOLE MATERNELLE
143 Debuyst : MODELE ETHOLOGIQUE ET CRIMINOLOGIE
144 Ashton/Stepney : FUMER
145 Winkel et al. : L'IMAGE DE LA FEMME DANS LES LIVRES SCOLAIRES
146 Bideau/Richelle : PSYCHOLOGIE DEVELOPPEMENTALE
147 Schmid-Kitsikis : THEORIE CLINIQUE ET FONCTIONNEMENT MENTAL
148 Guggenbühl/Craig : POUVOIR ET RELATION D'AIDE
149 Rondal : LANGAGE ET COMMUNICATION CHEZ LES HANDICAPES MENTAUX
150 Moscato et al. : FONCTIONNEMENT COGNITIF ET INDIVIDUALITE
151 Château : L'HUMANISATION OU LES PREMIERS PAS DES VALEURS HUMAINES
152 Avery/Litwack : NEE TROP TOT
153 Rondal : LE DEVELOPPEMENT DU LANGAGE CHEZ L'ENFANT TRISOMIQUE 21
154 Kellens : QU'AS-TU FAIT DE TON FRERE?
155 Rondal/Henrot : LE LANGAGE DES SIGNES
156 Lafontaine : LE PARTI PRIS DES MOTS
157 Bonnet/Hoc/Tiberghien : AUTOMATIQUE, INTELLIGENCE ARTIFICIELLE ET PSYCHOLOGIE
158 Giovannini et al. : PSYCHOLOGIE ET SANTE
159 Wilmotte et al. : LE SUICIDE
160 Giurgea : L'HERITAGE DE PAVLOV
161 Ionescu : MANUEL D'INTERVENTION EN DEFICIENCE MENTALE N° 1
162 Ionescu : MANUEL D'INTERVENTION EN DEFICIENCE MENTALE N° 2
163 Pieraut-Le Bonniec : CONNAITRE ET LE DIRE
164 Huber : PSYCHOLOGIE CLINIQUE AUJOURD'HUI
165 Rondal et al. : PROBLEMES DE PSYCHOLINGUISTIQUE
166 Slukin : LE LIEN MATERNEL
167 Baudour : L'AMOUR CONDAMNE
168 Wilwerth : VISAGES DE LA LITTERATURE FEMININE
169 Edwards : VISION, DESSIN, CREATIVITE
170 Lutte : LIBERER L'ADOLESCENCE
171 Defays : L'ESPRIT EN FRICHE
172 Broome Walace : PSYCHOLOGIE ET PROBLEMES GYNECOLOGIQUES
173 Aimard : LES BEBES DE L'HUMOUR
174 Perruchet : LES AUTOMATISMES COGNITIFS
175 Bawin-Legros : FAMILLES, MARIAGE, DIVORCE
176 Pourtois/Desmet : EPISTEMOLOGIE ET INSTRUMENTATION EN SCIENCES HUMAINES
177 Sloboda : L'ESPRIT MUSICIEN
178 Fraisse : POUR LA PSYCHOLOGIE SCIENTIFIQUE
179 Ruffiot : PSYCHOLOGIE DU SIDA
180 McAdams/Deliège : LA MUSIQUE ET LES SCIENCES COGNITIVES
181 Argentin : QUAND FAIRE C'EST DIRE...
182 Van der Linden : LES TROUBLES DE LA MEMOIRE
183 Lecuyer : BEBES ASTRONOMES, BEBES PSYCHOLOGIQUES : L'INTELLIGENCE DE LA 1re ANNEE
184 Immelmann : DICTIONNAIRE DE L'ETHOLOGIE
185 Collectif : ACTEUR SOCIAL ET DELINQUANCE
186 Fontana : GERER LE STRESS
187 Bouchard : DE LA PHENOMENOLOGIE A LA PSYCHANALYSE
188 Chanceaulme : MOURIR, ULTIME TENDRESSE
189 Rivière : LA PSYCHOLOGIE DE VYGOTSKY

190 Lecoq : APPRENTISSAGE DE LA LECTURE ET DYSLEXIE
191 de Montmolin/Amalberti/Theureau : MODELES DE L'ANALYSE DU TRAVAIL
192 Minary : MODELES SYSTEMIQUES ET PSYCHOLOGIE
193 Grégoire : EVALUER L'INTELLIGENCE DE L'ENFANT
194 Gommers/van den Bosch/de Aguilar : POUR UNE VIEILLESSE AUTONOME
195 Van Rillaer : LA GESTION DE SOI
196 Lecas : L'ATTENTION VISUELLE
197 Macquet : TOXICOMANIES ET FORMES DE LA VIE QUOTIDIENNE
198 Giurgea : LE VIEILLISSEMENT CEREBRAL

Manuels et Traités

Droz-Richelle : MANUEL DE PSYCHOLOGIE
Hurtig-Rondal : MANUEL DE PSYCHOLOGIE DE L'ENFANT (Tome 1)
Hurtig-Rondal : MANUEL DE PSYCHOLOGIE DE L'ENFANT (Tome 2)
Hurtig-Rondal : MANUEL DE PSYCHOLOGIE DE L'ENFANT (Tome 3)
Rondal-Seron : LES TROUBLES DU LANGAGE (DIAGNOSTIC ET REEDUCATION)
Fontaine/Cottraux/Ladouceur : CLINIQUES DE THERAPIE COMPORTEMENTALE
Godefroid : LES CHEMINS DE LA PSYCHOLOGIE